"东方家庭丛书"编委会

主　任：马列坚

副主任：王剑璋　李　骏

编　委：（按姓氏笔画排序）

于一凡　杨　雄　李　丹

何　芳　张文宏　范　斌

姚建龙　顾秀娟　程福财

蔡　丹

品质生活与儿童发展

PINZHI SHENGHUO YU ERTONG FAZHAN

主　编　王剑璋　李　骏
副主编　顾秀娟　程福财　何　芳

序

少年儿童是祖国的花朵、民族的希望、国家的未来。习近平总书记高度重视儿童和儿童事业发展,强调当代少年儿童既是实现第一个百年奋斗目标的经历者、见证者,更是实现第二个百年奋斗目标、建设社会主义现代化强国的生力军。近年来,上海市妇联始终坚持立德树人的根本任务,关爱特殊儿童群体,促进儿童服务优化,创建儿童友好社区,完善儿童权益保障,努力肩负起为党育人、为国育才的历史使命。

"为了孩子"国际论坛始终坚持"一切为了孩子,为了孩子的一切"的宗旨,探索成为促进儿童健康成长和发展的重要学术交流平台。本次论坛以"品质生活与儿童发展"为主题,立足疫情防控常态化的要求,探讨儿童健康的促进举措、服务体系和保护机制;立足"全面三孩"和"双减"政策出台,让家庭教育回归生活,让儿童成长回归全面发展;立足"十四五"儿童发展纲要,以儿童需求为导向,推动实现儿童的发展和城市的发展相协调,共享美好未来。

国家发展改革委、国务院妇儿工委办公室等部门联合发布了《关于推进儿童友好城市建设的指导意见》,提出建设儿童友好城市旨在为儿童发展创造更好的条件和环境,并以此推动儿童友好成为全社会的共同理念、行动、责任和事业。在此,希望借助论坛,大家可以碰撞思想,凝聚共识,分享儿童发展和保护的新经验,探讨儿童研究和实践的新成果,创造儿童参与和共享的新空间,共同开创儿童事业更加美好的未来。

马列坚

上海市妇女儿童工作委员会副主任

上海市妇女联合会主席

目录

序 / 马列坚 001

一、家庭教育与亲子关系

构建家庭、学校、社会协同育人体制机制 / 003
0—3 岁儿童母亲社会化目标的结构及其与养育实践的关系 / 012
父母教养行为对儿童执行功能的影响及其作用机制 / 029
上海家长学校推进家庭教育的实践探索 / 042
"双减"政策下家庭教育的走向 / 048
初中生社交回避与同伴关系问题
——父子依恋的调节作用 / 052
母亲专制型教养行为对学龄前儿童焦虑-退缩行为的预测
——祖辈教养行为的调节作用 / 065
网络游戏产业发展对未成年人成长影响的思考 / 077

二、公共政策与儿童福利

中国儿童医疗救助制度的历史发展、制度化困境与儿童福利政策建议 / 083
性别视角下中国农村儿童的暴力经历及其对心理健康的影响 / 091
线上亲职小组赋能农村儿童保护的干预研究 / 117
法律孤儿的家庭生活风险与政策优化路径 / 141

隐蔽虐童：幼师虐童的发生机制研究
　　——基于 35 个案例的发现 / 154
国际儿童寄养政策与服务的发展趋向研究 / 169

三、城市建设与儿童友好

宜居社区：社会变迁下的儿童友好社区建设 / 179
儿童议事会的现状、影响因素与积极作用研究 / 192
基于儿童友好空间营造的城市规划建设探索
　　——以上海松江新城为例 / 208
新城建设背景下的儿童友好社区建设
　　——以上海市奉贤区为例 / 219
"家庭友好"视角下的上海新城人才吸引力研究 / 226
城市更新中的儿童友好公共空间构建
　　——杨浦滨江儿童友好示范区创建实录 / 239
城市软实力提升中的儿童友好社区建设
　　——以徐汇儿童友好社区建设为例 / 248
15 分钟社区生活圈之儿童友好建设
　　——以上海市 A 区为例 / 257

一、家庭教育与亲子关系

构建家庭、学校、社会协同育人体制机制

教育事业是我国进入新征程促进经济社会发展的重要组成部分。其中家庭、学校、社会协同育人则成为推进教育事业高质量发展的关键环节。2017年《关于深化教育体制机制改革的意见》明确对家庭、学校与社会提出了协同育人的要求,指出"加强学校教育、家庭教育、社会教育的有机结合,构建各级党政机关、社会团体、企事业单位及街道、社区、镇村、家庭共同育人的格局"。2018年习近平总书记在全国教育大会上指出"办好教育事业,家庭、学校、政府、社会都有责任。"2020年十九届五中全会通过的《中共中央关于制定国民经济和社会发展第十四个五年规划和二〇三五年远景目标的建议》则提出:"健全学校家庭社会协同育人机制,提升教师教书育人能力素质,增强学生文明素养、社会责任意识、实践本领,重视青少年身体素质和心理健康教育。"目前在家庭教育、学校教育与社会教育这三大教育体系之间仍存在着不适应高质量发展要求的矛盾与冲突,如何在家校社之间构建高效互动、相互配合的体制机制,使家校社协同育人产生最大的合力与效果,已成为当前我们必须下功夫研究、认真加以解决的重大课题。

一、家、校、社协同育人的战略意义、任务与历史进程

加强家、校、社协同育人体制建设,旨在实现"教育合力"之形成,使我们的孩子获得协力支持,完成个人学业,践行人的全面发展,进而实现"立德树人"的教育目标。杜威曾指出,学校应该具有社会生活的全部含义,校内学习应该与校外学习连接起来。陶行知在杜威思想基础上提出"生活即教育""社会即学校"的观点,进一步明确了家庭教育、社会教育与学校教育融合之重要性。这说明家、校、社三者之间的合作沟通本身就具有教育性,它有利于形成教育过程的合力与良性循环。

（一）家庭、学校与社会是对青少年最直接影响的三个主体

首先，现代教育是一种有着丰富内涵的社会活动。在现代教育体系中，学校不再是"教育的孤岛"，它们不得不主动地与家长及所属社区产生联系。如今教育实践很多须在学校之外的情境下进行，共同构成助推学生健康成长。因此，家、校、社协同育人模式有利于形成良好的教育生态。其次，协同育人对于家校社而言，不仅是一种目标，更重要的是一个过程。如何使这种协同关系随着合作进程，由较低层次向较高层次发展，是当今世界各国都在探索研究的重要议题，也是我国教育现代化进程中不容忽视的焦点问题。

（二）家校社协同育人体制建设的目标任务

一是进一步提供公平高质量的教育，协调教育领域中的基本矛盾，真正办人民满意的教育。要达到上述目标，光靠学校一家，或者说教育内部体制改革是远远不够的，必须由家、校、社三个治理主体相互支撑、协同配合才行。二是更好回应学校、家庭、教师、家长及社会的共同利益诉求。多年前，爱泼斯坦等教育学家研究就发现，家、校、社合作有利于学校教师、家庭和社区成员形成教育共同体，相互支持、共享信息、承担义务。致使家庭、学校和社区（驻区企事业）共同承担起培养孩子的责任。三能实现"伊里奇式"的教育变革。把各种教育资源置于一体，更有益于青少年更好地运用全社会的教育资源，全面成长。

（三）发达国家相对成熟的家、校、社协同模式值得借鉴

20世纪60年代美国开始探索家校社合作路径。到20世纪80年代，联邦和州政府开始将各种协同育人指导方针纳入《中小学教育法案》，随后在《有教无类法案》中又提出一种"嵌入式"系统。其中，反映美国家校社协同关系模式典型的理论则是爱泼斯坦等人（2016）提出的"多重熏陶理论"。该理论的外部叠加效应模型有效地解释了家、校、社三者如何同心协力，共同影响青少年的学习和发展；而其内部互动效应模型则阐明人际关系的熏陶作用是如何发生在家庭、学校和社区之中，在何种场合发生这些关系和影响的。

20世纪70年代，日本发现家庭教育和社会教育缺位所带来的社会教育问题，于是社会教育审议会报告《关于针对在学青少年的社会教育：家庭教育、学校教育和社会教育的结合》（1974）中提出通过设施之间相互利用来实施"学、社结合"的建议。1988年，"学习塾"的行业协会——全国学习塾协会成立。1999年，文部省终身学习局正式将"学习塾"作为社会教育机构纳入教育体系。针对公立教育体系的

不足和家庭教育的急需,"学习塾"针对学生的学业成绩情况细分为救济塾、升学塾、辅导塾等,以满足不同学生之需要,获得了社会广泛认可。2013年,文部科学省又规定可根据实际需要,通过学校与地方政府、民间企业三者合作方式,共同推进"星期六教育活动"。文部省的指导方案将大阪府大东市与全国学习塾协会合作开设课余辅导班的案例作为成功范例,推荐至全日本普及。之后,在全国范围内,公立学校和"学习塾"合作快速发展,合作模式更加多样化。

新加坡家校社协同模式则是全程由政府主导。1998年,新加坡教育部组建了社区与家长辅助学校咨询理事会,这一全国性的组织旨在为教育部献计献策,促进学校-家庭-社区合作。2000年,新加坡发布了《与教育密切相关之所应尽的职责》,更加明晰了教育部、校长、教师、学生、家长、社区、企事业单位及其他组织和个人应尽之教育职责。为了指导学校开展与家庭、社会的合作,教育部制定了《教育伙伴合作准则》《家庭、学校与社区的创造性合作实践模式》《家庭、学校和社区的伙伴关系》等文件。2002年开始,又每两年颁发一次"教育伙伴奖",嘉奖那些最能与社区建立密切联系、最能借助于社区,把教育办好的学校。

(四)在我国,尤其是进入改革开放时期,随着对发达国家教育经验的观察与比较,我们更加清醒地认识到国民教育质量、人力资源开发对发展科学技术、实现现代化的重要性与急迫性

从而学校教育地位被政府、家庭与社会提到了空前之高度。进入21世纪,培养高素质人才,除了学校教育,也离不开家庭教育与社会实践开始成为共识。在2002年、2007年相关部门颁布全国家庭教育工作"十五"计划、"十一五"计划之后,2010年由国家七部委联合出台了首部《全国家庭教育指导大纲》。2019年2月印发的《中国教育现代化2035》更是明确提出,到2035年要"建成学校教育与社会教育、家庭教育密切配合、良性互动终身化的教育体系"。这有力推动了各省市积极探索更规范化及更具操作性的家、校、社协同共育模式及创新实践。

二、政府、家庭、学校与社会在协同育人中的责任与功能

在教育实践中,教育责任通常被看作是不同教育主体因其享有的权力而应承担的相应义务,而教育功能通常指的是教育活动对个体和社会所具的能力和作用。

教育功能的发挥通常取决于教育系统内部各要素之间及教育系统与外部之间相互联系与作用发挥。

（一）政府的责任与功能

政府责任：作为公共利益代表和公共权力部门之政府，在家、校、社合作过程中的责任体现在：尊重每个家庭的教育选择权、防止学校过度干预、完善组织和程序、提供家庭教育指导服务、培育和监管教育服务市场、优化教育生态环境、代为行使国家亲权等。总体上说，政府应承担上述责任已基本成为学界共识。政府功能：就"元治理"功能而言，当多元主体参与学校教育治理时，政府应在协调和整合多元主体的利益，确定发展方向、目标、标准，进行宏观规划和统筹，实施问责等方面发挥主管职能。而在育人方式、育人内容等方面应发挥主导作用。

（二）家庭的责任与功能

家庭责任：相较于学校和社区，家庭主要承担保护儿童、为健康提供保障、提供生活教育、提供与社会价值观相一致的情感环境等责任。家庭功能：主要体现为个人道德品性与修养的塑造，包括轻松的家庭学习环境的营造、和谐的家庭成员关系及良好的道德品质和个人习惯的养成。

（三）学校的责任与功能

学校责任：应承担传授客观基础知识、技能与在国家宪法和社会基本道德框架内对学生进行价值教育的责任。此外，学校还应认可学生的成就，反对歧视与偏见，关注个体差异与融合。同时要认识到学校教育责任是有限的。学校功能：就学校教育与家庭教育、社会教育之不同功能分工而言，学校教育的基本功能是将具有自然属性的个体转化为具有社会属性的个人。这主要体现在随着儿童年龄的增长，教育的重心逐渐由家庭教育转移到学校教育。近年来，学校教育的育人功能在概念外延上有了进一步拓展，学校教育不仅应关注学生个体的知识、能力与情感发展，还要帮助学生在德智体美劳方面全面发展，促进教师的专业发展，并在能力范围内影响及指导家长开展家庭教育，促进家校合作。

（四）社会的责任与功能

社会责任：社会教育是每个人一生都必须经历的教育，可谓终身教育。不同社会组织机构具有各自不同的社会教育责任（如博物馆、图书馆、校外培训机构、社区等主体）。社会功能：相较于家庭教育和学校教育，社会教育为青少年成长提供了发展空间，同时在潜移默化中影响青少年一代的性格、气质和能力发展。尤其是当青少年个体从学校走向社会之后,对他们的影响力,显著地位移至社会。而社会教育对于青少年发展影响主要体现于大众传播、同辈团体、社区环境和社区教育等多种路径(如社区教育、校外教育和传媒教育)。就校外教育的功能定位而言,如青少年宫、儿童活动中心、青少年活动中心、青少年科技馆等,被视为促进青少年全面发展的实践课堂、加强思想道德建设的重要阵地、实施素质教育的重要途径。与学校教育相互联系、相互补充形成育人合力。

三、家校社协同育人在实践中须把握好"四个第一"

(一)家庭是儿童人生的"第一所学校"

教育是衡量一个国家文明传承和经济社会发展水平的重要指标。习近平总书记在2015年新春团拜会上讲话中指出:"家庭是社会的基本细胞,是人生的第一所学校。不论时代发生多大变化,不论生活格局发生多大变化,我们都要重视家庭建设,注重家庭、注重家教、注重家风。"从社会结构而言,家庭作为社会的最基本单元,营造良好的家风、弘扬家庭美德是构建和谐社会最为重要的基础,更是社会文明程度的重要标志。

从人的发展序列而言,家庭是个体生命成长的最初始的场所。家庭教育与学校所最大区别在于:首先,家庭教育是个别化的教育,针对孩子个别的关注、指导和教育,必须由家长来完成,学校无法替代;而学校则是面向大多数学生的教育,提供的只是一个公共的、普遍的教育,需按照统一进度、统一的课程,很难真正关注每一个儿童的差异。其次,家庭教育是终身性、示范性的教育。从生活时空来看,大多时间一个孩子在家(不是在学校)与父母一起度过。学校对于孩子只是人生中一小段时间,因此家庭环境对一个孩子成长影响比学校要大得多、长得多。再次,从教育内容上看,与学校主要是传授知识不同,家庭教育任务主要是生活教育、人格教育和行为养成教育。最后,从法律责权利上看,孩子与家长具有天然血缘关系,这是学校、老师所无法替代的,故每一个家庭都具有教育孩子的监护人责任。

当代父母大多是"70后""80后",由于他们中许多人接受过高等教育,甚至不少有海外留学经历,他们对待自己孩子、与孩子沟通变得更加民主和平等,但年轻的父母依然遭遇许多新挑战:我们只知道以自己的经验来教导孩子,可是时代变化太快了,许多知识、经验已跟不上孩子的视线、需求。因为我们以往成长环境已异于现在"00后""10后"孩子的成长环境,许多生活概念完全不同了,这才是现代父母面临的最大挑战。

除此以外,我们的孩子学业与升学竞争压力仍然较大。中考、高考指挥棒,经层层放大,最终将压力传递到了每一个家庭,导致学生学业负担尚未完全减轻。一方面,社会天天在喊"减负";另一方面,家长们又被迫给孩子"施压",这是一个悖论。这与我们家庭受所谓"木桶理论"影响有关。中国家长喜欢告诉孩子,去补最短的一块"知识"。中国代际关系是"反哺模式"、西方是"接力模式",前者对子女几乎是无限责任。时下不少家庭对"家庭教育"的诠释主要还是抓孩子的学习。而对孩子身心健康、做人教育这些家庭最基本职责反而忽略了,这很大程度上反映了当前不少家庭在育儿职责上的"越位"或"错位"现象。

尽管家庭教育与学校教育有交叉重叠部分,但是家庭教育无法完全被学校教育所替代。家庭教育作为一切教育的基础、教育的重要组成部分,它在孩子成长、发展过程中承担着独特的、终身的教化功能。学校教育训练学生遵循"规定"、社会教育是训练公民遵守"规则",家庭教育是培养孩子学会"规矩"。

(二)家长是孩子健康成长的"第一责任人"

教育始于家庭。家长的教育理念、教育方法、教养方式深深影响着孩子。父母是孩子生命中的第一任老师,孩子降生到这个世界最先看到的人,也是最关注孩子的亲人。在一个人的教育中,父母的教育是家庭教育成功的关键,对一个人起着举足轻重的作用。

父母对孩子的教育进行得最早、时间最长。胎儿在体内就受到母亲"体内环境"的直接影响,胎儿的健康与否与母亲有着密切的关系。比如孕妇愉快的情绪,平静的心境,可减少胎儿躁动,有利于其健康发育。即使日后入托、入园,以及入小学、中学,孩子大部分时间仍生活在家庭中,受父母的潜移默化影响最大。父母的教育是在孩子模仿性最强的幼小年龄进行的,不但占其"先入为主"的便利,而且父母的形象示范,言传身教给孩子以终身影响。如果父母语言、行为、习惯不良,那就较难保证孩子在这些方面能做到优良。因此,做家长首先自己要学习,学习家庭教育的科学理念与新知,不断提高自身素养与育儿能力。做父母的应明白,教育并不只是认字、读书、数数等,教育也包括孩子的举止行为、感知认知等各方面。家长在平时生活中应成为孩子潜移默化的行为示范。比如父母相亲相爱关系融洽,脾气各方面都很好,那孩子在以后的人生道路上也会平易近人。总之,父母理所当然地应该担负起教育孩子的第一责任。

让孩子在规则与自由中健康"成人"。"自由过度"会导致孩子任性放肆。婴幼儿有以自我为中心的思维特点,如果一切都顺应他的本性,会导致为所欲为的倾向。如不服管教、攻击性强都与父母过度顺应孩子的自由需要有关。自由过度实际上就是放任纵容,对培养孩子的社会性和责任心是不利的,使孩子"长"不出个性却"长"出任性。而"规则过度"又易于致使孩子缺乏个性。有的父母认为听话的孩子让人省心,少惹出麻烦事儿来,这种观念多表现在控制欲望比较强的父母身上,长期生活在这种环境中的孩子,做事和思维的依赖性比较强,害怕尝试新事物,而且调整情绪变化的灵活性比较弱,这将影响孩子的创新意识与个性成长。因此,应倡导让孩子学会规则又拥有自由的平衡教育策略。没有规则的自由是放任,没有自由的规则是遏制,都是家庭教育不得法的表现,理想的状况是把握好规则与自由的张力,这样的孩子未来将发展出既有责任心,又有开拓性的健康人格。

培养孩子自信、悦纳,爱思考、善表达之品性。爱因斯坦早就预言,一个人提出问题的能力比解决问题的能力重要。想象力远比知识重要。爱因斯坦说这个话的时候,人们还不能够切身感受到这些话里蕴藏的奥秘,但在现在互联网时代,这一道理已经成为生动的现实。网络时代对于青少年而言,更重要的是具备如下能力:知识迁移与学习力,独立思考与表达力,承诺坚毅与执行力,自我悦纳与抗逆力。这些与知识和文凭无关。但在当代快速变化、变动、变革的社会特别重要。每个人都有优点和不足,关键在于自己如何看待,既要看到自己的优势,还要了解自身的弱点。

作为家长对于孩子的培养,重要的不在于孩子能考多少个100分,而在于把他培养成为一个"完整"的人,让孩子对生活和学习充满热情。人有先天的基因,孩子的学习能力不完全是与生俱来的,但也不完全由后天的训练形成,而是由先天基因给出了某些能力和许多能力发展的框架,需要后天的经验来启动和发展。教育最大的成功是培养出自我悦纳、充满自信的学生。

(三) 学校与社会要帮孩子"扣好人生第一粒扣子"

2016年习近平在会见第一届全国文明家庭代表时强调:成人社会"要重言传、重身教,教知识、育品德,帮助孩子扣好人生的第一粒扣子,迈好人生的第一个台阶",并指出家庭教育要从小处着眼,家长要做好示范,学校和专业机构要共同配合,大力推动家庭教育工作。习近平总书记在不同重要场合多次强调要引导和帮助青少年学生扣好人生的第一粒扣子,用十分通俗、形象、准确的语言强调了对青少年进行正确人生观教育的重要性。

所谓"扣好人生第一粒扣子",实际上包含了以下内涵:一是帮助学生从小树立正确的人生观、价值观。观念是行动的指南,正确的观念才能引导出正确的行动,正确的行动才能产生好的结果,人才能走好圆满幸福的人生。二是通过家校社协同共育帮助青少年树立远大的理想。观念重在当下,理想关注未来,要引导学生胸怀大志、放眼世界,脚踏实地,成就未来。三是积极组织实施丰富多样的家校合作、校园文化与社区公益活动,让孩子在集体生活中培养能力,在社会实践中增加才干。显然,"扣好人生第一粒扣子"是十分重要的,衣服的扣子扣错了可以重来,而人生第一粒扣子如果扣错了,要想纠正将会相当困难,一旦错误的观念形成,要想改变它,要花费很大的力气。古人曰"入门须正,立志须高",意思就是要走好人生开始最关键的几步。

(四)教师应成为指导家长开展家教的"第一实施者"

众所周知,学校任课教师、尤其是班主任老师对本班学生接触了解多,在学生眼中也最具权威性。因此,当前由班主任老师指导家长实施、开展家庭教育,无疑是较为合适的。当然,我们一方面要确立学校教师对广大家长开展家庭教育的指导地位;另一方面也要处理好家庭家长指导与学校教师指导的边界。

在强调家庭教育由学校来主导,并不等于家庭教育全部内容都由老师来实施,老师也无法承担这一职责。老师主要任务是通过帮助家长提高自身素养与能力,主要由家长来实施孩子的家庭教育。尽管学校教育与家庭教育有边界,但存在"重叠部分",因为孩子每天仍有相当多的时间在学校度过,故学校有时空、老师有责任,对孩子开展德育与人格教育。相形之下,社区、社会其他机构无论从时空、专业来看,都无法与学校教师的优势相比。

只有掌握了对家长开展家庭教育科学指导方法的教师,才能真正称得上是一名合格教师。由于家长的职业不同、层次不同,教育孩子观念也不同,要让他们与学校老师保持"步调一致",并不容易。为此,教师要懂得与家长沟通技巧,学会与家长互相配合、和谐施教。同时,教师要放下"教育权威"的架子,经常向家长征求意见,虚心听取他们的批评建议,才会使家长心悦诚服,积极支持、配合老师工作,维护教师的威信。

学校老师指导家长的重点是:帮助家长认识什么是家庭教育,它的本质、特点及规律;帮助家长树立正确的家庭教育思想,纠正一些不正确的教育理念;指导家长改变错误的家教态度和方法。与此同时,一名教师若要科学的指导家长开展家庭教育,必须系统地加强学习,提高自身素养与指导能力,若教师自己水平不高,甚至连自己孩子都教育不好,就无法指导家长来开展科学、有效的家庭教育。

  总之,伴随着经济增长与教育现代化进程的加快,我们教育的"顺序模式"——家庭教育、社会教育和学校教育分别先后在青少年个体成长过程中发挥各自作用——正在转变为一种新的"重叠模式",即在青少年成长的每一个阶段,家教、家长、学校、教师、社会,越来越呈现为相互联系、共同影响着孩子的成长发展,如何将上述不同的教育因子有机结合在一起,形成一种整合优势,必将成为未来"家校协同""校社合作"与"亲师共育"的时代课题。

(杨 雄)

0—3岁儿童母亲社会化目标的结构及其与养育实践的关系

一、引言

社会化目标(socialization goals)指的是父母对儿童理想发展状态的期望和信念。[1]作为社会生态文化需求以及社会经济结构的体现,社会化目标为父母养育和儿童社会化的差异提供了一种宏观层面的解释,因此一直受到发展心理学家的关注。先前的文献中,自主目标和关系目标被当作最基本的两种社会化目标来研究。其中,自主目标帮助儿童成为独立自主的个体,而关系目标使个体成为集体中的一员。[2]尽管被研究者所普遍认可,但这两种目标并不能详尽地说明特定文化下父母社会化目标的结构。正如凯勒(Keller)所言,自主和关系在不同的社会文化模式下有着不同的表现形式。尽管已经在西方以及西方移民群体中对社会化目标进行了因素分析,[3][4]但目前对中国(典型的集体主义)语境下社会化目标结构的认识还很有限,而这些目标对于解释父母养育风格和行为的差异有着重要意义。此外,社会化目标因儿童发展阶段而不同,儿童早期社会化目标的达成是后期品质

---

[1] Darling, N., & Steinberg, L.(1993). Parenting Style as Context: An Integrative Model. *Psychological Bulletin*, 113(3), 487—496.

[2] Keller, H.(2012). Autonomy and Relatedness Revisited: Cultural Manifestations of Universal Human Needs. *Child Development Perspectives*, 6(1), 12—18.

[3] Döge, P., & Keller, H.(2014). Factorial Structure of a Socialization Goal Questionnaire across Non-Migrant and Migrant Mothers in Germany. *European Journal of Developmental Psychology*, 11(4), 512—520.

[4] Keller, H., Lamm, B., Abels, M., Yovsi, R., Borke, J., Jensen, H., ... Wang, Y.(2006). Cultural Models, Socialization Goals, and Parenting Ethnotheories: A Multicultural Analysis. *Journal of Cross-Cultural Psychology*, 37(2), 155—172.

获得的基础。①因此,本研究以社会文化模式理论框架为指导,致力于调查 0—3 岁儿童母亲社会化目标结构及其与养育行为的关系,以此对现有研究进行补充。

(一) 社会文化模式与社会化目标

文化模式为父母制定社会化目标提供了框架,是儿童养育的组织者和规划者。②集体/个体主义被认为是最为典型的文化模式,其中个人主义强调独立自主,而集体主义则强调群体关系和规范。③特里安迪斯(Triandis)和盖尔芬德(Gelfand)进一步区分了水平集体主义和垂直集体主义。④前者强调关系的平等性,代表关系的情感方面,如归属感和亲密度。后者则关注关系的等级性,如顺从和尊重权威。

另一个具有代表性的文化模型是由凯莉白烈森(Kağitçibasi)提出的,她认为文化价值取向包含"能动性(agency)"和"人际距离(interpersonal distance)"两个彼此独立的维度。能动性维度由自主和他律两个端点构成,反映了自我决定参与到行动中的程度,而人际距离维度则由分离和关系构成,反映了自我与他人联系的紧密程度。⑤两个维度正交为四个象限,分别代表了自主型、关系型、自主-关系型和分离-他律型文化模式(一种病理状态,在随后研究中被忽视)。自主型文化模式(与个人主义对应)反映了现代西方城市受教育家庭的养育特征,父母社会化目标以培养儿童自主、自信和独立解决问题为特征。关系型文化模式(与集体主义对应)反映了经济落后农村家庭的养育特征,父母社会化目标关注儿童对家长的顺从和对长辈或权威的尊敬。自主-关系型文化模式,也被称为情感依赖模型,是前两种文化模式的结合。该模型认为,当家庭教育和经济水平提高,家庭生计不需要孩子贡献时,父母不仅重视培养儿童独立自主能力,也期望子女在成长中与他人和谐共处,融入社会。该模式反映了全球城市化和社会经济发展的适应性变化,代表了非西方中产阶级家庭的养育特征。值得注意的是,父母会根据具体情况而选择适当

---

① Luo, R., Tamis-Lemonda, C. S., & Song, L.(2013). Chinese Parents' Goals and Practices in Early Childhood. *Early Childhood Research Quarterly*, 28(4), 843—857.

② Keller, H.(2012). Autonomy and Relatedness Revisited: Cultural Manifestations of Universal Human Needs. *Child Development Perspectives*, 6(1), 12—18.

③ Greenfield, P. (1994). Independence and Interdependence as Developmental Scripts: Implications for Theory, Research, and Practice. In P. Greenfield & R. Cocking(Eds.), *Cross-Cultural Roots of Minority Child Development*(pp.1—40). Hillsdale, NJ: Erlbaum.

④ Triandis, H. C., & Gelfand, M.(1998). Converging Measurement of Horizontal and Vertical Individualism and Collectivism. *Journal of Personality and Social Psychology*, 74, 118—128.

⑤ Kağitçibasi, Ç. (1996). The Autonomous-Relational Self: A New Synthesis. *European Psychologist*, 1(3), 180—186.

的社会文化模式。事实上,文化模式的群体差异性在父母受教育水平和社会经济地位等因素上已经被观察到。研究发现,高教育水平的母亲倾向持有自主社会化目标,而低教育水平的母亲更看重个体间的相互依赖与等级关系。①

(二) 中国父母社会化目标

儒家思想作为中国文化的核心意识形态,在维持社会等级秩序以及保持人际和谐上发挥着指导作用。其中孝道与"和"是构成儒家思想的重要成分。孝顺是一种垂直集体主义,通常被描述为顺从家长、尊敬长辈以及为家庭带来荣耀。②③研究表明,孝道与顺从一直以来是中国母亲所依从的儿童发展目标。④此外,人际和谐体现了传统儒家思想中"和"的理念,以关心互助,情感依赖为特征。⑤Kağitçibasi认为,随着家庭教育和社会经济水平的提高,代际间物质依赖将减弱,从而使父母在儿童社会化过程中更重视亲子间相互依赖和情感表达。⑥亲子互动的意义被理解为一种学习将来如何与他人保持良好关系的途径。⑦这些认识表明,人际和谐也被中国母亲视为重要的社会化目标,尤其是在社会经济地位高的家庭中。社会变迁与人类发展理论(Theory of Social Change and Human Development)认为,民众的价值观、行为与心理变迁总是与其所处的社会生态环境相适应。⑧在过去几十年里,经济全球化,城市化,以及高等教育的普及使现代个人主义价值观和行为得以提升,指向个人主义价值观的汉语词语逐渐增多。⑨中国父母,尤其是城市父母,感

---

① Park, H., & Lau, A. S. (2015). Socioeconomic Status and Parenting Priorities: Child Independence and Obedience around the World. *Journal of Marriage and Family*, 78(1), 43—59.

②⑤ Luo, R., Tamis-Lemonda, C. S., & Song, L. (2013). Chinese Parents' Goals and Practices in Early Childhood. *Early Childhood Research Quarterly*, 28(4), 843—857.

③ Yeh, K. H. (2009). The Dual Filial Piety Model in Chinese Culture: Retrospect and Prospects. *Indigenous Psychological Research in Chinese Societies*, 32, 101—148.

④ Rao, N., McHale, J. P., & Pearson, E. (2003). Links between Socialization Goals and Child-rearing Practices in Chinese and Indian Mothers. *Infant and Child Development*, 12, 475—492.

⑥ Kağitçibasi, Ç. (1996). The Autonomous-Relational Self: A New Synthesis. *European Psychologist*, 1(3), 180—186.

⑦ McCollum, J. A., & Chen, Y. J. (2001). Maternal Roles and Social Competence: Parent-Infant Interactions in Two Cultures. *Early Child Development and Care*, 166(1), 119—133.

⑧ Greenfield, P. M. (2009). Linking Social Change and Developmental Change: Shifting Pathways of Human Development. *Developmental Psychology*, 45(2), 401—418.

⑨ Huang, Z. H., Jing, Y. M., Yu, F., Gu, R. L., Zhou, X. Y., Zhang, J, X., & Cai, H. J. (2018). Increasing Individualism and Decreasing Collectivism? Cultural and Psychological Change around the Globe. *Advances in Psychological Science*, 26(11), 2068—2080.

知到更多自我发展的机会和前景,在育儿过程中越来越支持自主性社会化目标。①例如,在儿童早期,鼓励儿童独立行走、帮助儿童自信、好奇心被年轻一代中国母亲所倡导。②一些跨文化研究表明,20世纪80年代后出生的中国父母甚至比西方父母更强调儿童独立自主。③④尽管在最近几代中国父母中"尊重长辈,孝顺家长"等传统孝道的影响力减弱,但仍对父母养育观发挥着巨大的作用。⑤正如现代趋同假说所指出的,集体主义向个体主义转变是顺应时代和社会发展的一种理性选择,而不是替代。⑥

(三) 社会化目标与养育行为

养育行为体现了社会文化转变的过程,是家庭教育的重要内容,同时也是儿童健康发展的关键因素。⑦鉴于此,研究父母养育行为的前因变量一直受到心理学家的重视。在先前关于父母养育的大多数研究中,鲍姆林德(Baumrind)提出的专制型养育和权威型养育概念被广泛使用。然而,这两种养育方式是基于西方人群而概念化的,并不能完全体现中国父母的养育特征。超(Chao)认为,中国父母的养育不仅包含了温暖与关爱,还涉及教育和指导等认知方面。⑧事实上,在一项元分析中,瓦尔坎(Valcan)、戴维斯(Davis)和皮诺-帕斯捷尔纳克(Pino-Pasternak)将父母

---

① Zeng, R., & Greenfield, P. M. (2015). Cultural Evolution over the Last 40 Years in China: Using the Google Ngram Viewer to Study Implications of Social and Political Change for Cultural Values. *International Journal of Psychology*, 50(1), 47—55.

② Way, N., Okazaki, S., Zhao, J., Kim, J. J., Chen, X., & Yoshikawa, H. (2013). Social and Emotional Parenting: Mothering in a Changing Chinese Society. *Asian American Journal of Psychology*, 4(1), 61—70.

③ Keller, H., Lamm, B., Abels, M., Yovsi, R., Borke, J., Jensen, H., ... Wang, Y. (2006). Cultural Models, Socialization Goals, and Parenting Ethnotheories: A Multicultural Analysis. *Journal of Cross-Cultural Psychology*, 37(2), 155—172.

④ Liu, M. M., Chen, X. Y., Rubin, K. H., Zheng, S. J., Cui, L. Y., Li, D., ... Wang, L. (2005). Autonomy-vs. Connectedness-Oriented Parenting Behaviors in Chinese and Canadian Mothers. *International Journal of Behavioral Development*, 29(6), 489—495.

⑤ Luo, R., Tamis-Lemonda, C. S., & Song, L. (2013). Chinese Parents' Goals and Practices in Early Childhood. *Early Childhood Research Quarterly*, 28(4), 843—857.

⑥ Kağitçibasi, Ç. (1996). The Autonomous-Relational Self: A New Synthesis. *European Psychologist*, 1(3), 180—186.

⑦ Bornstein, M. H., & Landsford, J. E. (2010). Parenting. In M. H. Bornstein(Ed.), *Handbook of Cultural Developmental Science* (pp.259—277). New York, NY: Psychology Press.

⑧ Chao, R. K. (1994). Beyond Parental Control and Authoritarian Parenting Style: Understanding Chinese Parenting through the Cultural Notion of Training. *Child Development*, 65(4), 1111—1119.

养育行为总结为认知养育,积极养育和消极养育。①认知养育表现为父母鼓励、支持孩子主动探索,自我抉择,独立解决问题,以指导、提示、建议和脚手架为特征;积极养育包括父母温暖、敏感、参与和回应性;消极养育涉及父母对孩子的控制、批评、体罚等行为。值得一提的,体罚不等于虐待,体罚是以纠正和教育为目的而故意引起儿童身体疼痛但不造成伤害的行为,因此体罚也是父母普遍使用的管教策略。②

达林(Daring)和斯坦伯格(Steinberg)指出,父母社会化目标可以转化为相应的养育行为并进一步影响儿童发展。③在该模型指导下,越来越多的研究揭示了父母社会化目标在解释父母养育实践变异上的重要性。例如,持有自主社会化目标的父母在育儿过程中会更多地使用建议、解释和指导,④并表现出更频繁的自主性支持行为。一项纵向追踪研究发现,儿童24个月时,母亲支持儿童自主表达的信念能预测36个月时母亲积极反应性。⑤这些结果表明,自主性社会化目标与认知养育和积极养育有着正向联系。关于人际和谐目标与母亲养育行为间的关系,研究表明,在自由互动中,可以观察到母亲使用更多鼓励关联性的语言(如,你想打个电话给妈妈)。⑥来自跨文化研究的证据表明,中国母亲的情绪社会性目标与权威型养育呈正向关系,⑦⑧与专制型养育无关。此外,也有研究发现,持有集体主义社会化目标的中国母亲更关注儿童道德标准、社会规范和行为准则,她们通常对儿童

---

① Valcan, D. S., Davis, H., & Pino-Pasternak, D.(2017). Parental Behaviours Predicting Early Childhood Executive Functions: A Meta-Analysis. *Educational Psychology Review*, 30(3), 607—649.

② Straus, M. A., Hamby, S. L., Finkelhor, D., Moore, D. W., & Runyan, D.(1998). Identification of Child Maltreatment with the Parent-Child Conflict Tactics Scales: Development and Psychometric Data for a National Sample of American Parents. *Child abuse & neglect*, 22(4), 249—270.

③ Darling, N., & Steinberg, L.(1993). Parenting Style as Context: An Integrative Model. *Psychological Bulletin*, 113(3), 487—496.

④ 郑淑杰、陈会昌:《2岁儿童母亲教养目标与使用策略关系的研究》,《心理发展与教育》2003年第2期。

⑤ Liew, J., Carlo, G., Streit, C., & Ispa, J. M.(2018). Parenting Beliefs and Practices in Toddler-Hood as Precursors to Self-Regulatory, Psychosocial, and Academic Outcomes in Early and Middle Childhood in Ethnically Diverse Low Income Families. *Social Development*, 27(4). 891—909.

⑥ Liu, M. M., Chen, X. Y., Rubin, K. H., Zheng, S. J., Cui, L. Y., Li, D., ... Wang, L.(2005). Autonomy-vs. Connectedness- Oriented Parenting Behaviors in Chinese and Canadian Mothers. *International Journal of Behavioral Development*, 29(6), 489—495.

⑦ Pearson, E., & Rao, N.(2003). Socialization Goals, Parenting Practices, and Peer Competence in Chinese and English Preschoolers. *Early Child Development and Care*, 173(1), 131—146.

⑧ Rao, N., McHale, J. P., & Pearson, E.(2003). Links between Socialization Goals and Childrearing Practices in Chinese and Indian Mothers. *Infant and Child Development*, 12, 475—492.

心理状态、偏好和观点缺乏敏感性。①这些证据表明,人际和谐目标预示着更多的鼓励关系行为,以及较低的母亲敏感性。许多研究都一致地表明顺从社会化目标与专制,命令或强迫等消极养育行为联系密切。②③④总之,这些结果表明父母通常采取消极手段来帮助儿童内化传统的价值观。尽管社会化目标与养育实践关系的研究得到一定进展,但期望-行为之间的对应关系并不足以用来解释意向行为的表达,⑤也就是说,父母的价值取向不一定兑现成实际行为。因此,需要更多的研究来深化现有的认识。

(四) 本研究目的

Keller 开发的《社会化目标量表》是一个适用于调查 0—3 岁儿童母亲社会化目标的经典测量,包含了关系型和自主型两种社会化目标。然而,关于该量表在不同文化背景下结构效度的证据仍是有限的。有研究使用该量表在土耳其移民的德国母亲群体中识别出了等级关系社会化目标,⑥但该研究并未考察与人际和谐目标相关的条目。此外,另一项关于德国和印度母亲的研究发现,关系目标子量表的两因子结构(亲社会目标和顺从目标)的拟合更好。⑦该研究由于样本量的限制,并没有将自主目标和关系目标纳入一个模型来分析。尽管这些研究意识到调查不同背景下社会化目标结构的重要性,但相关的分析仍是缺乏的,尤其是在集体主义文化下。因此,本研究的第一个目标是通过探索和验证 0—3 岁儿童母亲的社会化目

---

① Doan, S. N., & Wang, Q. (2010). Maternal Discussions of Mental States and Behaviors: Relations to Emotion Situation Knowledge in European American and Immigrant Chinese Children. *Child Development*, 81(5), 1490—1503.

② Liebal, K., Reddy, V., Hicks, K., Jonnalagadda, S., & Chintalapuri, B. (2011). Socialization Goals and Parental Directives in Infancy: The Theory and the Practice. *Journal of Cognitive Education and Psychology*, 10(1), 113—131.

③ Liew, J., Carlo, G., Streit, C., & Ispa, J. M. (2018). Parenting Beliefs and Practices in Toddler-Hood as Precursors to Self-Regulatory, Psychosocial, and Academic Outcomes in Early and Middle Childhood in Ethnically Diverse Low Income Families. *Social Development*, 27(4), 891—909.

④ Rao, N., McHale, J. P., & Pearson, E. (2003). Links between Socialization Goals and Childrearing Practices in Chinese and Indian Mothers. *Infant and Child Development*, 12, 475—492.

⑤ Sigel, I. E. (Ed.). (1985). *Parental Belief Systems: The Psychological Consequences for Children*. Hillsdale, NJ: Lawrence Erlbaum.

⑥ Döge, P., & Keller, H. (2014). Factorial Structure of a Socialization Goal Questionnaire Across Non-Migrant and Migrant Mothers in Germany. *European Journal of Developmental Psychology*, 11(4), 512—520.

⑦ Kartner, J., Keller, H., & Chaudhary, N. (2010). Cognitive and Social Influences on Early Prosocial Behavior in Two Sociocultural Contexts. *Developmental Psychology*, 46(4), 905—914.

标结构来补充现有研究。根据 Kağıtçıbaşı 提出的家庭文化模式理论,非西方受教育家庭的主导文化模式既强调自尊、独立,同时也看重成员间的情感依赖。① 此外,基于先前对中国父母社会化目标特征的回顾,本研究假设 1:0—3 岁儿童母亲持有 3 种社会化目标,即心理自主、顺从以及人际和谐目标,且三者之间存在正相关关系。

本研究的第二个目标是检查母亲社会化目标与特定母亲养育行为之间的联系。我们根据 Valcan 等人的元分析,使用母亲积极养育、认知养育和消极养育来概括中国母亲的养育特征,并分别选取敏感性、鼓励自主和鼓励关系、严厉管教作为 3 种养育方式的指标。② 根据先前的回顾,本研究假设 2:自主目标会正向预测母亲鼓励自主和敏感性;而顺从目标则会正向预测母亲严厉管教;人际和谐目标会正向预测随后的母亲鼓励关系,负向预测母亲敏感性。先前研究发现中国母亲情绪社会性目标与专制养育无关,因此假设人际和谐目标与严厉管教之间的关系不显著。

二、方法

(一) 参与者

本研究使用两个样本,分别进行探索性和验证性因素分析。样本 1 用于探索性因素分析,共招募 201 名 0—3 岁儿童(97 名男孩,平均年龄为 8.70 月,SD=8.61)的母亲。其中,199 名母亲有效完成答卷,这些母亲的年龄范围为 23—44 岁(平均年龄为 32.08 岁,SD=4.06)。90%以上的母亲取得了大学及其以上的学历,母亲月收入在 6 000 元以下的占 43.3%,6 000—10 000 元的占 28.1%,10 000 元以上的占 27.8%。

样本 2,参与者源于一项正在进行的,关于儿童发展与家庭环境的纵向研究。在此,使用其中两个测量时间点的数据。在时间点 1(儿童年龄 6.27±0.36 个月),共招募 242 名儿童及其母亲,随访中加入 25 对,因此在时间点 2(14.61±0.57 个月)共有 267 对母子。两个时间点中有 18 名参与者在所有主要变量上均未提供数

---

① Kağıtçıbaşı, Ç. (1996). The Autonomous-Relational Self: A New Synthesis. *European Psychologist*, *1*(3), 180—186.

② Valcan, D. S., Davis, H., & Pino-Pasternak, D. (2017). Parental Behaviours Predicting Early Childhood Executive Functions: A Meta-Analysis. *Educational Psychology Review*, *30*(3), 607—649.

据而被排除。因此纳入分析的有249名儿童(男孩母亲123名,50%)及其母亲(平均年龄为32.0岁,SD=4.07)。其中,90%以上母亲完成本科及以上学历,母亲月收入在6 000元以下的占39.9%,6 000—10 000元的占31.7%,10 000元以上的占28.4%。

(二) 测量

1. 人口学信息

使用自编的《人口学信息调查问卷》收集母亲年龄、教育水平、月收入,以及儿童年龄、性别等信息。

2. 母亲社会化目标

使用《父母社会化目标问卷》来调查0—3岁儿童母亲社会化目标的结构。该原始问卷共10个条目,分为自主(5条,如发展独立意识)和关系(5条,如学会鼓励他人)社会化目标两个维度。5点计分(1="一点也不同意",5="完全同意")。该量表在西方文化背景下应用较多。[1]本研究中,首先通过翻译与回译标准程序将英文版《社会化目标问卷》汉化。使用专家焦点小组讨论,对量表内容进行回顾。为避免过多中立倾向的作答,五点评分中的"中立"选项被重置为"有点不同意"和"有点同意",成为六点评分。使用维度均分进行分析,分数越高代表该社会化目标越被母亲重视。该问卷在先前的研究中有良好的心理测量学特性。[2]

3. 鼓励自主与鼓励关系

儿童14个月时,采用《母子互动行为编码方案》[3]来评估母亲鼓励自主和鼓励关系。该方案主要对母子自由游戏互动(19分钟)进行编码,排除非游戏活动(如喝水、穿衣)。母亲鼓励自主包括母亲促进儿童自主探索和决策的言语及非言语行为(如母亲说:"哇,有这么多玩具可以玩,你为什么不去玩呢?")。母亲鼓励关系行为是指母亲鼓励儿童进行人际关系的所有言语及非言语行为(如母亲说:"你想和

---

[1] Döge, P., & Keller, H. (2014). Factorial Structure of a Socialization Goal Questionnaire Across Non-Migrant and Migrant Mothers in Germany. *European Journal of Developmental Psychology*, 11(4), 512—520.

[2] Keller, H., Lamm, B., Abels, M., Yovsi, R., Borke, J., Jensen, H., ... Wang, Y.(2006). Cultural Models, Socialization Goals, and Parenting Ethnotheories: A Multicultural Analysis. *Journal of Cross-Cultural Psychology*, 37(2), 155—172.

[3] Liu, M., Chen, X., Zheng, S., Chen, H., & Wang, L.(2009). Maternal Autonomy and Connectedness-Oriented Parenting Behaviors as Predictors of Children's Social Behaviors in China. *Social Development*, 18(3), 671—689.

妈妈一起建房子吗?")。编码采取 5 秒原则,当母亲前后相连的两个行为间隔时间超过 5 秒时,对两次行为分别编码,不足 5 秒时,只编码一次。记录母亲做出上述行为的频次总和,再根据母子互动时长校正该频次总和。本研究中 3 名经培训的编码者随机抽取 15% 的录像建立编码一致性,鼓励自主和鼓励关系的评分者一致性 Kappa 系数良好,均值分别为 0.99 和 0.99。

4. 母亲敏感性

14 个月时,采用母亲行为 Q 分类(Maternal Behavior Q-Sort, MBQS)评估母亲敏感性。[①]MBQS 包含 90 个条目,涉及母亲对孩子信号的关注度、回应有效性、积极情感、拒绝、同步性、控制/干涉、探索和学习、身体接触和参与度等 9 个领域。通过观察母亲与孩子游戏互动,研究者对每个条目从"1=最不符合"到"9=最符合"进行 9 级评分。观察所得的 Q 分类与标准 Q 分类的相关(-1—1)作为母亲敏感性指标,分数越高表明母亲越敏感。本研究中,三名经培训的研究生在随机选取的 30 名母亲中的评分内部一致性 Kappa 系数平均值为 0.92(范围 0.89—0.95)。

5. 严厉管教

儿童 14 个月时,使用《亲子冲突解决策略量表》(Parent-Child Conflict Tactics Scales, CTSPC)中的心理攻击和体罚行为子量表评估母亲严厉管教。严厉管教共 11 个条目,包括心理攻击(5 条目,如"向孩子说要把他/她送走或赶出家门")和体罚(6 条目,如"打孩子手、胳膊或腿")。[②]母亲被要求在一个 7 点量表上(0="0 次",6="20 次以上")进行响应。使用均分进行后续分析,分数越高代表母亲严厉管教的频次越高。本研究中,严厉管教子量表的内部一致性信度(Cronbach's α)为 0.86。

(三)研究程序

在当地社区和妇幼保健机构,通过发放传单和张贴海报进行被试招募。向母亲解释研究目的,以及保密和匿名原则。同意参与的母亲填写知情同意书。样本 1 中的被试只需要并完成人口学信息问卷和社会化目标问卷。样本 2 中的母亲,在儿童 6 个月时,可通过邮递或现场填写的方式,完成人口统计学信息调查表和社会

---

① Pederson, D. R., Moran G., & Bento, S. (2009). Assessing Maternal Sensitivity and the Quality of Mother-Infant Interactions Using "The Maternal Behavior Q-Sort (MBQS)". Pederson-Moran MBQS Manual (Unpublished Manuscript). Western University at Ontario, Canada.

② Straus, M. A., Hamby, S. L., Finkelhor, D., Moore, D. W., & Runyan, D. (1998). Identification of Child Maltreatment with the Parent-Child Conflict Tactics Scales: Development and Psychometric Data for a National Sample of American Parents. *Child abuse & neglect*, 22(4), 249—270.

化目标问卷。14个月时,母亲和孩子被邀请到实验室。通过亲子游戏互动任务,评估母亲鼓励自主、鼓励关系,和敏感性。另外,母亲填写一份关于严厉管教的问卷。实验完成后,参与者得到小礼物作为补偿。

(四)分析策略

先前研究表明,相同的社会化目标在不同文化下可能有着不同的意义。也就是说,Keller 开发的《社会化目标问卷》中条目的载荷模式在不同文化下是有区别的。因此本研究首先对该量表的条目进行了探索性因素分析。在进行探索性因素分析(exploratory factor analysis,EFA)时,主轴因子分解法(Principal axis factoring analysis)和最优斜交转轴(Promax)分别用于因子抽取和因子矩阵旋转。排除在所有因子载荷低于 0.4 和跨因子载荷的条目,每次只删除一个条目。[1][2]

使用验证性因素分析(confirmatory factor analysis;CFA)进一步检验 EFA 得到的因子模型。当比较拟合指数(comparative fit index,CFI)和塔克-刘易斯指数(Tucker-Lewis index,TLI)均大于 0.90,标准化均方根残差(standardized root mean square residual,SRMR)和近似均方根误差(root mean square error of approximation,RMSEA)均小于 0.08,$\Delta \chi^2$ 的 p 值大于 0.05,表明模型拟合良好。[3]然后,对模型进行跨性别组等值检验。首先指定一个无约束/基线模型(两性别组中所有路径设定为自由估计),通过对比测量等值模型(设定两组因子载荷相等)与基线模型来检验测量等值,通过比较尺度等值模型(设定两组截距相等)与测量等值模型来检验尺度等值。如果 ΔCFI 小于 0.01,以及 $\Delta \chi^2$ 大于 0.05,表明等值成立。

使用路径分析来检验母亲社会化目标对母亲养育行为的预测。由于严厉管教为非正态分布,因此使用稳健极大似然(Robust maximum likelihood,MLR)进行参数估计。使用全息极大似然(full information maximum likelihood,FIML)进行缺失值处理。EFA 在 SPSS 20.0 中完成,CFA 和路径分析在 Mplus 8.0 中完成。

---

[1] Diemer, M. A., Rapa, L. J., Park, C. J., & Perry, J. C.(2018). Development and Validation of the Critical Consciousness Scale. *Youth & Society*, 49, 461—483.

[2] Worthington, R. L., & Whittaker, T. A.(2006). Scale Development Research: A Content Analysis and Recommendations for Best Practices. *Counseling Psychologist*, 34(6), 806—838.

[3] Hu, L., & Bentler, P. M.(1999). Cutoff Criteria for Fit Indexes in Covariance Structure Analysis: Conventional Criteria Versus New Alternatives. *Structural Equation Modeling: A Multidisciplinary Journal*, 6, 1—55.

三、研究结果

(一) 探索性因素分析

KMO 和 Bartlett 球形检验结果表明,KMO=0.78(>0.70),Bartlett 球形检验(近似 χ^2=890.50, df=45, p<0.001),满足探索性因素分析的前提条件(Worthington & Whittaker, 2006)。旋转后因子模式矩阵显示,条目 1—5 负载在因子 1 上(0.70, 0.79, 0.42, 0.65, 0.44),条目 6 和 7 负载在因子 2 上(0.88, 0.97),条目 8, 9, 10 在因子 3 上负荷较高(0.86, 0.96, 0.56)。根据先前标准,未发现在所有因子上载荷均低的,以及交叉载荷的条目。根据每个因子包含条目所描述的内容,分别命名为自主(如发展出自尊)、顺从(如尊重长辈)和人际和谐(如学会控制情绪)社会化目标,结果初步支持了假设 1。

配对样本 t 检验表明,顺从目标得分(3.65±1.19)显著低于自主目标得分(4.35±0.58),$t_{(183)}$=-8.27,p<0.001,Cohen' d=1.23,和人际和谐目标得分(4.42±0.68),$t_{(193)}$=-9.17,p<0.001,d=1.32。而人际和谐目标得分与自主目标得分无显著差异,$t_{(183)}$=1.192,p=0.235,d=0.18。此外,三种母亲社会化目标在儿童性别上无差异(见表 1),顺从社会化目标在母亲教育水平上存在显著差异,教育程度越高,顺从目标得分就越低。

表 1 模型拟合指数总结

模型描述	χ^2	df	p	CFI	TLI	RMSEA	SRMR
M1:结构模型	70.419	48	0.019	0.968	0.951	0.053	0.066
M2:测量等值	76.080	54	0.026	0.966	0.957	0.061	0.070
M3:截距等值	87.292	60	0.012	0.961	0.953	0.076	0.065

(二) 验证性因素分析与测量等值

对探索性因素分析中得出的三因子结构进行验证性因素分析。结果表明,三因子模型拟合良好,χ^2=52.732, df=33, p=0.016, CFI=0.964, TLI=0.950, SRMR=0.050, RMSEA=0.052(90% CI[0.023—0.078]),而两因子竞争模型(分为自主和关系两个维度,1—5 题加载在自主因子上,6—10 题加载于关系因子上)拟合指数较差,χ^2=214.579, df=35, p<0.001, CFI=0.669, TLI=0.574, SRMR=0.135, RMSEA=0.154(90% CI[0.134—0.174]),因此进一步证明了三因

子模型(见图1)的合理性。然后,对三因子模型进行跨性别组等值检验。结果表明(见表2),无约束(基线)结构成立(模型1)。尽管卡方检验是显著的,但其他拟合指数均良好(Steenkamp & Baumgartner, 1998)。此外,嵌套模型卡方差异检验结果支持测量等值(ΔCFI=0.002,$\Delta\chi^2(6)$=5.661,$p>0.05$)和尺度等值(ΔCFI=0.005,$\Delta\chi^2(6)$=11.212,$p>0.05$)。这些结果进一步支持了假设1。

表2 社会化目标在儿童性别和母亲教育水平上的差异:均值,标准差,F 统计量和效应量

	儿童性别				母亲受教育程度				
	男	女	F	偏η^2	高中及以下	大学(本/专科)	硕士及以上	F	偏η^2
自主目标	4.35 (0.59)	4.35 (0.57)	0.00	0.000	4.51 (0.61)	4.35 (0.57)	4.31 (0.61)	0.68	0.008
顺从目标	3.59 (1.20)	3.70 (1.17)	0.28	0.001	4.30 (0.84)	3.71 (1.17)	3.31 (1.22)	4.94**	0.050
人际和谐目标	4.46 (0.69)	4.36 (0.70)	1.02	0.005	4.56 (0.47)	4.44 (0.67)	4.31 (0.77)	1.04	0.011

注: * $p<0.05$, ** $p<0.01$, *** $p<0.001$。

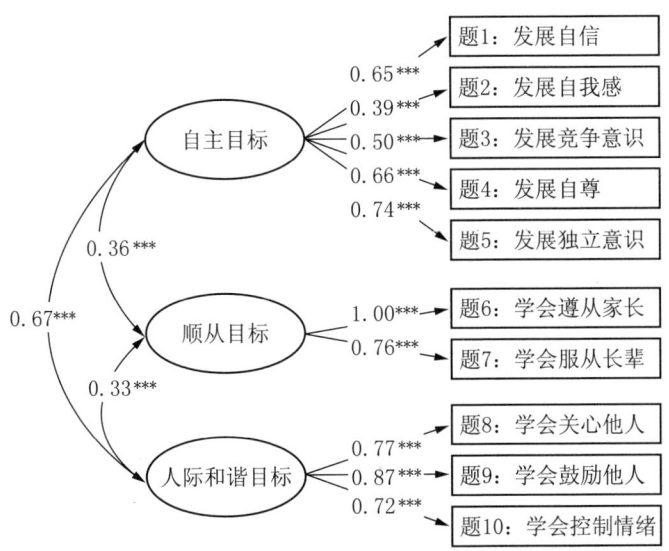

图1 母亲社会化目标验证性因素分析三因子模型

注: *** $p<0.001$;数据均为标准化路径系数。

（三）内部一致性信度

该量表(10 个条目)内部一致性信度良好 Cronbach's $a=0.81$,各维度分别为,自主目标 $a=0.71$,顺从目标 $a=0.86$,人际和谐目标 $a=0.82$。

（四）预测效度:母亲社会化目标对养育行为的预测

主要变量平均值,标准差,双变量相关统计结果见表3。这些变量在性别上不存在差异,所有 Wald's $\chi^2(1)<3.67$, $ps>0.05$。此外,敏感性在母亲教育水平上存在差异,$\chi^2(1)=5.94$, $p=0.015$。相关分析表明,自主目标与母亲鼓励自主、鼓励关系均存在显著正相关;人际和谐目标与母亲鼓励关系和严厉管教显著正相关,与母亲敏感性呈显著负相关;顺从目标与母亲养育行为均未有显著的关联。此外,三种社会化目标之间显著正相关。在结果变量之间,鼓励自主与鼓励关系存在显著正相关,而敏感性与鼓励自主呈显著负相关。

在路径模型中,儿童性别与母亲教育水平作为控制变量。结构方程模型表明(见图2),6 个月母亲自主社会化目标正向预测 14 个月时母亲鼓励自主($\beta=0.27$,$SE=0.09$, $p=0.002$),人际和谐目标正向预测鼓励关系($\beta=0.18$, $SE=0.07$, $p=0.016$),严厉管教($\beta=0.24$, $SE=0.09$, $p=0.013$),负向预测母亲敏感性($\beta=0.16$, $SE=0.08$, $p=0.045$),没有发现顺从目标对任何养育行为的预测。结果部分证实了假设 2。

表3 研究变量的均值,标准差,双变量相关分析

		1	2	3	4	5	6	7	8	9
1	自主目标(T1)									
2	顺从目标(T1)	0.24**								
3	人际和谐目标(T1)	0.50**	0.24**							
4	鼓励自主(T2)	0.25*	0.15	0.15						
5	鼓励关系(T2)	0.16*	0.12	0.23**	0.38**					
6	严厉管教(T2)	0.01	0.08	0.17*	0.10	0.03				
7	母亲敏感性(T2)	−0.05	−0.10	−0.18*	−0.20**	−0.05	−0.11			
8	母亲受教育水平	0.05	−0.20**	−0.15	−0.11	−0.09	−0.03	0.21**		
9	儿童性别	0.01	−0.10	−0.06	−0.06	0.08	−0.00	0.08	−0.06	
M		3.76	3.10	4.03	28.08	10.25	4.86	0.46	3.25	0.49
SD		0.69	1.10	0.88	10.04	5.94	7.48	0.13	0.59	0.50
N		213	213	216	193	193	172	192	243	249

注:* $p<0.05$, ** $p<0.01$. T1=儿童 6 个月,T2=儿童 14 个月。

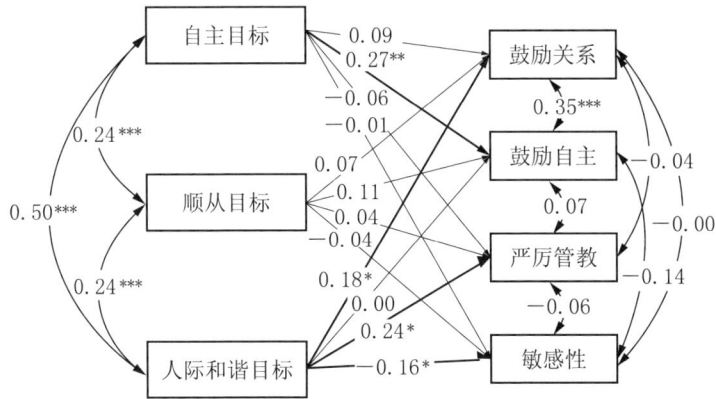

图 2　6 个月时母亲社会化目标对 14 个月母亲养育行为的预测

注：* $p<0.05$，** $p<0.01$，*** $p<0.001$；数据均为标准化路径系数。

四、讨论

Keller 开发的《社会化目标问卷》是用于评估 0—3 岁儿童母亲社会化目标的经典工具,但该量表所涉及的自主和关系维度在不同文化下可能有着不同的表现形式。尽管有研究注意到这一点,但针对社会化目标结构的研究仍是较少的。本研究以 0—3 岁儿童母亲为研究对象,旨在探索和验证社会化目标的结构及其与母亲养育行为的关系。探索性因素和验证性因素分析发现,母亲社会化目标由 3 个因素组成,分别为自主、顺从以及人际和谐目标。同时也发现,儿童 6 个月时的自主目标能预测 14 个月时的母亲鼓励自主,人际和谐目标正向预测母亲鼓励关系和严厉感觉,负向预测母亲敏感性。没有发现顺从目标与养育行为之间的关系。

一项针对 0—3 岁土耳其移民的德国儿童的研究中,Döge 和 Keller 发现了心理自主和等级关系社会化目标。①类似地,在德国和印度 0—3 岁儿童群体中,卡斯特纳(Kartner)等人发现关系社会化目标可区分为亲社会目标和顺从目标。②本研究

---

① Döge, P., & Keller, H. (2014). Factorial Structure of a Socialization Goal Questionnaire Across Non-Migrant and Migrant Mothers in Germany. *European Journal of Developmental Psychology*, 11(4), 512—520.

② Kartner, J., Keller, H., & Chaudhary, N. (2010). Cognitive and Social Influences on Early Prosocial Behavior in Two Sociocultural Contexts. *Developmental Psychology*, 46(4), 905—914.

拓展了先前的研究，在中国城市受教育母亲中识别了自主、顺从与人际和谐等三种社会化目标，这与预期的一致。中国城市家庭的文化模式属于典型的自主-关系型，独立自主、亲社会以及人际和谐等儿童属性为父母所强调。同时，服从家长和尊敬长辈等传统的发展目标仍被保留。陆(Lu)和杨(Yang)提出的"传统与现代双文化理论"认为，中国人的自我是结合了传统集体主义和现代个人主义的多元自我。①此外，分析发现三种社会化目标之间存在显著正相关，说明这些目标是相互区别但具有内在一致性的构念。也表明为了使孩子适应不同的环境，母亲同时支持多种社会化目标。有研究发现，在以家庭为背景下父母表现出对关系目标的支持，而在学习环境下父母则更支持独立自主。②因此，这些目标的共存并不矛盾。

先前的研究表明，中国母亲对不同社会化目标的重视程度不同。③与预期的一致，本研究发现母亲在自主目标和人际和谐目标上的得分显著高于在等级关系目标上的得分，这表明在0—3岁阶段，母亲更加重视培养子女独立自主以及与他人和谐相处，而对顺从和孝顺等品质则不那么看重。一种解释是，在正规教育和商业经济的城市生态中，自我独立决策是重要的适应性品质，④⑤此外，由于大众媒体对儿童情商的宣传，母亲感知到培养人际和谐的重要性。Kağitçibasi 认为，独立自主与人际和谐是人类最健康的发展状态。⑥因此，父母同时优先考虑这两种社会化目标是合理的。另外，父母对顺从目标的不重视可归咎于较高的母亲受教育水平。因为教育程度高的家庭通常有较高的社会经济地位，养育子女不再受代际间物质依赖的束缚，更多关注的是儿童自身的福祉。⑦另外，高教育水平母亲接触到的个

---

① Lu, L., & Yang, K. S. (2006). Emergence and Composition of the the Traditional-Modern Bicultural self of People in Contemporary Taiwanese Societies. *Asian Journal of Social Psychology*, 9(3), 167—175.

② Wang, Q., & Li, J. (2003). Chinese Children's Self-Concepts in the Domains of Learning and Social Relations. *Psychology in the Schools*, 40, 85—101.

③ Liang, Y., Tudge, J. R., Mokrova, I. L., Freitas, L. B., & Zhou, N. (2019). Measuring Parents' Developmental Goals for Their Children: Updating Kağitçibaşi's Approach to Autonomy-Relatedness in the United States and China. *Current psychology*, 40(10), 4791—4800.

④ Chen, X., & Chen, H. (2010). "Children's Social Functioning and Adjustment in the Changing Chinese Society" in Social Change and Human Development: Concepts and Results, eds R. K. Silbereisen and X. Chen (London: Sage), 209—226.

⑤ Greenfield, P. M. (2009). Linking Social Change and Developmental Change: Shifting Pathways of Human Development. *Developmental Psychology*, 45(2), 401—418.

⑥⑦ Kağitçibasi, Ç. (1996). The Autonomous-Relational Self: A New Synthesis. *European Psychologist*, 1(3), 180—186.

人主义文化的机会也较多,①②这导致母亲更偏好个人主义所倡导的价值观,而对传统的"抑己顺亲"的观点不那么看重,③本研究对社会化目标在母亲受教育水平上的差异分析支持了这些观点。

自主社会化目标与鼓励自主之间的正向联系在先前的研究中已经得到证实。④⑤与预期的一致,本研究发现儿童6个月时母亲自主目标能够正向预测14个月时的鼓励自主,表明尊重儿童自主、独立以及自我决策的母亲会使用更多的鼓励自主策略。此外,先前的研究表明,中国母亲的情绪社会性目标与权威性养育有关。⑥权威性养育的特征是高母亲温暖,低控制。⑦本研究结果发现人际和谐目标预示着更多的母亲敏感性,这与先前结论一致。然而,与预期不一致的是,人际和谐目标能正向预测严厉管教,表明在培养儿童人际能力时,母亲会使用较多的严厉管教。在集体主义社会中,为了与他人保持和谐、减少冲突,重要的是学会如何控制情绪和避免过多的表达思想和情感。一项研究表明,中国母亲使用较多的行为控制、专制型养育策略来使孩子发展与集体主义有关的社会化目标。⑧另外,结果还发现人际和谐目标正向预测母亲鼓励关系,支持先前的研究。⑨⑩总的来说,母亲会

---

① Luo, R., Tamis-Lemonda, C. S., & Song, L.(2013). Chinese Parents' Goals and Practices in Early Childhood. *Early Childhood Research Quarterly*, 28(4), 843—857.

② Park, H., & Lau, A. S.(2015). Socioeconomic Status and Parenting Priorities: Child Independence and Obedience around the World. *Journal of Marriage and Family*, 78(1), 43—59.

③ Yeh, K. H.(2009). The Dual Filial Piety Model in Chinese Culture: Retrospect and Prospects. *Indigenous Psychological Research in Chinese Societies*, 32, 101—148.

④ Keller, H., Lamm, B., Abels, M., Yovsi, R., Borke, J., Jensen, H., … Wang, Y.(2006). Cultural Models, Socialization Goals, and Parenting Ethnotheories: A Multicultural Analysis. *Journal of Cross-Cultural Psychology*, 37(2), 155—172.

⑤ Richman, S. B., & Mandara, J.(2013). Do Socialization Goals Explain Differences in Parental Control between Black and White Parents? *Family Relations*, 62(4), 625—636.

⑥ Pearson, E., & Rao, N.(2003). Socialization Goals, Parenting Practices, and Peer Competence in Chinese and English Preschoolers. *Early Child Development and Care*, 173(1), 131—146.

⑦ Baumrind, D.(1967). Child Care Practices Anteceding Three Patterns of Preschool Behavior. *Genetic Psychology Monographs*, 75, 43—88.

⑧ Chen-Bouck, L., Patterson, M. M., & Chen, J.(2019). Relations of Collectivism Socialization Goals and Training Beliefs to Chinese Parenting. *Journal of Cross-Cultural Psychology*, 50(3), 396—418.

⑨ Doan, S. N., & Wang, Q.(2010). Maternal Discussions of Mental States and Behaviors: Relations to Emotion Situation Knowledge in European American and Immigrant Chinese Children. *Child Development*, 81(5), 1490—1503.

⑩ Liu, M. M., Chen, X. Y., Rubin, K. H., Zheng, S. J., Cui, L. Y., Li, D., … Wang, L.(2005). Autonomy- vs. Connectedness- Oriented Parenting Behaviors in Chinese and Canadian Mothers. *International Journal of Behavioral Development*, 29(6), 489—495.

通过多种养育方式来促进人际和谐目标。

在以往的报道中,顺从型社会目标与父母专制型养育风格有着正向关系。然而,与预期不一致,本研究结果没有发现顺从目标对母亲严厉管教的预测。这可能是由于儿童年龄造成的,先前研究主要关注的是有学校经历的儿童。然而,在0—3岁阶段,中国父母通常认为儿童是缺乏理解力或不懂事的,因此对儿童的非顺从持有宽容的态度。值得一提的是,男孩和女孩母亲社会化目标没有发现差异,与之前研究结果一致,[1]表明随着性别平等观念深入人心,父母教养观的性别差异也随之缩小。

本研究通过调查儿童早期母亲社会化目标的结构对现有文献进行了拓展。然而在对结果进行解释和推广时,几点局限性需要注意。首先,我们使用的社会化目标问卷,可能仍然无法充分体现中国0—3岁儿童母亲社会化目标的复杂性。例如,中国传统文化强调"礼",达到礼貌、得体的第一步是了解和学习社会规范,因此帮助儿童内化和遵循社会规范也可能是母亲的社会化目标之一。此外,传统养育价值观中的"知"所指向的学业成就目标也是中国母亲所看重的。[2]因此,未来在制定中国本土社会化目标量表时,可以对这些重要的目标进行因素分析。其次,本研究主要调查的是来自教育水平较高的城市家庭母亲,未来可在更多样化的人群中进一步调查母亲社会化目标,例如农村家庭。再次,未来可以探讨儿童早期母亲养育目标与养育行为关系的机制,例如目标转化为行为过程中,父母对养育行为的信念所扮演的角色。最后,本研究关于社会化目标与养育方式之间的关系并不具有因果推论,未来研究可以采用交叉滞后设计探讨两者间的因果互惠关系。

(王 强 张琳琳 王争艳)

---

[1] Liebal, K., Reddy, V., Hicks, K., Jonnalagadda, S., & Chintalapuri, B.(2011). Socialization Goals and Parental Directives in Infancy: The Theory and the Practice. *Journal of Cognitive Education and Psychology*, 10(1), 113—131.

[2] Luo, R., Tamis-Lemonda, C. S., & Song, L.(2013). Chinese Parents' Goals and Practices in Early Childhood. *Early Childhood Research Quarterly*, 28(4), 843—857.

父母教养行为对儿童执行功能的影响及其作用机制

一、引言

在 2018 年全国教育大会上,习近平总书记明确指出"办好教育事业,家庭、学校、政府、社会都有责任……教育、妇联等部门要统筹协调社会资源支持服务家庭教育"。2021 年 10 月 23 日,习近平总书记签署中华人民共和国主席令第九十八号,颁布《中华人民共和国家庭教育促进法》,自 2022 年 1 月 1 日起施行。法律明确,未成年人的父母或者其他监护人负责实施家庭教育,国家和社会为家庭教育提供指导、支持和服务。该法律致力于发扬中华民族重视家庭教育的优良传统,引导全社会注重家庭、家教和家风,增进家庭幸福与社会和谐,培养德智体美劳全面发展的社会主义建设者和接班人。无论是现实需要还是政治意义,考察家庭教育与儿童发展的关系,充分发挥家庭的教育功能、加强家庭环境与学校环境之间的联系已成为不断完善当前教育体系的必要措施。

人在儿童时期的能力发展迅速,且易受环境因素的影响。[1][2]这一时期儿童十分依赖父母,会受到来自父母各方面的影响,[3][4]是发挥父母教养行为对儿童发展

---

[1] Diamond, A.(2013). Executive Functions. *Annual Review of Psychology*, 64, 135—168.
[2] Hughes, C., Roman, G., & Ensor, R.(2014). Parenting and Executive Function: Positive and Negative Influences. *Wellbeing: A complete reference guide*, 1, 1—25.
[3] Kiss, M., Fechrte, G., Pop, M., & Susa, G.(2014). Early Childhood Self-Regulation in Context: Parental and Familial Environmental Infulences. *Cognition, Brain, Behavior*, 18, 55—85.
[4] 王丽、傅金芝:《国内父母教养方式与儿童发展研究》,《心理科学进展》2005 年总第 13 期。

影响的关键时期。①②儿童是国家的未来、民族的希望。党和国家始终高度重视儿童事业发展,2021 年 9 月 27 日,国务院印发的《中国儿童发展纲要(2021—2030 年)》也明确将"儿童与家庭"作为儿童发展的一个重要方面。如果在这一时期能够更好地发挥家庭教育的特点和优势,对儿童未来的成长将具有重要的价值和意义。

以执行功能为代表的认知能力的发展是儿童发展的一个重要方面。执行功能(Executive Functions,简称 EF)也称作执行控制和认知控制,是指个体在完成目标导向任务时所需要的一系列自上而下的认知控制过程。③执行功能作为一项领域一般性能力,与儿童的学业成就、心理健康等方面关系密切。EF 的概念复杂,学术界还没有统一的定论,④⑤目前普遍认为 EF 由工作记忆、抑制控制和认知灵活性组成。⑥工作记忆是一种对信息进行暂时加工和存储的容量有限的记忆系统;⑦抑制控制是指个体有意识的抑制优势反应、抗干扰的能力;认知灵活性即转换,是指个体在两个或多个任务的操作和思维模式中进行切换的能力。⑧这三种成分之间既相互独立又相互关联。⑨

父母教养是儿童 EF 发展的核心机制,⑩在儿童 EF 发展过程中起到关键作用。⑪斐伊-施坦巴赫(Fay-Stammbach)等人在前人研究的基础上,将与 EF 关系最

---

① Fay-Stammbach, T., Hawes, D. J., & Meredith, P. (2014). Parenting Influences on Executive Function in Early Childhood: A Review. *Child Development Perspectives*, 8, 258—264.

② Valcan, D. S., Davis, H., & Pino-Pasternak, D.(2017). Parental Behaviours Predicting Early Childhood Executive Functions: A Meta-Analysis. *Educational Psychology Review*, 30, 607—649.

③ Diamond, A.(2013). Executive Functions. *Annual Review of Psycholology*, 64, 135—168.

④ 王天宇、王明怡:《睡眠对儿童执行功能的影响》,《心理科学进展》2015 年总第 23 期。

⑤ 康丹、曾莉:《早期儿童数学学习与执行功能的关系》,《心理科学进展》2018 年第 9 期。

⑥⑨ Miyake, A., Friedman, N. P., Emerson, M. J., Witzki, A. H., Howerter, A., & Wager, T. D.(2000). The Unity and Diversity of Executive Functions and Their Contributions to Complex "Frontal Lobe" Tasks: A Latent Variable Analysis. *Cognitive Psychology*, 41, 49—100.

⑦ Baddeley, A., & Hitch, G.(1974). Working Memory. In G. H. Bower,(Ed.), *The Psychology of Learning and Motivation: Advances in Research and Theory*. Academic Press.

⑧ Miyake, A., & Friedman, N. P.(2012). The Nature and Organization of Individual Differences in Executive Functions: Four General Conclusions. *Current Directions in Psychological Science*, 21(1), 8—14.

⑩ Kopp, C. B.(1982). Antecedents of Self-Regulation: A Developmental Perspective. *Developmental Psychology*, 18, 199—214.

⑪ Morawska, A., Dittman, C. K., & Rusby, J. C.(2019). Promoting Self-Regulation in Young Children: The Role of Parenting Interventions. *Clinical Child Family Psychology Review*, 22(1), 43—51.

为紧密的父母教养行为概括为4个维度：父母支架，认知刺激，敏感性和控制。①父母支架是指孩子完成具有挑战性的任务时，父母使用语言或非语言行为来提供帮助和支持，②包括自主支持、认知帮助等；认知刺激是指父母在互动过程中提供丰富的刺激，为孩子提供发展认知技能的机会，包括给孩子读书和陪孩子画画等；敏感性的养育行为包括及时提供支持、关爱、鼓励、回应性、参与、喜爱、身体接近和表扬等，与之相对立的是敌意、冲突、拒绝等；③控制包括高低两个层面，设定规则并要求孩子遵守纪律等父母教养行为控制水平较低，属于支持性控制；而严厉管教、惩罚、忽视和批评控制水平较高，则属于消极性控制。从社会情感上可以将这些教养行为划分为积极和消极的教养行为，④积极的教养行为包括提供父母支架、丰富的认知刺激、高敏感性和低控制；消极的教养行为包括父母支架缺失、认知刺激匮乏、低敏感性和高控制。

大量实证研究表明，父母教养行为是预测儿童EF的重要因素。然而，父母教养行为是通过何种途径对儿童EF产生作用，这一科学问题至今仍未有研究者进行过系统的论述。因此，首先将概要总结父母教养行为与儿童执行功能之间的关系，并对其影响作用机制进行详细梳理和阐述，最后依据当前研究中存在的问题提出未来的研究方向。

二、父母教养行为对儿童执行功能的影响

维果斯基从社会文化理论的角度出发，指出积极的父母教养行为会促进儿童EF的发展，而消极的父母教养行为会阻碍儿童EF的发展。拓展-塑造理论则强调积极和消极教养行为会对儿童探索性和创造性产生不同影响，从而影响其EF发展。⑤元

---

① Fay-Stammbach, T., Hawes, D. J., & Meredith, P. (2014). Parenting Influences on Executive Function in Early Childhood: A Review. *Child Development Perspectives*, 8, 258—264.

② Lewis, C., & Carpendale, J. I. (2009). Introduction: Links between Social Interaction and Executive Function. *New Directions for Child and Adolescent Development*, 2009(123), 1—15.

③ O'Connor, T. G.(2002). Annotation: the Effects' of Parenting Reconsidered: Findings, Challenges, and Applications. *Journal of Child Psychology and Psychiatry*, 43(5), 555—572.

④ Pino-Pasternak, D., & Whitebread, D.(2010). The Role of Parenting in Children's Self-regulated Learning. *Educational Research Review*, 5, 220—242.

⑤ Fredrickson, B. L.(1998). What Good Are Positive Emotions? *Review of General Psychology*, 2(3), 300—319.

分析的结果也表明儿童 EF 与积极的($r=0.25$)、消极的($r=-0.22$)父母教养行为存在显著的相关。①

大部分实证证据来自纵向研究,许多研究都证实了父母教养行为(如父母敏感性、控制、自主支持)对儿童 EF 及其各子成分间的预测作用,②③④⑤在控制了与儿童相关的变量(如年龄、性别、智力)以及与父母相关的变量(如社会经济地位)后,两者间仍存在密切关系。⑥⑦但是也有少量研究结果表明父母教养行为无法预测儿童 EF。⑧⑨⑩可能是由于目前研究中变量定义和测量方法不统一、被试群体的差异、额外变量未得到有效控制等原因,使得对父母教养与儿童 EF 的发展关系仍认识不清,未来需要更多的研究进行探讨。

近年来,随着认知神经科学的兴起,研究者对 EF 背后的脑神经机制进行了初

---

① Valcan, D. S., Davis, H., & Pino-Pasternak, D.(2017). Parental Behaviours Predicting Early Childhood Executive Functions: A Meta-Analysis. *Educational Psychology Review*, 30, 607—649.

② Amicarelli, A. R., Kotelnikova, Y., Smith, H. J., Kryski, K. R., & Hayden, E. P.(2018). Parenting Differentially Influences the Development of Boys' and Girls' Inhibitory Control. *British Journal of Developmental Psychology*, 36(3), 371—383.

③ Bernier, A., Carlson, S. M., Deschenes, M., & Matte-Gagné, C.(2012). Social Factors in the Development of Early Executive Functioning: A Closer Look at the Caregiving Environment. *Developmental Science*, 15, 12—24.

④ Halse, M., Steinsbekk, S., Hammar, A., Belsky, J., & Wichstrom, L.(2019). Parental Predictors of Children's Executive Functioning from Ages 6 to 10. *British Journal of Developmental Psychology*, 37, 410—426.

⑤ Sosic-Vasic, Z., Kröner, J., Schneider, S., Vasic, N., Spitzer, M., & Streb, J.(2017). The Association between Parenting Behavior and Executive Functioning in Children and Young Adolescents. *Frontiers in Psychology*, 8.

⑥ Blair, C., Granger, D. A., Willoughby, M., Mills-Koonce, R., Cox, M., Kivlighan, K. T., Fortunato, C. K., Investigators, F. L. P., & Greenberg, M. T.(2011). Salivary Cortisol Mediates Effects of Poverty and Parenting on Executive Functions in Early Childhood. *Child Development*, 82, 1970—1984.

⑦ Meuwissen, A. S., & Carlson, S. M.(2015). Fathers Matter: the Role of Father Parenting in Preschoolers' Executive Function Development. *Journal of Experimental Child Psychology*, 140, 1—15.

⑧ Cheng, N., Lu, S., Archer, M., & Wang, Z. (2017). Quality of Maternal Parenting of 9-Month-Old Infants Predicts Executive Function Performance at 2 and 3 Years of Age. *Frontiers in Psychology*, 8, 1—12.

⑨ Clark, C. A., & Woodward, L. J.(2015). Relation of Perinatal Risk and Early Parenting to Executive Control at the Transition to School. *Developmental Science*, 18, 525—542.

⑩ Lam, C. B., Chung, K. K. H., & Li, X.(2018). Parental Warmth and Hostility and Child Executive Function Problems: A longitudinal Study of Chinese Families. *Frontiers in Psychology*, 9, 1—12.

步探索,开始从认知神经的角度证明父母教养行为对儿童执行功能的影响。Chung 等人在前人研究基础上对 EF 的脑神经基础进行了总结,发现 EF 成分与前额叶皮层密切相关。[1]而不同的父母教养行为会对前额叶的发育产生不同的影响,具体来看,消极的教养行为(如严厉惩罚)将会对前额叶的发育产生消极影响(如较小的灰质体积),而积极的教养行为(如温暖支持)和认知的父母教养行为(如提供认知刺激)则会对其发育产生积极影响。[2][3][4][5][6]有一种理论假设亲子互动影响儿童 EF 的神经机制进而导致个体的行为差异,[7]但遗憾的是当前鲜有实证研究对父母教养行为、脑与 EF 及其子成分三者之间的关系进行过系统探讨。

此外,仅有的几项干预研究也在一定程度上证明了父母教养行为对儿童 EF 的影响。例如,默茨(Merz)等人的研究探讨了父母教养行为干预对 2.5—5 岁儿童 EF 的影响,考察了以反应(支持早期 EF 发展的最重要的养育因素)为中心的父母教养干预对儿童抑制控制、工作记忆和注意力问题的影响。[8]结果发现,干预组年龄较小的儿童在 EF 子成分任务上的表现有所提高,这说明改善父母教养过程中的

---

[1] Chung, H. J., Weyandt, L. L., & Swentosky, A.(2014). The Physiology of Executive Functioning. In *Handbook of Executive Functioning* (pp.13—27). Springer.

[2] Merz, E. C., Landry, S. H., Montroy, J. J., & Williams, J. M.(2017). Bidirectional Associations between Parental Responsiveness and Executive Function during Early Childhood. *Social Development*, 26, 591—609.

[3] Rosen, M. L., Sheridan, M. A., Sambrook, K. A., Meltzoff, A. N., & McLaughlin, K. A.(2018). Socioeconomic Disparities in Academic Achievement: A Multi-Modal Investigation of Neural Mechanisms in Children and Adolescents. *Neuroimage*, 173, 298—310.

[4] Tomoda, A., Suzuki, H., Rabi, K., Sheu, Y.-S., Polcari, A., & Teicher, M. H.(2009). Reduced Prefrontal Cortical Gray Matter Volume in Young Adults Exposed to Harsh Corporal Punishment. *Neuroimage*, 47, T66—T71.

[5] Whittle, S., Simmons, J. G., Dennison, M., Vijayakumar, N., Schwartz, O., Yap, M. B., Sheeber, L., & Allen, N. B.(2014). Positive Parenting Predicts the Development of Adolescent Brain Structure: A Longitudinal Study. *Developmental Cognitive Neuroscience*, 8, 7—17.

[6] Whittle, S., Vijayakumar, N., Dennison, M., Schwartz, O., Simmons, J. G., Sheeber, L., & Allen, N. B.(2016). Observed Measures of Negative Parenting Predict Brain Development during Adolescence. *Plos One*, 11(1).

[7] Swingler, M. M., Isbell, E., Zeytinoglu, S., Calkins, S. D., & Leerkes, E. M.(2018). Maternal Behavior Predicts Neural Underpinnings of Inhibitory Control in Preschoolers. *Development Psychobiology*, 60(6), 692—706.

[8] Merz, E. C., Landry, S. H., Johnson, U. Y., Williams, J. M., & Jung, K.(2016a). Effects of a Responsiveness-Focused Intervention in Family Child Care Homes on Children's Executive Function. *Early Childhood Research Quarterly*, 34, 128—139.

反应行为可能会促进儿童 EF 的发展,[①]对不同年龄阶段儿童的父母教养行为干预方案及其作用效果仍有待进一步研究进行探索。

三、父母教养行为影响儿童执行功能的作用机制

由前文论述可知,父母教养行为与儿童 EF 的关系紧密。那么,父母教养行为是如何影响儿童 EF 的呢? 儿童早期能力的发展主要体现在 EF、言语和情绪等方面。[②]认知神经科学的研究在一定程度上说明了能力发展的先后顺序,由于个体神经系统的发育顺序是从下向上(即从脊髓、脑干、皮下中枢直至皮层),大脑皮层的发育顺序是从后向前(即中央后回部的各皮层区先进行发展,逐渐向中央回前部推进,额叶最后发育完成),所以言语能力(主要涉及额中下回、颞上回后部、角回等)和情绪(主要涉及杏仁核等)的发展先于主要涉及前额叶皮层的 EF。[③][④][⑤]基于社会文化理论[⑥]和拓展-塑造理论,[⑦]父母教养行为会对儿童的言语能力及情绪体验产生影响,而言语能力和情绪体验两者是儿童早期 EF 发展的重要能力基础和主要动力来源,父母教养行为在影响儿童 EF 的过程中必然也会通过上述两个路径来发挥作用。因此,接下来将从言语和情绪两个方面具体论述父母教养行为对儿童 EF 的作用机制。

---

① Merz, E. C., Landry, S. H., Zucker, T. A., Barnes, M. A., Assel, M., ... Taylor, H. B. (2016b). Parenting Predictors of Delay Inhibition in Socioeconomically Disadvantaged Preschoolers. *Infant and Child Development*, 25(5), 371—390.

② Riggs, N. R., Jahromi, L. B., Razza, R. P., Dillworth-Bart, J. E., & Mueller, U. (2006). Executive Function and the Promotion of Social-Emotional Competence. *Journal of Applied Developmental Psychology*, 27(4), 300—309.

③ Christiansen, M. H., & Chater, N. (2008). Language as Shaped by the Brain. *Behavioral Brain Sciences*, 31(5), 489—509.

④ Chung, H. J., Weyandt, L. L., & Swentosky, A. (2014). The Physiology of Executive Functioning. In *Handbook of Executive Functioning* (pp.13—27). Springer.

⑤ LeDoux, J. E. (2000). Emotion Circuits in the Brain. *Annual Review of Neuroscience*, 23(1), 155—184.

⑥ Vygotsky, L. S. (1978). *Mind in Society: the Development Of higher Psychological Processes*. MA: Harvard University Press.

⑦ Fredrickson, B. L. (1998). What Good Are Positive Emotions? *Review of General Psychology*, 2(3), 300—319.

(一) 言语的作用

父母教养影响儿童言语能力的发展。①②③亲子互动中父母教养行为④⑤是儿童言语发展显著的预测因子。纵向追踪研究也表明父母支架能够促进儿童言语能力的发展,⑥⑦即使在控制了社会经济地位之后,3岁时的父母支架仍能预测6岁时的言语能力。⑧

苏联教育心理学家维果斯基(Vygotsky)认为言语在儿童认知发展过程中扮演着重要的角色。⑨言语能力是高级心理功能发展的核心,能够促进自我反省与主动控制,⑩研究表明儿童的言语能力与 EF 有着密切的关联,⑪⑫言语能力更好的儿童能够更有效地使用语言来指导自己的行为。⑬神经生物学方面的研究也为此提供了支持,聋哑儿童和正常听力儿童的前额皮层和左颞额区存在差异,其中左颞额区与言语能力

---

① Bingham, G. E., Jeon, H. J., Kwon, K. A., & Lim, C. (2017). Parenting Styles and Home Literacy Opportunities: Associations with Children's Oral Language Skills. *Infant Child Development*, 26(5), 2020.

②⑪ Chang, H., Shaw, D. S., Dishion, T. J., Gardner, F., & Wilson, M. N. (2015). Proactive Parenting and Children's Effortful Control: Mediating Role of Language and Indirect Intervention Effects. *Social Development*, 24(1), 206—223.

③ Matte-Gagné, C., & Bernier, A. (2011). Prospective Relations between Maternal Autonomy Support and Child Executive Functioning: Investigating the Mediating Role of Child Language Ability. *Journal of Experimental Child Psychology*, 110, 611–625.

④ Meuwissen, A. S., & Carlson, S. M. (2015). Fathers matter: The Role of Father Parenting in Preschoolers' Executive Function Development. *Journal of Experimental Child Psychology*, 140, 1—15.

⑤ Warren, S. F., Brady, N., Sterling, A., Fleming, K., & Marquis, J. (2010). Maternal Responsivity Predicts Language Development in Young Children with Fragile X Syndrome. *American Journal on Intellectual Developmental Disabilities*, 115(1), 54—75.

⑥ Clark, C. A., Sheffield, T. D., Chevalier, N., Nelson, J. M., Wiebe, S. A., & Espy, K. A. (2013). Charting Early Trajectories of Executive Control with the Shape School. *Developmental Psychology*, 49, 1481—1493.

⑦⑩⑬ Hammond, S. I., Muller, U., Carpendale, J. I., Bibok, M. B., & Liebermann-Finestone, D. P. (2012). The Effects of Parental Scaffolding on Preschoolers' Executive Function. *Development Psychology*, 48, 271—281.

⑧ Smith, K., E., Landry, S., H., & Swank, P., R. (2000). Does the Content of Mothers' Verbal Stimulation Explain Differences in Children's Development of Verbal and Nonverbal Cognitive Skills. *Journal of School Psychology*, 38, 27—49.

⑨ Vygotsky, L. S. (1987). Thinking and Speech (N. Minick, Trans.). In W. Rieber & A. S. Carton (Eds.), *The Collected Works of L. S. Vygotsky* (Vol.1, pp.37—285). Plenum.

⑫ Hughes, C. (1998). Executive Function in Preschoolers: Links with Theory of Mind and Verbal Ability. *British Journal of Developmental Psychology*, 16(2), 233—253.

有关,而前额皮层与执行能力密切相关。①一段时期的言语刺激缺失会对神经系统的发展产生消极影响。因为神经系统之间的联系非常紧密,消极影响不只发生在言语区域,也会进而影响到其他的神经区域的发展,尤其是与执行功能有关的前额叶区。②

综上可知,父母教养行为、言语能力、儿童 EF 三者之间关系密切。基于维果斯基的社会文化理论,研究者提出了这一假设:言语可能是父母教养行为与儿童执行功能的机制之一。③通过社会互动习得的言语和相关符号系统,对通过高级认知过程(如 EF)的发展至关重要。④言语交流是一种主要的互动形式,父母通过语言将丰富的知识体系和策略传递给儿童,促进儿童言语能力的发展,进而发展执行功能。⑤积极的父母教养为儿童言语能力的发展提供了良好的环境支持,进而促进儿童更好地进行问题表征和解决,⑥更有助于儿童调节、规范自身行为,⑦从而促进 EF 的发展。而消极的父母教养则会阻碍儿童言语的发展,从而不利于儿童 EF 的发展。这一假设得到了一些实证研究的支持,中介分析的结果表明儿童言语能力在父母教养行为与儿童 EF 之间起到部分中介作用,⑧⑨⑩一项纵向研究表明 3 岁时的母亲言语支架能够预测 4 岁时儿童的言语能力,进而预测儿童 6 岁时的 EF,⑪

---

① Wolff, A. B., & Thatcher, R. W.(1990). Cortical Reorganization in Deaf Children. *Journal of Clinical and Experimental Neuropsychology*, 12(2), 209—221.

② Hauser, P. C., Lukomski, J., & Hillman, T.(2008). Development of Deaf and Hard-Of-Hearing Students' Executive Function. *Deaf Cognition: Foundations and Outcomes*, 6, 286.

③ Fernyhough, C.(2010). Vygotsky, Luria, and the Social Brain. In J. Carpendale, G. Iarocci, U. Müller, B. Sokol, & A. Young(Eds.), *Self and Social Regulation: Social Interaction and the Development of Social Understanding and Executive Functions*(pp.56—80). Oxford University Press.

④ Vygotsky, L. S.(1987). Thinking and Speech(N. Minick, Trans.). In W. Rieber & A. S. Carton(Eds.), *The Collected Works of L. S. Vygotsky*(pp.37—285). Plenum.

⑤⑩ Matte-Gagné, C., & Bernier, A.(2011). Prospective Relations between Maternal Autonomy Support and Child Executive Functioning: Investigating the Mediating Role of Child Language Ability. *Journal of Experimental Child Psychology*, 110, 611—625.

⑥ Bibok, M. B., Carpendale, J. I., & Muller, U.(2009). Parental Scaffolding and the Development of Executive Function. *New Directions for Child and Adolescent Development*, 123, 17—34.

⑦⑨ Hammond, S. I., Muller, U., Carpendale, J. I., Bibok, M. B., & Liebermann-Finestone, D. P.(2012). The Effects of Parental Scaffolding on Preschoolers' Executive Function. *Development Psychology*, 48, 271—281.

⑧ Clark, C. A., Sheffield, T. D., Chevalier, N., Nelson, J. M., Wiebe, S. A., & Espy, K. A.(2013). Charting Early Trajectories of Executive Control with the Shape School. *Developmental Psychology*, 49, 1481—1493.

⑪ Landry, S. H., Miller-Loncar, C. L., Smith, K. E., & Swank, P. R.(2002). The Role of Early Parenting in Children's Development of Executive Processes. *Developmental Neuropsychology*, 21(1), 15—41.

15 个月时的父母自主性支持通过影响儿童 2 岁时的言语能力进而影响 3 岁时的抑制控制能力。①

(二) 情绪的作用

情绪在个体进行思考、展开行动以及适应环境中起着至关重要的作用,②儿童早期的情绪调节能力在家庭中形成。③积极的父母教养有助于儿童发展抑制消极情绪、自我安慰和集中注意力的能力,而消极的父母教养则阻碍这些能力的发展。④⑤

情绪与 EF 关系密切。研究表明负面情绪的激活会抑制前额叶皮层的功能,⑥进而对儿童 EF 产生消极影响。此外,情绪调节和 EF 是儿童自我调节能力的主要方面,⑦两者之间关系密切。⑧⑨⑩⑪一项纵向研究也发现 15 个月时婴儿的情绪调

---

① Matte-Gagné, C., & Bernier, A.(2011). Prospective Relations between Maternal Autonomy Support and Child Executive Functioning: Investigating the Mediating Role of Child Language Ability. *Journal of Experimental Child Psychology*, 110, 611—625.

②⑨ Ferrier, D. E., Bassett, H. H., & Denham, S. A.(2014). Relations between Executive Function and Emotionality in Preschoolers: Exploring A Transitive Cognition-Emotion Linkage. *Frontiers in Psychology*, 5, 487.

③ Chang, L., Schwartz, D., Dodge, K. A., & McBride-Chang, C.(2003). Harsh Parenting in Relation to Child Emotion Regulation and Aggression. *Journal of Family Psychology*, 17(4), 598—606.

④ Eisenberg, N., Fabes, R. A., Shepard, S. A., Guthrie, I. K., Murphy, B. C., & Reiser, M.(1999). Parental Reactions to Children's Negative Emotions: Longitudinal Relations to Quality of Children's Social Functioning. *Child Development*, 70(2), 513—534.

⑤ Eisenberg, N., Gershoff, E. T., Fabes, R. A., Shepard, S. A., Cumberland, A. J., Losoya, S. H., Guthrie, I. K., & Murphy, B. C.(2001). Mother's Emotional Expressivity and Children's Behavior Problems and Social Competence: Mediation through Children's Regulation. *Developmental Psychology*, 37(4), 475.

⑥ Arnsten, A. F. T.(2009). Stress Signalling Pathways that Impair Prefrontal Cortex Structure and function. *Nature Reviews Neuroscience*, 10, 410—422.

⑦ 姜媛、林崇德:《从心理生物学视角看自我调节发展》,《心理科学》2010 年第 5 期。

⑧ Blankson, A. N., O'Brien, M., Leerkes, E. M., Marcovitch, S., Calkins, S. D., & Weaver, J. M.(2013). Developmental Dynamics of Emotion and Cognition Processes in preschoolers. *Child Development*, 84(1), 346—360.

⑩ Gyurak, A., Goodkind, M. S., Kramer, J. H., Miller, B. L., & Levenson, R. W.(2012). Executive Functions and the Down-Regulation and Up-Regulation of Emotion. *Cognition Emotion*, 26(1), 103—118.

⑪ Ursache, A., Blair, C., & Raver, C. C.(2012). The Promotion of Self-Regulation as a Means of Enhancing School Readiness and Early Achievement in Children at Risk for School Failure. *Child Development Perspectives*, 6(2), 122—128.

节能力越好,在 4 岁时表现出更高的 EF。①这些研究证据表明儿童的情绪及情绪调节能力可能在一定程度上对 EF 发展产生影响。

综上可知,父母教养行为、情绪、儿童 EF 三者之间关系密切。父母教养可能通过影响儿童情绪及情绪调节能力影响 EF。拓展-塑造理论②认为积极情绪表明个体周围的环境是安全且放松的,会使儿童产生探索的需求,儿童会关注新的信息并从中获得新知识,进而促进其认知能力的发展,而消极情绪则相反。因此,父母的温暖会使儿童感觉到安全,促使儿童产生积极、乐观的情绪,③更有利于个体把注意力集中在任务上、探索环境,从而促进自我调节能力的发展。④相反,消极的父母教养会导致儿童产生恐惧、焦虑或悲观等负面情绪,并且会破坏儿童的自我效能感,⑤损害儿童的自主性和探索的积极性,进而阻碍抑制控制、工作记忆等 EF 成分的发展。厄萨克(Ursache)等人发现 15 个月时父母积极的教养行为预测更好的情绪调节水平,从而预测 4 岁时的 EF。但目前"父母教养→儿童情绪/情绪调节能力→儿童 EF"的相关实证研究较少,三者之间的关系尚未完全明确,未来研究可以进行深入的探索。

四、总结与展望

通过以上文献回顾可以发现,尽管已有研究对父母教养行为影响儿童 EF 的潜在机制进行了一定探索。但目前研究在诸多方面还存在很多不足。综合该领域的

---

① Ursache, A., Blair, C., Stifter, C., & Voegtline, K.(2013). Emotional Reactivity and Regulation in Infancy Interact to Predict Executive Functioning in Early Childhood. *Developmental Psychology*, 49(1), 127—137.

② Fredrickson, B. L. (1998). What Good Are Positive Emotions? *Review of General Psychology*, 2(3), 300—319.

③ Roskam, I., Stievenart, M., Meunier, J. C., & Noel, M. P. (2014). The Development of Children's Inhibition: Does Parenting Matter? *Journal of Experimental Child Psychology*, 122, 166—182.

④ Bjorklund, D. F.(1997). The Role of Immaturity in Human Development. *Psychological Bulletin*, 122, 153—169.

⑤ Halse, M., Steinsbekk, S., Hammar, A., Belsky, J., & Wichstrom, L.(2019). Parental Predictors of Children's Executive Functioning from Ages 6 to 10. *British Journal of Developmental Psychology*, 37, 410—426.

研究现状,未来关于父母教养行为和儿童 EF 发展的研究可以从以下 5 个方面进行拓展和完善:

(一) 改善父母教养行为和儿童 EF 领域的研究方法

研究方法的多样复杂是导致目前研究结果不一致的主要原因。这主要体现在自变量(父母教养行为)、因变量(儿童 EF)两个方面。父母教养行为层面,目前学术界对各种不同的教养行为没有明确的定义。儿童 EF 层面,EF 的概念复杂,测量方式多样,目前学术界还没有统一的定论,[①②]不同年龄阶段 EF 也存在差异,[③]但这些在现有的研究中都未得到充分讨论。因此未来的研究需要明确、统一不同年龄阶段对应教养行为的定义、测量、编码方案以及 EF 测量任务,研究者在选用测量任务时需要更加谨慎,避免由于不同研究者对父母教养行为和 EF 的理解不一致从而导致对两者关系的认识不清。

(二) 进一步挖掘言语和情绪在父母教养行为和儿童 EF 中的作用机制

尽管基于理论和已有的少量研究,可以推测父母教养行为在影响儿童 EF 的过程中会通过言语和情绪两个路径来发挥作用,但是目前实证研究证据相对较少,已有的研究也只是针对父母教养行为的某一方面(如父母支架或者温暖支持)或者儿童 EF 的某一成分(如抑制控制能力),到目前为止,鲜有研究考察父母的消极行为与 EF 子成分的关系及其作用机制,现有研究只揭示了父母教养行为对儿童 EF 复杂作用机制的冰山一角;[④⑤]同时由于行为取向和认知神经取向的研究比较割裂,尽管具有共同的研究目的,但因为在研究方法和被试取样等方面存在差异,使得研究结果很难进行整合。因此未来的研究需要研究者从行为取向和认知神经取向相结合的视角系统考察不同的父母教养行为、言语能力和情绪及情绪调节能力与儿童 EF 及各子成分间的密切关系,以深入揭示言语和情绪在父母教养行为和儿童

---

① 康丹、曾莉:《早期儿童数学学习与执行功能的关系》,《心理科学进展》2018 年第 9 期。
② 王天宇、王明怡:《睡眠对儿童执行功能的影响》,《心理科学进展》2015 年第 23 期。
③ Diamond, A.(2013). Executive Functions. *Annual Review of Psychology*, 64, 135—168.
④ Landry, S. H., Miller-Loncar, C. L., Smith, K. E., & Swank, P. R.(2002). The Role of Early Parenting in Children's Development of Executive Processes. *Developmental Neuropsychology*, 21(1), 15—41.
⑤ Ursache, A., Blair, C., Stifter C., & Voegtline, K.(2013). Emotional Reactivity and Regulation in Infancy Interact to Predict Executive Functioning in Early Childhood. *Developmental Psychology*, 49(1), 127—137.

EF 中的作用机制。

(三) 深入探索父母教养行为影响儿童 EF 的动态神经加工过程

先前的研究基于大脑功能特异化的思想,基本明确了父母教养行为影响儿童 EF 的脑机制及言语和情绪在其中发挥的重要作用。但是,大脑是一个呈网络式分布的动态的信息加工系统,各个脑区并非完全各司其职,单独地发挥作用。目前的研究只是在一定程度说明了父母教养行为影响儿童 EF 的认知神经机制,但无法揭示言语、情绪及 EF 涉及的各脑区动态神经活动及其相互作用关系。因此,研究者对父母教养行为影响儿童 EF 的神经加工过程的了解仍非常有限,未来研究应使用多种方法相结合的方法获取多模态数据,进一步探究父母教养行为影响执行功能的动态神经加工过程和加工模式。

(四) 开展父母教养行为对儿童 EF 影响机制的本土化研究

从上述论述不难发现,目前大部分研究被试来自西方国家,父母教养行为作为一种文化现象,[①]种族及文化的差异加大了对我国父母教养行为与儿童 EF 发展关系及其影响作用机制的理解难度。早在 20 世纪就有跨文化研究探讨中国香港地区以及美国和澳大利亚的父母教养方式与青少年学业成就之间关系的差异性,中国父母的专制能够显著正向预测青少年的学业成就,而在美国和澳大利亚则没有这种关系,相反,英语国家的父母权威能够显著正向预测青少年的学业成就,但在中国不存在这种关系。[②]我国在文化传统、社会制度、价值观念以及行为准则等均与西方存在巨大差异,[③]而随着改革开放带来的西方思潮的影响、社会制度的变化(如"三胎政策"),又如何影响父母的教养行为以及整个社会对于家庭教育态度的变化? 还需更多的研究进行探讨。

(五) 通过干预研究从家庭教育的角度找到促进儿童 EF 发展的有效方案

与发展心理学的许多其他研究领域一样,关于父母教养方式对 EF 影响的证据只是通过相关研究获得的。并不能确定父母教养行为与儿童 EF 发展之间是否存

---

① Pea, R. D.(2004). The Social and Technological Dimensions of Scaffolding and Related Theoretical Concepts for Learning, Education, and Human Activity. *The Journal of the Learning Sciences*, 13(3), 423—451.

② Leung, K., Lau, S., & Lam, W. L.(1998). Parenting Styles and Academic Achievement: A Cross-Cultural Study. *Merrill-Palmer Quarterly*, 44, 157—172.

③ 王丽、傅金芝:《国内父母教养方式与儿童发展研究》,《心理科学进展》2005 年第 13 期。

在因果关系。而已有研究表明 EF 可以通过干预进行提升,因此研究者应该在儿童早期通过父母教养行为干预对两者间特定的因果机制进行实验研究。目前仅有的几项干预研究表明改善父母教养过程中的反应行为可能会促进儿童 EF 的发展,[1][2]未来研究应对不同年龄阶段儿童的父母教养行为干预方案及其作用效果进行进一步探索,以深入揭示父母教养方式与儿童 EF 的因果关系,从家庭教育的角度找到促进儿童 EF 发展的有效方案。

(徐 洁 郑远霞 蔡 丹)

---

[1] Merz, E. C., Landry, S. H., Johnson, U. Y., Williams, J. M., & Jung, K.(2016a). Effects of a Responsiveness—Focused Intervention in Family Child Care Homes on Children's Executive Function. *Early Childhood Research Quarterly*, 34, 128—139.

[2] Merz, E. C., Landry, S. H., Zucker, T. A., Barnes, M. A., Assel, M., ... Taylor, H. B. (2016b). Parenting Predictors of Delay Inhibition in Socioeconomically Disadvantaged Preschoolers. *Infant and Child Development*, 25(5), 371—390.

上海家长学校推进家庭教育的实践探索

一、上海家长学校成立背景

(一) 党和政府高度重视家庭教育工作

家庭是社会的基本细胞,是人生的第一所学校。家庭教育是个体成长发展的起点,是我国教育事业中的重要一环。习近平总书记在 2015 年 2 月新春团拜会上对家庭教育做出"要重视家庭建设,注重家庭、注重家教、注重家风"的重要主张,鲜明地提出了"要使千千万万个家庭成为国家发展、民族进步、社会和谐的重要基点"的目标要求。①同年 10 月,教育部印发了《教育部关于加强家庭教育工作的指导意见》,指出"我国正处在全面建成小康社会的关键阶段,提升家长素质,提高育人水平,家庭教育工作承担着重要的责任和使命",②把家庭教育摆在了落实中央"四个全面"的重要位置。2018 年 9 月习近平总书记在全国教育大会上再次指出,"家庭是人生的第一所学校,家长是孩子的第一任老师,要给孩子讲好'人生第一课',帮助扣好人生第一粒扣子。"③2019 年全国教育工作会议,教育部部长陈宝生对家庭教育提出要求:"积极推动将家庭教育纳入基本公共服务体系,争取专门经费支持,通过家委会、家长学校、家长课堂、购买服务等形式,形成政府、家庭、学校、社会联

---

① 新华社:《习近平:在 2015 年春节团拜会上的讲话》,http://www.gov.cn/xinwen/2015-02/17/content_2820563.htm。

② 中华人民共和国教育部:《教育部关于加强家庭教育工作的指导意见》,http://www.moe.gov.cn/srcsite/A06/s7053/201510/t20151020_214366.html。

③ 《习近平在全国教育大会上强调坚持中国特色社会主义教育发展道路 培养德智体美劳全面发展的社会主义建设者和接班人》,http://edu.people.com.cn/n1/2018/0911/c1053-30286253.html。

动的家庭教育工作体系。①同年 5 月,全国妇联、教育部等九部门联合颁布《全国家庭教育指导大纲(修订)》,结合时代背景和现实需求对 2010 年颁布的《全国家庭教育指导大纲》进行了更新完善。党的十九届四中全会提出要"构建服务全民终身学习的教育体系,构建覆盖城乡的家庭教育指导服务体系,注重发挥家庭家教家风在基层社会治理中的重要作用"。②党的十九届五中全会指出要"继续加强家庭、家教、家风建设,健全学校家庭社会协同育人机制"。③

综观近年来教育部门颁布的政策文件,家庭教育俨然成为当前政府工作的重中之重,对于个人发展、家庭和谐、社会稳定,乃至国家治理都有着深远影响。

(二)家庭教育中的挑战与危机并存

新时代教育的一个重要特点是家庭教育的基础性地位作用和战略性意义不断上升,高品质家庭教育的短缺成为教育发展不平衡不充分矛盾的主要表现之一。④家庭作为个体身心发展的重要场所,家长素质和育人水平对于孩子的成长和发展有着至关重要的作用。从现实来看,由于一些家长缺乏教养意识与教养能力,无法敏锐捕捉青少年的身心变化及情感需求,家庭教育存在不同程度的错位,甚至缺位。与此同时,家长的教育焦虑也愈演愈烈。中国家长的"教育焦虑症"已经成为一种"群体性焦虑"在社会中广泛蔓延,其症状表征为贯穿整个教育的对"教育落后"的恐慌、在教育过程中对"教育重负"的压力、在教育结果方面对"教育无用"的担忧。⑤"唯分数论""唯名校论""教育抢跑""教育内卷""鸡娃"等热点名词层出不穷,也反映了家长在教育中的盲从与攀比,由此衍生出一系列不合理的教育期望和教育行为。

基于此,为进一步落实党和政府关于家庭教育的工作要求,缓解当前家庭教育资源的供需矛盾,回应广大家长的家庭教育困惑,上海开放大学积极在家庭教

---

① 中华人民共和国教育部:《教育部党组书记、部长陈宝生:落实 落实 再落实——在 2019 年全国教育工作会议上的讲话》,http://www.moe.gov.cn/jyb_xwfb/moe_176/201901/t20190129_368518.html。

② 《构建服务全民终身学习的教育体系》,http://edu.people.com.cn/n1/2019/1125/c1053-31472511.html。

③ 中华人民共和国中央人民政府:《中共中央关于制定国民经济和社会发展第十四个五年规划和二〇三五年远景目标的建议》,http://www.gov.cn/zhengce/2020-11/03/content_5556991.htm。

④ 张东燕、高书国:《现代家庭教育的功能演进与价值提升——兼论家庭教育现代化》,《中国教育学刊》2020 年第 1 期。

⑤ 陈华仔、肖维:《中国家长"教育焦虑症"现象解读》,《国家教育行政学院学报》2014 年第 2 期。

育领域探索创新。2020年1月21日,在上海市委、市政府的领导下,在上海市教卫工作党委和上海市教育委员会指导下,上海家长学校正式成立,并在扩展家庭教育内涵,助力家长终身学习,帮助孩子健康成长等方面进行了有益的实践探索。

二、上海家长学校推进家庭教育的实践路径

上海家长学校成立以来,借助于上海开放大学"大学＋平台＋系统"优势,在开放大学的20所分校和上海电视中专挂牌成立"上海家长学校分校",各街道、社区、村居委开设家庭教育指导服务站点,搭建起"市-区-街镇"三级家长学校网络。同时,家长学校与教育部门、妇联等系统密切合作,逐渐形成"政府推动、系统联动、家长主体"的家庭教育指导服务体系。

(一)整合在线资源,打造立体化智慧父母空中课堂

上海家长学校自成立以来,立足优势、创新平台,不断加强网络、电视、电台三者联动,已经初步建立起"在线课堂＋电视栏目＋服务热线"三位一体的多渠道、立体化、易传播的智慧父母空中课堂,为家庭教育在线赋能。

一是新冠疫情防控期间,上海家长学校聚焦社会关切、回应民生所需,精心打造"在线课堂"。在内容策划上,聚合高密度优质教育资源,围绕成才观、生命教育、亲子沟通等热点话题展开探讨,结合思想政治教育的关键节点,引导广大家长做智慧父母;在平台保障上,协调阿基米德、哔哩哔哩、腾讯课堂等共同参与教学环境构建,确保在线平台的稳定可靠,保障大规模、高并发在线学习需求;在宣传推广上,联动各区教育局、家庭教育指导中心、上海开放大学各区分校以及中小学等相关部门和单位在全市的学校和社区进行推广,充分发动各区各校的家长收听收看。在家长学校的组织协调下,使得社区、学校和家庭真正实现了联通、联动和联合,组织渠道日渐畅通,传播效应日益显现。

二是上海家长学校联合上海教育电视台开设了《智慧父母成长课堂》专题节目,聚焦学龄前儿童身心发展,每期设置一个具有新鲜感、能引起父母共鸣的育儿话题,邀请上海市教委教研员、儿童心理专家、早教中心专家等做客演播室,结合政策导向、科学育儿知识、当下家庭关注的热点或家庭教育误区盲区等打造"智慧父母全新育儿指南"。《智慧父母成长课堂》充分发挥电视媒体传播范围广、速度

快、穿透力强的优势,以常态化的节目传递科学的家庭教育理念、知识,助力家庭科学养育。

三是上海家长学校与上海人民广播电台长三角之声联合推出专门服务于家庭教育的热线节目——上海家长学校家长服务热线,打通电台端的服务渠道,形成网络、电视、电台联动的立体化家庭教育指导服务体系。家长学校服务热线将围绕家庭教育中的重点、热点和难点问题进行内容设计,涵盖亲子阅读、同伴交往、青春期发展、电子产品使用、学习习惯培养等话题,聚合优质的教育资源,邀请家庭教育专家走进演播间,以直接连线的形式对家长进行引导和服务。

(二)加强队伍建设,发展多元化家庭教育领域人才

家庭教育领域专业人员紧缺是制约家庭教育发展的重要因素之一,为适配不同类型家庭教育从业人员的工作特点和学习需求,上海家长学校分层分类开展相关培训。具体包括:针对家庭教育相关机构负责人举办"上海家长学校负责人培训",旨在进一步明确其工作任务与职责,掌握科学的工作原则与方法,全面提高综合素质与专业能力,促进家校社交流与互动;针对中小幼家委会骨干举办"家庭教育工作者培训",旨在进一步提升家庭教育工作者的业务能力和服务水平,培育家庭教育骨干队伍,助推家长学校规范化建设工作迈上新台阶;为热爱家庭教育事业并立志于传播家庭教育的志愿者举办"家庭教育志愿者培训",旨在普及家庭教育志愿者的从业要求和服务规范,宣传家庭教育理念和知识,拓宽家庭教育工作队伍,组织和动员社会各界人士以志愿服务的形式参与家庭教育公益活动;持续开展"家庭教育指导师培训",旨在提高家庭教育指导服务的科学性和实效性,提高家庭教育指导人员的实践工作能力、教育教学能力和理论研究能力。

在培训的组织管理方面,上海家长学校充分发挥开放大学系统办学优势,联动各区教育局、家长学校分校、区家庭教育指导中心协调场地、组织学员,汇集家庭教育资源,探索家、校、社联动机制,推动家庭教育创新发展;在课程体系设计方面,面对不同层次的家庭教育工作队伍,课程内容各有侧重,遵循宏观微观结合、理论案例相结合的大原则有针对性地进行设计;在讲师资源质量方面,上海家长学校聚集上海乃至全国最优秀的家庭教育名师,围绕课程内容建立了丰富的师资库,每门课程均配备多名优质讲师,保证了培训课程的质量。

上海家长学校在开展家庭教育从业人员培训的基础上建立起人才库,积极吸收培养家庭教育领域人才参与相关工作,为上海家庭教育发展注入专业力量,满足普惠性的家庭教育公共服务需求。

（三）拓展服务渠道，提供多样化家庭教育社会支持

为了进一步满足家长多样化的学习需求，上海家长学校依托上海开放大学系统分校的非学历教育网络体系，采取"五进"策略，走进学校、社区、企业、楼宇和家庭，面向家长开展了丰富的讲座、咨询等活动。例如：智慧父母成长课堂之隔代养育、外来务工人员家长公益课堂，以隔代祖父母和外来务工人员为主要服务人群，旨在通过培训普及科学的家庭教育理念和实用的家庭教育方法，对隔代养育、外来务工人员及获取资源相对困难的家长开办公益性的育儿课堂，从家庭教育方面给予支持和帮助；一对一家庭教育咨询与指导活动，主要面向全市有特殊需求的家庭，提供有针对性的家庭教育咨询和指导服务，解决家庭教育难题，助力和谐家庭的建设。

此外，上海家长学校在实践中积极推动家庭教育资源的共聚共建共享，现已推出《智慧父母成长指导手册》、"家庭教育指导丛书"、智慧父母成长课堂微视频等系列资源，将其作为家庭教育指导体系中的基本单元和家长学习的直接抓手。

三、优化家长学校实践的思考

家庭教育是一项立足当下、面向未来的持续性工作。在"双减"背景下，探索家庭教育立德树人的有效途径和科学方法是一项长期艰巨的任务，上海家长学校理应承担起更重要的角色和更多样的功能。

（一）坚持家庭为本，推动家庭教育终身化发展

上海家长学校秉持"只有家长好好学习，孩子才能天天向上"的教育理念，将家长视为家庭教育中的学习主体之一，并以促进家长终身学习作为自身的责任和使命。开展家庭教育要以家庭为本、以家长和孩子为中心，真正认识到不同阶段、不同家庭中家长和孩子的不同需求，将家庭教育与开放教育结合起来，用更加灵活的手段和更加定制化、个性化的服务，通过系统的触角方便家长、服务家长、满足家长。

终身教育、终身学习的理念揭示了教育和学习是一个动态的长期的持续的过程，贯穿人的一生。同样地，就人生而言，家庭教育是第一堂课，是终身教育的第一种教育方式，伴随着个人一生的成长发展。因此家庭教育也具有终身化性质，家长学校要结合具体情况为家长提供连续不断的支持服务，帮助家长实现成长，挖掘家

长的潜能,培养家长的主动学习和探究的意识和能力,将终身学习的理念贯穿于家庭教育实践当中。

(二) 优化服务体系,打造全域学习生态

上海家长学校初步构建起一个家、校、社联动推出的服务体系,在全市范围内布局"1+21+X"上海家长学校联盟,基本实现了全市范围内家庭教育指导服务的全覆盖。接下来将深化三级协同的管理运行机制,持续优化家庭教育服务体系,打造开放大学服务全民终身学习的特色名片,打造上海家庭教育品牌。

上海家长学校要将培育上海家庭教育的"种子校"作为重要的工作指向,贯彻好源头活水、家校联动发展理念。继续深耕线上、线下指导服务,为上海家长教育的"种子校"培育提供支持;继续深化家校协同育人机制,助力学校发挥引领作用;继续推进上海家长学校校长培训,覆盖全市16个区的幼儿园、小学、初中及高中校长;继续深入与区教育局、各家长学校的联动,持续构建和优化家庭教育服务体系,推动形成全社会关心家庭教育、支持家庭教育、参与家庭教育的良好氛围。

(三) 加强专业研究,促进理论和实践的良性互动

家庭教育的发展需要理论的强有力支撑,现阶段,家庭教育专业研究尚显不足,迫切需要探索构建适应新形势和任务要求的上海家庭教育研究体系。通过汇聚家庭教育领域的优秀专家、学者和资深实践者,发挥智库和参谋作用,构筑家庭教育的学科研究高地、资源建设高地和家庭教育试验田,不断提升家庭教育研究水平。

家庭教育研究要从实践出发,聚焦时代的热点、难点问题,从问题中找到研究方向,开展相关的基础性研究和应用性研究,以跨学科思维鼓励不同领域协同攻关,从而形成一批有深度、有特色、可迁移、有实效的研究成果,对家庭教育实践进行再指导,形成实践和理论之间的良性互动。同时,也要密切关注国外的家庭教育前沿和动向,加强比较研究和国内外的学术交流,拓宽思维和眼界,为国内家庭教育事业的发展提供新的思路和启发。

随着全社会对家庭教育领域的聚焦以及家长学习需求的扩大化,上海家长学校要落实好自身的基本功能,并在此基础上发挥前瞻性、引导性作用,真正有效地服务好家庭教育、服务好广大家长。

(王松华 姚爱芳 刘 茜)

"双减"政策下家庭教育的走向

"双减"政策实施,各地都在整顿教培机构,甚至关停教培机构,致使很多教育机构破产,大量从业人员失业,甚至新东方都面临生存困境。这一定程度影响了市场与社会稳定,因此对待"双减"政策的实施,应该更加客观地评估其效果,还要注意观察它所带来的持续性的影响,以杜绝更多的负面效应,减缓"双减"政策带来的连锁反应,以及其所引发的新的教育焦虑。

一、"双减"政策给学校和家庭带来的影响

"双减"政策实施后,不少中小学校措手不及,面临很多困难和问题,急需学校加以解决。目前,各地中小学为了让"双减"政策真正落地,采取了如下几个方面的措施:

一是中小学校减少学生作业。有的地方规定小学三年级及以下不布置作业。有的地方是三年级及以下不布置作业,三年级以上的作业在原来基础上减半。但这里也有一个问题,就是各地原来布置作业的程度不一,减少后效果如何也是各自说了算,是否真正达到了减负目标,还有待考察。

二是中小学校延长学生在校时间,增加了学校的课后服务。也就是说,中小学校由原来的下午三点半或四点放学,改成了五点半,甚至六点放学。把学生留在学校自习,或者由任课教师进行作业辅导。这里也有一个问题,课后服务质量如何?是简单的留下学生自习,还是照样布置不少作业,让学生写作业。如果只是简单的对待,无非就是让家长五点半后来接孩子,方便了部分上班的家长,但减少作业,或者是减少学习负担的目的就不一定实现了。

而"双减"以后政策实施后,对家庭及家庭教育带来的影响主要是如下三个

方面:

一是孩子放学时间延后,方便了上班和接送孩子,上班族家长不再为提前下班接送孩子而苦恼了。这一点不但可以更好地支持家长上班、创业,也会减少家庭的时间成本、经济支出和人员开销了,因为不少家庭为提前接送孩子需要一个专门的时间和劳动力。

二是减少了家长督促孩子作业和学习的负担。学校增加课后服务后,如果学生在学校完成了当天的作业,而且能够如质如量地完成,家庭就不必为孩子课外作业和课程复习额外分心了。家长也不用担心学校教师通过微信给孩子布置作业,给家长布置任务的焦虑。这也有效地缓解了家庭内部亲子交流而产生的矛盾。

三是减少学校课外作业和整顿教培机构后,增加了孩子游戏、娱乐的时间和家庭亲子交流的时间,为家庭教育提供了新的契机。

二、"双减"政策实施给家庭教育带来的问题与挑战

无论如何,"双减"政策主观上促进了家长对家庭教育的重视,客观上也推动了学校和家庭教育的一些方式方法的改变。但"双减"政策实施后,还有不少值得认真思考的问题和挑战。

一是"双减"政策对准的是学校作业问题和教培机构课外培训问题,并没有提出家庭教育的问题,或者说回避了家庭教育的问题,因此可能引发家庭对学校教育的更大不满及对教培机构的不满,而且"双减"政策忽视了课外作业与教育培训的正面价值。

二是"双减"政策比较简单地规范了中小学校作业布置,也促成了中小学校提供课外服务,但增加了教师的工作时间与工作量,加重了教师的负担,把家庭作业指导和学习指导转移到了中小学教师身上。从某种程度上,可能引发过度的以学校教育取代家庭教育,造成对学校教育工作者劳动权利的侵犯。这就不可避免地要面对一些法律问题。

三是关停了教培机构,周末和平时的课外辅导没有了,但课外辅导的需求依然存在,而且是一个刚需,如何解决?大家都知道,即使家庭有责任和义务为孩子提供良好的周末及平时的陪伴和指导,但并不能掩盖这么一个事实:相当多的家长并没有陪伴和指导孩子课外生活和学习的能力,课外教育机构和课外培训对很多家

长来说是必需的教育替代工具。而且中产家庭对孩子教育的要求相对较高,但学校教育又不能满足提高的需求,只能借助于课外培训来提高孩子学科学习能力。关停课外培训机构后,家长无法送孩子进培训班,就可能以电子媒介与网络文化产品来作为孩子的娱乐消遣工具,从而引发次生性负面影响。

四是教培机构关停后,意味着很多家庭要调整周末时间的安排,还要重新规划周末的亲子时光及孩子的课外学习及课程提升计划。这会带来对家庭教育的挑战,尤其是对父母学习能力的挑战。如果父母不能适应这种新的亲子陪伴和家庭教育新状态,就容易产生家庭矛盾和教育焦虑。

五是"双减"政策实施,某种程度上是在纠偏应试教育,让基础教育和家庭教育回归到素质教育和人文关怀上来,这也是对教育权利的重视。这也会倒逼家庭教育观念的变化,让家长改变唯分数论的功利化取向。这当然也会倒逼基础教育改革,包括课程改革,也对中小学校的教育质量提出了更高要求,对中小学校教师的专业能力提出了更高的要求。

三、"双减"政策后家庭教育的走向

"双减"政策实施后,中小学校教育的变革虽然部分解决了家庭教育的问题,尤其是孩子作业辅导的问题,却未完全解决家长的教育焦虑和家庭教育的矛盾,反而可能激化家庭教育的矛盾。家庭教育如不改变,就会出现更多的问题,因此,为孩子的未来计,家庭教育必然要乘势而为,适时变革。

一是未来的家庭模式将由传统的亲情维系转变为文化塑造。即家庭功能由情感交流为主转变为文化熏陶和文化塑造,即家庭走向学习型家庭。传统的家庭靠亲情和血缘维系,家庭是一个生活空间和情感空间,成为紧密的社会小单元,但未来的家庭要走上文化育人的征途,因此家长要不断学习,以满足成长生命的需要,因此只有"学习型家庭"才会变得更加稳固并强大。

二是"家-校-社"协同育人的机制将日趋完善。重新科学地划分家庭教育、学校教育与社会教育的范围,规范学校教育和家庭教育职责与行为,避免家庭教育和学校教育之间责任不分而产生的法律问题与教育损耗。尤其要对学校教育出现的问题与家庭教育出现的问题进行甄别,并提出解决问题的具体措施。

三是有效的家庭教育服务体系将建立。不但要为家长教育设立能够提供高水平高质量服务的培训机构,还要设计家庭教育,尤其是亲职教育需要的课程体系(包括针对幼儿家长、小学生家长和中学生家长的三级课程体系)。只有提高家长育人素养,才能解决家庭教育问题,才能减少因家庭教育环境不良而产生的对孩子的阻碍与伤害。

四是友好型社区建设将加快,为家庭教育助力。社区服务要跟上现代家庭教育的需求,不但自然环境要清洁优美,社会环境和人文环境都要文明高雅。同时,社区建设要与儿童的游戏、活动、亲子交流和亲子阅读等结合起来,让社区成为最适宜儿童成长的外部条件与外部因素。

无疑,"双减"政策的实施是规范学校教育、家庭教育和社会教育的一个大举措,教育主管部门试图通过这一措施来快速解决当前教育生态失衡、缓解家长焦虑、促进学生全面发展等问题,但必须看到"双减"政策的实施还缺乏足够的教育预案,很多地方仓促应对"双减"政策,因此短时期内难以达到教育生态优化的目标。不过,也不能否认,"双减"政策如果得以正确落实与科学实施,将有效地推进教育的进步,尤其是推进教育公平,建立高质量的教育体系。

无论如何,有必要对"双减"政策的实施保持乐观,相信随着"双减"政策的合理推进,我国公共教育服务体系将逐步完善,并形成更加符合中国特色的现代教育治理体系。

(谭旭东)

初中生社交回避与同伴关系问题

——父子依恋的调节作用

一、引言

  儿童与同伴互动的过程能帮助其完成社会化,[①]假如缺乏与同伴之间的互动,儿童很可能在心理与社会适应方面遭遇种种困难。[②]因此,近30年来发展心理学研究者开始广泛关注此种不与同伴进行互动而独自一人进行消遣的行为,即社会退缩(social withdrawal)。研究者逐渐发现儿童同样是选择独自一人游戏,其原因是各不相同的。起初,根据内在动机,社会退缩分为两大类:活跃退缩(active isolation)行为是指儿童被同伴孤立因而独自玩耍的行为;与之相反,安静退缩(passive withdrawal)是指儿童主动退出同龄群体的行为。[③]随着研究的深入,研究人员发现由于动机不同,这两种亚类型不能完全解释社会退缩。除了害羞退缩(shyness),社会退缩还可分为社交淡漠(unsociability)和社交回避(social avoidance)。根据社交动机理论,害羞退缩表明儿童会接受同伴发出的游戏邀请,也有想要加入同伴的意愿,但他们缺乏足够的勇气上前参与,反而表现出回避的态度;社交淡漠是指这

  [①] Rubin, K. H., Bukowski, W. M., & Bowker, J. C. Children in Peer Groups. (2015). In R. M. Lerner(Series Ed.), M. H. Bornstein & T. Leventhal(Vol. Eds.), *Handbook of Child Psychology and Developmental Science*, Vol.4: Ecological Settings and Processes in Developmental Systems (7th ed.). New York: Blackwell, 175—222.

  [②] Coplan, R. J., & Weeks, M. (2010). Unsociability in Middle Childhood: Conceptualization, Assessment, and Associations with Socio-Emotional Functioning. *Merrill-Palmer Quarterly*, 6. 105—130.

  [③] Rubin K. H., Burgess K. B., Coplan R. J. (1998). Social Withdrawal and Shyness. In Smith PK, Hart C. H. *Handbooks of Developmental Psychology: Handbook of Childhood Social Development*. United Kingdom: Blackwell, 619—700.

些孩子在接受到同伴的游戏邀请时不会拒绝,但不会想要主动参与到社交活动中去;社交回避意味着儿童不会主动向同伴发起游戏邀请,甚至会抵制接受到的互动请求。[1]在过去的 20 年中,关于社会退缩的研究主要集中在害羞退缩和社交冷漠上,社交回避的研究成果较少。[2]根据鲍克(Bowker)等人的研究,儿童的社交回避水平对同伴拒斥水平具有积极的预测作用。但有关社交回避的其他机制尚没有很多探索,研究这一亚类型是有必要的。

值得关注的是,在不同文化环境下,通过对同一儿童特定社会行为不同的反应、评估及态度,同伴、父母和教师可以影响到儿童的社会、情绪和学校适应。[3]其中儿童的害羞退缩会直接影响到儿童发起的师生互动的频率,从而间接地影响到师生关系,同时,由儿童发起的与教师发起的师生互动受彼此牵制。在青少年早期,儿童十分重视教师家长对他们自身和对其同伴的评价。而在中国文化中,社交回避被认为是自私、叛逆、违背传统价值观的,是一种负面的社会行为,从而影响到社交回避儿童的同伴对其评价较低。柯普兰(Coplan)等人的研究成果表明,这种认为社交回避最为消极的观念从幼儿时期就已经存在。此外,害羞退缩和社交淡漠得到控制后,研究者发现社交回避儿童的同伴拒绝和同伴欺负水平明显高于一般儿童。[4]从这些研究结果可以看出,社交回避儿童会更容易遇到较多的同伴关系问题。

然而由于关于社交回避的研究目前较为稀缺,仍然不能很好地解释其具体影响过程。因此,本研究将尝试考察"依恋"(Attachment)这一因素在社交回避与同伴关系问题之间的调节作用。亲子互动中儿童也同样占据着一定的主动性,即父母在与儿童进行互动时,其感知和回应会受到儿童自身特质的影响。近年,父母与儿童互动时建立起的情感联结则被称为广义上的"依恋"。[5]在英国精神分析师鲍

---

[1] Asendorpf, J. B. (1990). Beyond Social Withdrawal: Shyness, Unsociability, and Peer Avoidance. *Human Development*, 33, 250—259.

[2] Ding, X., Coplan, R. J., Sang, B., Liu, J., Pan, T., & Cheng, C. (2015). Young Chinese Children's Beliefs about the Implications of Subtypes of Social Withdrawal: A First Look at Social Avoidance. *British Journal of Developmental Psychology*, 33, 159—173.

[3] Chen, X. (2010). Shyness-Inhibition in Childhood and Adolescence: A Cross-Cultural Perspective. In K. H. Rubin & R. J. Coplan(Eds.), *The Development of Shyness and Social Withdrawal*. New York: Guilford, 213—235.

[4] Coplan, R. J., & Weeks, M. (2010). Unsociability in Middle Childhood: Conceptualization, Assessment, and Associations with Socio-Emotional Functioning. *Merrill-Palmer Quarterly*, 6, 105—130.

[5] 于海琴:《亲子依恋对儿童社会性发展影响的研究进展》,《华中科技大学学报(社科版)》2001年第1期。

莱(Bowbly)依恋理论的基础上,布兰塔诺(Brehtartno)提出:婴儿会根据从周围人和物日益复杂的互动中提取出的经验来建立一个内部的工作模型,而婴儿以这个模型为根本形成在不同情境下的反应方式。得到抚养者给予的安全基地和无忧天堂的婴儿会形成自己值得别人关注和理解的信念,这就是安全型依恋,而与之相反的就是非安全型依恋。这种反应方式通常会成为日后与他人互动时的基本模式。在儿童青少年的社会性发展中,依恋占据着举足轻重的地位。[1][2][3]有研究结果表明社会退缩和抑郁症之间的关系可以通过婴儿时期形成的依恋表征(attachment representation)得到调节,其影响依据依恋程度的不同而各异。[4]目前有关于母子依恋的研究已经有许多成果,但父子依恋与母子依恋的一致性仍然有许多争议。[5]福克斯(Fox)、金柏莉(Kimmerly)和谢弗(Schafer)发现母子依恋和父子依恋的分布基本同质,可以认为母子依恋与父子依恋本质上相同。另一些研究者则认为与父、与母的依恋在对儿童的影响上各有不同。[6]例如儿童后期的情绪发展依赖于母子依恋的作用,父子依恋则更倾向于儿童的社会化过程,从而关联到后期的互惠同伴关系。总之,越来越多的研究认为这两种具有各自的方式和路径,不可混为一谈。从婴儿期到童年中期,父母亲与儿童互动时所展现的模式与风格也存在差异。[7][8]母亲会比较注重照料儿童的生活并关注和其情感的交流,父亲与儿童的互动则更着重于积极参与游戏。[9]在与儿童游戏的过程中,父亲会与儿童有更多身体

---

[1] 宋海荣、陈国鹏:《关于儿童依恋影响因素的研究述评》,《心理科学》2003年第1期。
[2] 黄桂梅、张敏强:《依恋的研究进展》,《心理发展与教育》2003年第3期。
[3] 于海琴、周宗奎:《小学高年级儿童亲子依恋的发展及其与同伴交往的关系》,《心理发展与教育》2002年第4期。
[4] Gullone, E., Ollendick, T. H., & King, N. J. (2006). The Role of Attachment Representation in the Relationship between Depressive Symptomatology and Social Withdrawal in Middle Childhood. *Journal of Child and Family Studies*, 15, 271—285.
[5] 李丹、丁雪辰:《西方有关父子依恋影响因素的研究述评及教育思考》,《外国中小学教育》2013年第3期。
[6] Steele, H., Steele, M., & Fonagy, P. (1996). Association among Attachment Classifications of Mothers, Fathers and Their Infants. *Child Development*, 67, 541—555.
[7] Parke, R. D. (1995). Fathers and families. In M. H. Bornstein(Ed), *Handbook of Parenting*: *Vol.3. Status and Social Conditions of Parenting*(pp.27—63). Mahwah, NJ: Erlbaum.
[8] Russell, G., & Russell, A. (1987). Mother-Child and Father-Child Relationships in Middle Childhood. *Child Development*, 58, 1573—1585.
[9] Parke, R. D., & Buriel, R. (1998). Socialization in the Family: Ethnic and Ecological Perspectives. In N. Eisenberg(Ed.), *Handbook of Child Psychology*: *Vol.3. Social, Emotional, and Personality Development*(pp.463—552). New York: Wiley.

接触,鼓励其在相应的保护和控制下独自探索。①②因此,父亲这一类似于"玩伴"的角色具有特殊性,父子依恋是不可被替代的。

这也涉及父子依恋形成的另一个体因素——父亲的教养信念和教养方式。随着对自身的父亲角色认同感上升,父亲对其婴儿的接纳度和喜爱度提升,对婴儿的需求也更为敏感。③非安全型父子依恋非常容易产生在父亲较少表达自己的积极情绪,在教养中过于独裁这几种情况下的父子关系中。④⑤但是较高的父亲教养质量可以使较少的父亲教养参与得到弥补,即当很少参与儿童抚养的父亲能在较少干扰的情况下多表达自己的积极情绪时,仍然可以建立起安全型依恋。⑥也就是说父子互动中时间并不代表能一定建立起父子安全型依恋,而教养质量才是决定性的因素。⑦由此,我们有理由提出儿童的社交回避水平与父子依恋有关联这一可能性,从而影响到儿童的同伴关系。即儿童在得到来自父亲一方正向的社会互动后,有可能因为体验到正向经历或对父亲进行模仿,从而充满更多信心,社会退缩得到调节,同伴关系得到改善。

综上所述,本研究目的如图1,在于采用标准化的测量工具,考察社交回避对同伴关系的影响机制,并探究父子依恋在社交回避与同伴关系水平之间的调节作用。同时由于父子依恋存在可能的性别差异,我们也将对性别进行考察。

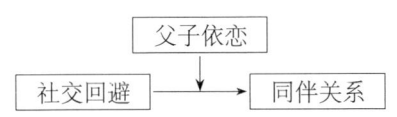

图1 本研究的基本假设

---

① Lamb, M. E. (1977). The Development of Mother-Infant and Father-Infant Attachments in the Second Year of Life. *Developmental Psychology*, 13, 637—648.

② Roggman, L. A. (2004). Do Fathers Just Want to Have Fun? *Human Development*, 47, 228—236.

③⑦ Cox, M. J., Owen, M. T., Henderson, V. K., & Margand, N. A. (1992). Prediction of Infant-Father and Infant-Mother Attachment. *Developmental Psychology*, 28, 474—483.

④ DeKlyen, M., Speltz, M. L., & Greenbag, M. T. (1998). Fathering and Early Onset Conduct Problems: Positive and Negative Parenting, Father-Son Attachment, and the Marital Context. *Clinical Child and Family Psychology Review*, 1, 3—21.

⑤ Grossmann, K., Grossmann, K. E., Fremmer-Bombik, E. Kindler, H., Scheurer-Englisch, H., & Zimmermann, P. (2002). The Uniqueness of the Child-Father Attachment Relationship: Fathers' Sensitive and Challenging Play as a Pivotal Variable in a 16 Year Longitudinal Study. *Social Development*, 11, 307—331.

⑥ Brown, G. L., McBride, B. A., Shin, N., & Bost, K. K. (2007). Parenting Predictors of Father-Child Attachment Security: Interactive Effects of Father Involvement and Fathering Quality. *Fathering*, 5, 197—219.

二、方法

(一) 被试与施测流程

采用简单随机整群抽样法,选取上海市某中学六、七年级共 338 名儿童(男生 178 人,女生 160 人)为研究对象。问卷的发放得到校方的同意,由儿童自行决定是否同意参加本项研究。其中,六年级儿童 189 人,七年级儿童 149 人,其中 76.7% 的儿童为独生子女。被试父亲一方受到本科及以上教育水平的人数达到 86.1%,母亲一方受到本科及以上教育水平的人数达到 85.8%。

本研究的施测者为接受过培训的心理学专业学生,被试为整班学生。答题时间为 15—20 分钟,完成后当场回收。在施测过程中,只有当被试没有足够能力理解题目时,施测者予以解答,其余则不予干扰。

(二) 工具

1. 自编背景信息调查问卷

问卷由被试学生填答。项目包含儿童的年级、性别、父母学历水平,以及是否独生子女。

2. 社交回避量表

社交回避量表中文版(Social Avoidance Scale)由 Sang 等人编制。该量表题目包括"我经常想方设法就是为了不和别人一起玩"等 4 个项目,采用 5 点记分法,1 为"从不",5 为"总是"。本量表无反向项目,相加后分数越高表明社交回避的水平越高。在本研究中,量表的内部一致性系数为 0.88。

3. 儿童害羞问卷

儿童的害羞退缩水平采用儿童害羞问卷中文版(Children's Shyness Questionnaire)测量,此量表由 Crozier 编制、Ding 等人修订。该量表由 25 个项目组成(如"当我是大家注意的焦点时,我感到害羞"),采用 3 点记分法,分为"是""有时候"和"否"。其中 4 题为正向项目,其余项目反向记分,儿童害羞退缩的水平与所得分数正相关。在本研究中,量表的内部一致性系数为 0.88。

4. 独处偏好量表

独处偏好量表中文版(Preference for Solitude Scale)由 Coplan 等人编制,经刘俊升等人修订后适用于中国儿童。该量表包含 7 个项目(如"我喜欢一个人待在房间里"),采用 5 点记分法,1 为"从不",5 为"总是"。本量表无反向项目,儿童独处偏好的水平与所得分数正相关。在本研究中,量表的内部一致性系数为 0.83。

5. 同伴提名

参照 Coie, Terry, Lenox, Lochman 和 Hyman 的同伴提名标准程序,描述题目并要求儿童提名符合要求的 3 名同伴。被提名一次"你最不喜欢一起玩的同班同学"记消极提名分数 1 分,反之,被提名"你最喜欢一起玩的同班同学"则记积极提名分数 1 分,总分为积极提名分数减去消极提名分数。将各班各儿童所得分数标准化,代表该儿童的同伴偏好分数,得分越高,说明儿童同伴关系越好。

同样,采取同伴提名的方式测量儿童的同伴欺负水平。[1]儿童根据描述如"某个人经常被别人欺负"等共 4 个项目进行提名,每个项目提名 3 位。被提名一次计 1 分,4 个项目相加后得到总分。将各班各儿童所得分数标准化,得到该儿童的同伴欺负分数,得分越低说明儿童同伴关系越好。在本研究中,内部一致性系数为 0.88。

6. 青少年依恋问卷

采用青少年依恋问卷(Revised Inventory of Parent and Peer Attachment)中文版,此自评量表由张迎黎、张亚林等人修订。本研究选用儿童与父子依恋分量表共 25 个项目(如"在爸爸身边我很容易烦恼"),包括父子信任、父子沟通以及父子疏远等 3 个维度。在本量表中,如果被试没有父亲或有多个担任父亲角色的人(如一个生父和一个继父),则选择对其影响最大的男性抚养角色为对象进行作答。采用 5 点记分法,信任和沟通维度分数越高说明依恋关系水平越高,而疏离维度分数与依恋关系负相关。在本研究中,问卷的内部一致性系数在 0.737—0.886。

(三) 结果

1. 各变量的描述性统计结果

本研究控制了家长受教育水平,计算了年级(六、七年级)、性别的平均值和标准差。如表 1、表 2 所示,被试的社交回避得分较低,说明有较少人存在社交回避的情况,且分布较为离散;被试中社交淡漠分布离散;有较多存在害羞退缩的被试,且分布较平均;父子依恋中,父子信任、父子沟通均高于中值,各维度得分从大到小依次为父子信任、父子沟通、父子疏远。

---

[1] Liu, J., Bullock, A., & Coplan, R. J. (2014). Predictive Relations between Peer Victimization and Academic Achievement in Chinese Children. *School Psychology Quarterly*, 29, 89—98.

表 1　社会退缩三类型(社交淡漠、社交回避、害羞退缩)、同伴关系、父子依恋的描述性统计

	社交淡漠	社交回避	害羞退缩	父子信任	父子沟通	父子疏远
M	2.22	1.42	0.52	4.14	3.69	2.07
SD	0.88	0.70	0.32	0.77	0.96	0.87

表 2　各研究变量的平均值与标准差 $M(SD)$

变量	6 年级($n=189$)		7 年级($n=149$)	
	男	女	男	女
社交淡漠	2.04(0.64)	2.44(1.01)	2.25(0.99)	2.19(0.85)
社交回避	1.24(0.48)	1.39(0.63)	1.76(0.99)	1.37(0.61)
害羞退缩	0.48(0.29)	0.56(0.35)	0.52(0.34)	0.51(0.32)
父子信任	4.22(0.73)	4.06(0.85)	4.20(0.66)	4.05(0.99)
父子沟通	3.89(0.84)	3.62(0.91)	3.69(1.02)	3.67(1.02)
父子疏远	1.92(0.79)	2.21(1.02)	2.08(0.90)	2.20(0.84)

以社交回避、害羞退缩、社交淡漠、同伴关系问题与父子依恋(父子信任、父子沟通、父子疏远)、同伴关系问题(同伴偏好、同伴欺负)为因变量,性别(男和女)、年级(六年级和七年级)和是否独生子女为自变量进行多元方差分析(MANOVA)。结果表明:性别的主效应显著,$F(8, 338)=3.451$, $p<0.001$;年级的主效应不显著,$F(8, 338)=1.368$, $p>0.05$;是否独生子女的主效应不显著,$F(8, 338)=0.645$, $p>0.05$;性别与年级的交互作用不显著,$F(8, 338)=1.704$, $p>0.05$;性别与是否独生的交互作用不显著,$F(8, 338)=0.277$, $p>0.05$;年级与是否独生的交互作用不显著,$F(8, 338)=1.269$, $p>0.05$;性别、年级与是否独生的交互作用不显著,$F(8, 338)=0.819$, $p>0.05$。

进一步的单因素方差分析结果显示,社交淡漠、社交回避、害羞退缩问题的性别差异均不显著,分别为 $F(1, 338)=3.706(p=0.055)$, $F(1, 338)=0.659(p=0.417)$, $F(1, 338)=1.325(p=0.251)$;父子信任与父子沟通的性别差异不显著,分别为 $F(1, 338)=2.804(p=0.095)$, $F(1, 338)=2.301(p=0.130)$,父子疏远的性别差异较为显著,$F(1, 338)=4.673$, $p<0.05$。社交淡漠、害羞退缩的年级差异均不显著,分别为 $F(1, 338)=0.006(p=0.940)$, $F(1, 338)=0.036(p=0.850)$,但社交回避的年级差异显著,$F(1, 338)=9.834$, $p<0.01$;父子信任、父子沟通、父子疏远的年级差异均不显著,分别为 $F(1, 338)=0.084(p=0.772)$, $F(1, 338)=$

$0.599(p=0.440)$,$F(1,338)=0.811(p=0.369)$。社交淡漠、社交回避、害羞退缩、父子依恋问题的是否独生子女差异均不显著,说明独生子女与否并不对社会退缩与父子依恋方面的社会性发展产生影响。

2. 各变量相关性分析

表3 本研究各变量之间的相关

	社交淡漠	社交回避	害羞退缩	父子信任	父子沟通	父子疏远	同伴偏好	同伴欺负
社交淡漠	1							
社交回避	0.452**	1						
害羞退缩	0.113	0.229**	1					
父子信任	−0.084	−0.155**	−0.157**	1				
父子沟通	−0.094	−0.211**	−0.197**	0.850**	1			
父子疏远	0.104	0.143*	0.217**	−0.656**	−0.395**	1		
同伴偏好	−0.067	−0.116	0.034	0.035	0.088	−0.037	1	
同伴欺负	0.061	0.458**	0.369**	−0.108	−0.199	0.185	−0.518**	1

注:* 在0.05水平(双侧)上显著相关。** 在0.01水平(双侧)上显著相关。

采用Pearson积差相关分析考察本研究中各变量之间的关系。由相关分析的结果可以看出,社交回避与父子信任呈显著负相关,与父子沟通呈显著负相关,与父子疏远呈较显著正相关。害羞退缩也表现出类似的模式,而社交淡漠则与父子依恋关系无显著相关。说明社交淡漠并不影响父子依恋关系的建立,而社交回避与害羞退缩对父子非安全型依恋有正向预测功能。同伴偏好与社会退缩、父子依恋均无显著相关,而社交回避与害羞退缩与同伴欺负显著相关,同伴偏好与同伴欺负显著相关。结果如表3所示。

3. 父子依恋对社交回避和同伴关系问题的调节作用

为了进一步了解父子依恋作为调节变量在儿童社交回避与同伴关系中的预测作用,在控制害羞退缩及社交淡漠后分别以同伴关系(同伴拒绝、同伴欺负)为因变量,以儿童社交回避(X)、父子依恋(M)以及社交回避与父子依恋的交互项(XM)一起作为预测变量,进行线性回归分析。

结果发现,社交回避和父子依恋对儿童同伴关系均存在显著预测作用($p<0.05$)。第三步回归方程中的交互项的回归系数t检验显著,即解释为父子依恋对社交回避与同伴关系问题的调节效应显著。

为了进一步确定调节效应的方向,将父子依恋得分($M±1SD$)分为高低父子依恋两组,交互作用结果如图2、图3所示。其中,将显著相关的父子信任、父子沟通、父子疏远按照前人方法合并为父子依恋水平进行分析。

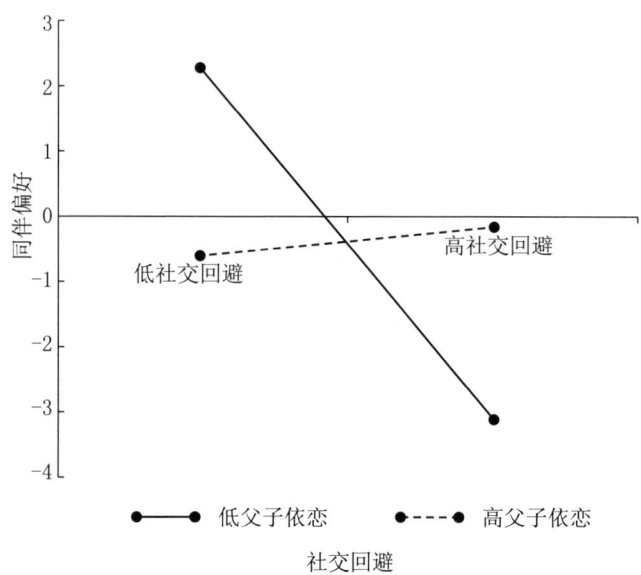

图2 社交回避、父子依恋与同伴关系问题的关系

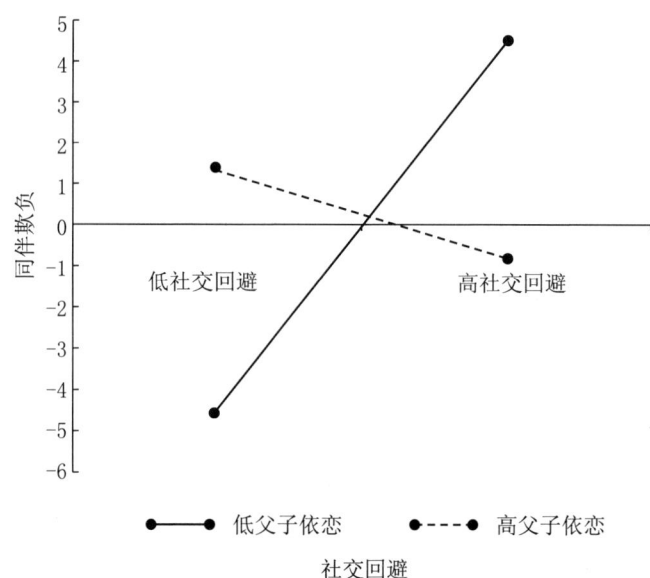

图3 社交回避、父子依恋与同伴关系问题的关系

三、讨论

（一）社会退缩与人口统计学特征的关系

本研究发现,儿童在社会退缩方面的性别差异明显,与以往研究发现在青少年早期女生会由于社会期待倾向及更好的自控力,表现出更好的社会与学校适应水平相一致。①值得关注的是,本研究中性别对社会退缩的主效应及其交互作用均不显著,这一结果与其他国内的社会退缩研究相似。②③但较多以往西方研究发现女生的社会退缩水平高于男生,且如果男生表现出社会退缩行为,则会引起更严重的适应问题。④从文化环境来看,中国与西方的不同点在于,前者崇尚集体主义文化,而后者推崇个人主义文化。社会淡漠与其他类型的社会退缩行为明显不同:社会淡漠的表现为儿童并不存在情绪和心理适应水平上的明显缺陷,只是不愿意与人主动发起交流,虽然独自一人活动,却乐在其中,表现出相对温和的适应功能。⑤这种行为在个体自由意志为主要的个人主义文化中,不会得到阻止,而是放任自流,力求保证个性化和自主选择性。⑥而在强调社会关系的集体主义文化环境中,父母或老师会无论性别都去强调儿童与他人进行积极的社会互动。⑦与文化存在巨大冲突的社交回避在中国会引起足够多的重视,如果儿童继续这种状态,那么带来的消极后果不会因为自身性别原因就可以得到特别的优待。⑧

从本研究的实验结果可以看出,害羞退缩和社交淡漠均不存在年级差异,而社交回避与年级相关。这可能说明了年龄与文化之间存在交互作用:根据 Coplan 等人的研究,东西方的文化差异在幼儿期并不明显,与中国的跨文化对比没有发

---

①④ Doey, L., Coplan, R. J., & Kingsbury, M. (2014). Bashful Boys and Coy girls: A Review of Gender Differences in Childhood Shyness. *Sex Roles*, 70, 255—266.

②⑤⑧ Ding, X., Coplan, R. J., Sang, B., Liu, J., Pan, T., & Cheng, C. (2015). Young Chinese Children's Beliefs About the Implications of Subtypes of Social Withdrawal: A First Look at Social Avoidance. *British Journal of Developmental Psychology*, 33, 159—173.

③ Liu, J., Bullock, A., & Coplan, R. J. (2014). Predictive Relations between Peer Victimization and Academic Achievement in Chinese Children. *School Psychology Quarterly*, 29, 89—98.

⑥ Chen, X.(2010). Shyness-Inhibition in Childhood and Adolescence: A Cross-Cultural Perspective. In K. H. Rubin & R. J. Coplan(Eds.), *The Development of Shyness and Social Withdrawal*. New York: Guilford, 213—235.

⑦ 周颖、刘俊升:《青少年早期社交淡漠对同伴关系的预测:学习成绩的调节作用》,《心理科学》2014 年第 37 期。

现差异;①而到了初中生时期,社交回避水平会显著高于小学生,随着心智的逐渐成熟,儿童的自我意识开始觉醒,并意识到个人隐私的必要和独立的需求,同时减少同伴互动。但也有研究发现另两种社会退缩亚类型也存在类似的机制,②与本研究结果不符,这可能是取样范围较窄所致。值得注意的是,目前较少人关注到青少年晚期后的社交淡漠研究,③研究手段有限,研究方法不够多面,未来的研究需要对这方面做更多的探索以解释其差异和机制。

(二) 社交回避对同伴关系的影响

本研究发现,害羞退缩和社交回避可以正向预测同伴欺负问题,而社交淡漠则并无太大关联。这可能是因为社交淡漠儿童并不欠缺必要的社交技能,而另两种社会退缩类型水平较高的儿童存在社会互动上的缺陷。而从另一个角度来看,也与中国传统价值观有关。青少年早期的儿童十分重视父母家长对他们的评价,而后者通常认为社交回避和害羞退缩代表自私或叛逆,是违背文化标准的表现。④其结果即为害羞退缩水平或社交回避水平较高的儿童拒绝自我接纳,拥有自卑心理,同伴也拒绝与其互动甚至进行欺负。

(三) 父子依恋在儿童社交回避与同伴关系问题中的调节作用

回归分析证实,父子依恋水平调节社交回避与同伴关系问题的相关,尤其是其中的父子疏远水平。父子依恋水平越高的儿童,社交回避对同伴关系问题的预测作用越弱,反之则越强。这一发现证实了人能够从依恋关系中获取安全感和自我效能感,从而使其顺利融入其他社会情境。⑤基于回归分析的结果,我们推测父子依恋水平不会直接影响儿童的同伴关系问题,而社交回避是否影响同伴关系可能

---

① Coplan, R. J., & Weeks, M. (2010). Unsociability in Middle Childhood: Conceptualization, Assessment, and Associations with Socio-Emotionalfunctioning. *Merrill-PalmerQuarterly*, 6. 105—130.

② Ding, X., Coplan, R. J., Sang, B., Liu, J., Pan, T., & Cheng, C. (2015). Young Chinese Children's Beliefs about the Implications of Subtypes of Social Withdrawal: A First Look at Social Avoidance. *British Journal of Developmental Psychology*, 33, 159—173.

③ Bowker, J., Rubin, K. H., & Coplan, R. J. (2012). Social Withdrawal in Adolescence. In R. J. R. Levesque(Ed.), *Encyclopedia of Adolescence*. New York: Springer.

④ Chen, X.(2010). Shyness-Inhibition in Childhood and Adolescence: A Cross-Cultural Perspective. In K. H. Rubin & R. J. Coplan(Eds.), *The Development of Shyness and Social Withdrawal*. New York: Guilford, 213—235.

⑤ 于海琴:《亲子依恋对儿童社会性发展影响的研究进展》,《华中科技大学学报(社科版)》2001年第1期。

取决于儿童父子依恋水平的程度：如果社交回避儿童的父子依恋水平低，通过减少父子疏远的程度后，社交回避水平降低，则同伴关系得到改善；与之相反，持续性的低父子依恋水平可能导致同伴关系的继续恶化。因本研究为横断研究，无法指出其中的因果关系，有待采取纵向研究及干预研究进一步深入探索。但此结果仍然对社交回避对同伴关系问题的具体影响机制提供了新的理论支持，即同伴关系是否良好受社交回避影响，而父子依恋水平具有调节作用，需要在实践中考虑进去。此外，根据回归分析结果，儿童的性别会影响父子依恋的调节作用，这可能是因为抚养观念的差异，使父子依恋在男女不同性别上的影响有所差异。

同时，根据本研究相关性分析，社交回避与父子依恋水平显著相关。这一结果印证了有研究认为依恋水平与同情心和亲社会性倾向有关，即高依恋组被试具有明显更高的同情心和亲社会性倾向。[1]分析原因可能是得到较低质量的父子陪伴的儿童很少有机会锻炼自己的社会交往能力，而高父子依恋的儿童能在父亲一方的游戏陪伴中有更多日常互动，更易形成值得被爱和关注的信念，并且能够在与父亲的游戏行为中学习如何与人交往。同时，在学习如何与他人进行双人或多人游戏后，儿童能够较为轻松、有经验地与父母双亲以外的人进行互动，从而获得更多与人交往的正面经历，这毫无疑问是有利于调节社会退缩的。那些没有与父亲一方建立起亲密的依恋关系的儿童，与父亲的关系并不那么密切，互动也较少，受到的正面影响自然也比较有限，有时在父子互动的过程甚至会得到反面作用，例如父亲不正确的举动和表情增加儿童对社交的厌恶感等。儿童在社交回避的基础上，如果得不到父亲的正确引导，反而得到疏远，将会阻碍到其社会化过程的发展，从而使同伴对其作出欺凌举动。以上分析仅仅是推测性的解释，可能还存在其他能同时影响父子依恋水平和社会退缩的因素，例如父母的婚姻关系、社会支持、工作和家庭情况等。[2]

其中父亲的社会支持研究结果言论不一，有研究者认为社会支持对于父子依恋的安全性没有影响，另一些研究者则认为父子依恋的建立能通过良好的家庭氛围来促进，但朋友的支持反而不利于安全型依恋的建立。此外，父母教养方式也会

---

[1] Endenburg N., Baarda B. (1995). The Role of Pets in Enhancing Human Well-Being: Effects on Child Development. The Waltham Book of Human-Animal Interactions: Benefits and Responsibilitis. Oxford: Pergamon Press, 7—17.

[2] 李丹、丁雪辰：《西方有关父子依恋影响因素的研究述评及教育思考》，《外国中小学教育》2013年第3期。

对儿童造成影响：当父母表现为温暖、信任等积极的教养方式时，儿童更容易在与人交往时表现出自信、乐观、开朗的性格，反之儿童可能出现自尊受损的情况，从而影响人际交往。总之，关于这些变量的探讨还需做进一步的研究，同时扩大样本量，开展纵向研究也许是一个好的方向，以探讨因果关系，检验以上的推测。

四、结论

1. 控制了社交淡漠和害羞退缩之后，社交回避可以正向预测同伴关系问题。
2. 父子依恋水平可以正向预测社交回避水平。
3. 父子依恋水平可以缓解社交回避带来的同伴关系问题。

（陆忻悦　丁雪辰）

母亲专制型教养行为对学龄前儿童焦虑-退缩行为的预测

——祖辈教养行为的调节作用

一、引言

  焦虑退缩是社会适应中的一个消极变量,其产生原因与个体的害羞特质有关。儿童有想要与同伴交往的动机,却由于社交焦虑而选择独自游戏。[1]焦虑退缩的儿童不被同伴所喜欢,经常受到来自同伴的拒绝和排斥。[2][3]学龄前儿童开始独自接触外部世界的探索,为进入小学阶段的学习做好准备,该阶段儿童焦虑退缩行为的加剧或减少影响其未来的发展。家庭是儿童社会化的第一个场所,是孩子成长的安全基地,是儿童密切接触和参与的"微系统",父母在养育孩子过程中的教养行为可能是儿童焦虑退缩的一个重要原因。此外,随着社会经济的发展,大城市双职工家庭的比例越来越高,大多数父母选择将一部分养育孩子的责任转交给祖辈,在工作时间由祖辈代为照顾。祖辈相对于父母而言,有较多的时间和耐心陪伴儿童,也拥有较多的教养经验。因此,祖辈教养也在潜移默化地发挥作用,祖辈教养与儿童社会适应的关系需要更多的研究加以深入探讨。

---

[1] Gazelle, H., & Ladd, G. W.(2010). Anxious Solitude and Peer Exclusion: A Diathesis-Stress Model of Internalizing Trajectories in Childhood. *Child Development*, 74(1), 257—278.

[2] Nelson, L. J., Rubin, K. H., & Fox, N. A. (2005). Social Withdrawal, Observed Peer Acceptance, and the Development of Self-Perceptions in Children Ages 4 to 7 years. *Early Childhood Research Quarterly*, 20, 185—200.

[3] Spangler, T., & Gazelle, H.(2009). Anxious Solitude, Unsociability, and Peer Exclusion in Middle Childhood: A Multitrait-Multimethod Matrix. *Social Development*, 18, 833—856.

教养行为指父母为了帮助儿童达到社会化目标而表现出的一系列具体行为,[①][②]父母在教养观念和态度的基础上产生的教养行为,可以帮助其实现教养目标。鲍姆林德(Baumrind)根据父母在回应和控制两个维度上的水平,把父母教养划分为4种类型,分别是权威型(足够及时、温暖地回应,合理要求和控制)、专制型(较少温暖回应,较多要求管控)、放任型(较少回应,较少要求和控制)和溺爱型(过多温暖回应,较少要求和控制)。[③]研究显示权威型父母的孩子社会适应更好,内隐和外显行为问题较少,学业成就更高,[④][⑤][⑥]权威型的父母表现出更多的温暖理解、鼓励、支持、引导有助于促进儿童的社会适应,与儿童的社会退缩和社交焦虑均呈显著负相关。[⑦]相反,专制型的父母对孩子表现出的严厉惩罚越多,不利于儿童社会适应的发展,父母的口头敌意、体罚、不讲理、指令、过度保护、心理控制、拒绝否认与儿童的退缩、社交焦虑显著正相关。[⑧][⑨]专制型教养的父母的严厉的强制控制的教学方式不利于儿童的发展,惩罚严厉、拒绝否认、过度干涉等养育方式有碍于儿童社会适应的发展。[⑩]同时,专制教养方式培养出来的儿童缺乏自主性、处事技

---

① Darling, N., & Steinberg, L.(1993). Parenting Style as Context: An Integrative Model. *Psychological Bulletin*, 113(3), 487.

②③ Areepattamannil, S.(2010). Parenting Practices, Parenting Style, and Children's School Achievement. *Psychological Studies*, 55(4), 283—289.

④ Kim, Y., Calzada, E. J., Barajas—Gonzalez, R. G., Huang, K. Y., Brotman, L. M., Castro, A., & Pichardo, C.(2018). The Role of Authoritative and Authoritarian Parenting in the Early Academic Achievement of Latino Students. *Journal of Educational Psychology*, 110(1), 119—132.

⑤ Reuben, J. D., Shaw, D. S., Neiderhiser, J. M., Natsuaki, M. N., Reiss, D., & Leve, L. D.(2016). Warm Parenting and Effortful Control in Toddlerhood: Independent and Interactive Predictors of School-Age Externalizing Behavior. *Journal of Abnormal Child Psychology*, 44(6), 1083—1096.

⑥ Steele, E. H., & McKinney, C.(2019). Emerging Adult Psychological Problems and Parenting Style: Moderation by Parent-Child Relationship Quality. *Personality and Individual Differences*, 146, 201—208.

⑦ Sandhu, G. K., & Sharma, V.(2015). Social Withdrawal and Social Anxiety in Relation to Stylistic Parenting Dimensions in the Indian Cultural Context. *Research in Psychology and Behavioral Sciences*, 3(3), 51—59.

⑧ Nelson, L. J., Hart, C. H., Wu, B., Yang, C., Roper, S. O., & Jin, S.(2006). Relations between Chinese Mothers' Parenting Practices and Social Withdrawal in Early Childhood. *International Journal of Behavioral Development*, 30(3), 261—271.

⑨ 胡宓、蔡太生:《自我意识及父母教养方式与儿童社会退缩行为的关系》,《中国临床心理学杂志》2008年第3期。

⑩ 谢蓓芳、方永年、林永清、陈勇华、金蓉、胡慧芳、王芳:《小学生的适应行为与父母教养方式的相关分析》,《中国心理卫生杂志》2004年第8期。

巧欠缺,不善于恰当表达自己的情绪和想法,入学后同伴关系和学业行为适应较差。①退缩行为与父母惩罚的教养行为密切相关,母亲的惩罚和同伴的排斥都可能加剧焦虑退缩行为。②学龄前儿童已经能够感受到父母对其情绪的安慰和积极反馈,会内化这种互动模式,发展出较强的情绪处理能力和适应性的同伴关系。

参照父母教养行为的定义,研究者将祖辈教养行为界定为祖辈为了帮助儿童达到社会化目标而表现出的一系列具体行为,③④并相应划分为权威型、专制型、放纵型和溺爱型。祖辈对儿童生活的卷入,诸如身体照顾、活动指导、学习指导等,以及表现出的关心、温暖和爱护,对儿童的发展起到直接或间接的作用,包括促进儿童社会技能的发展,减少儿童内、外化问题行为。⑤⑥⑦祖辈对孩子过多的要求和行为管束,可能导致孩子同伴接纳减少,同伴拒绝增加,内外化问题行为增加。⑧但也有一些研究发现祖辈的消极教养行为无法预测孩子的问题行为和社会能力。⑨父母的教养行为可以直接预测儿童的亲社会行为和问题行为,祖辈的教养行为无法独立预测儿童的行为。⑩

以往研究较多独立探讨父辈、祖辈教养行为与儿童社会适应之间的关系。在双职工家庭日益增多的社会背景下,越来越多祖辈参与照顾孩子,家庭系统中每个

---

① 卢富荣、王侠、李杜芳、王耘:《小学生学校适应的发展特点及其与父母教养方式关系的研究》,《心理发展与教育》2015年第5期。

② 郑淑杰、陈会昌、陈欣银:《儿童社会退缩行为影响因素的追踪研究》,《心理科学》2005年第4期。

③ Darling, N., & Steinberg, L.(1993). Parenting Style as Context: An Integrative Model. *Psychological Bulletin*, 113(3), 487.

④ Areepattamannil, S. (2010). Parenting Practices, Parenting Style, and Children's School Achievement. *Psychological Studies*, 55(4), 283—289.

⑤ Luo, Y., Qi, M., Huntsinger, C. S., Zhang, Q., Xuan, X., & Wang, Y.(2020). Grandparent Involvement and Preschoolers' Social Adjustment in Chinese Three-Generation Families: Examining Moderating and Mediating Effects. Children and Youth Services Review, 105057.

⑥ 孔屏、邢晓沛、权福军:《祖父母教养对儿童同伴关系的影响:儿童问题行为的中介作用》,《山东师范大学学报(人文社会科学版)》2012年第5期。

⑦ 嵩钰佳、邓丽华、申美玲、蔡珊、王波:《祖父母教养与幼儿同伴交往能力的关系》,《学前教育研究》2016年第11期。

⑧ 孔屏、郭秀红、邢晓沛:《父母教养,祖父母教养与儿童外化问题行为之间的关系研究》,《教育导刊(上半月)》2013年第7期。

⑨ Barnett, M. A., Mills-Koonce, W. R., Gustafsson, H., Cox, M., & Family Life Project Key Investigators(2012). Mother-Grandmother Conflict, Negative Parenting, and Young Children's Social Development in Multigenerational Families. *Family Relations*, 61(5), 864—877.

⑩ 裴丽颖:《祖父母教养特点及其对幼儿发展的影响》,山东师范大学博士论文,2005年。

个体都会相互影响。少数几项相关研究发现,在祖父辈共同养育的家庭里,祖辈和父母在教养中的自主性支持存在交互作用。当祖辈和父母的自主性支持都处于较高水平时,①祖辈、父辈教养方式对儿童品行问题的影响会产生联合效应;②父母的严厉管教预测孩子的攻击和欺骗行为,而孩子与祖辈的关系可以作为一个保护因素。③此外,研究发现祖辈共情孩子的能力可以调节母亲共情能力与儿童依恋间的关系。④那么祖辈、父辈之间的教养行为是否存在交互作用,父辈、祖辈教养行为之间的交互作用与儿童焦虑退缩行为的关系如何?本研究试图关注祖辈教养行为在母亲教养行为和儿童焦虑退缩行为间发挥的作用。

二、研究方法

(一) 研究对象

选取上海、珠三角两地3所幼儿园3—6岁($M=4.70$, $SD=0.89$)学前儿童作为研究被试,共计发放问卷515份,回收有效母亲问卷472份,教师问卷499份,其中小班样本165份,中班158份,大班176份,男孩262人,女孩237人;有效祖辈问卷295份($M=61.73$, $SD=5.94$),由于祖辈每周参与照顾孙辈的时间大于10小时才认为祖辈参与共同养育,祖辈问卷才是有效问卷,因此最终有效的祖辈问卷为287份,其中有效小班样本97份,中班96份,大班94份,男孩占54.61%,女孩占45.39%。

(二) 研究工具

1. 祖辈、母亲教养行为

祖辈、母亲教养行为通过教养行为问卷(Parenting Styles and Dimensions

---

① Li, Y., Cui, N., Kok, H. T., Deatrick, J., & Liu, J.(2019). The Relationship between Parenting Styles Practiced by Grandparents and Children's Emotional and Behavioral Problems. *Journal of Child and Family Studies*, 28(7), 1899—1913.

② 田俊美、巩睿、高一茜、卢富荣:《共同养育背景下祖辈与父辈教养方式的一致性特点及其对儿童问题行为的影响》,载第二十一届全国心理学学术会议摘要集。

③ Liu, R. X.(2019). Harsh Parental Discipline and Delinquency in Mainland China: The Conditional Influences of Gender and Bonding to Paternal Grandparents. *Sociological Focus*, 52(4), 274—291.

④ 阚佳琦、刘斯漫、时嘉惠、闫琦、郭俊斌、王争艳:《祖辈共同看护背景下母亲和祖辈将心比心、母子依恋与婴幼儿认知的关系:一个有调节的中介模型》,《心理发展与教育》2018年第4期。

Questionnaire，PSDQ)测查获取。该问卷共 40 个项目,包括 10 个维度,本研究依据前人的研究,选取其中 6 个维度(温暖、说理、自主、体罚、口头敌意、不讲理),并进一步归类为两大维度,分别是权威型教养行为(温暖、说理、自主)和专制型教养行为(口头敌意、体罚、不讲理)。[1]问卷采用 5 点评分,从 1—5 分别代表"从不"到"总是",该问卷在中国文化背景下具有良好的信效度。由于原问卷适用于测量父母教养行为,本研究对部分表述进行调整后也用于测量祖辈教养行为,主要是把称谓如"母亲"调整为"祖辈",调整后对祖辈问卷数据进行验证性因素分析,模型拟合良好,$\chi^2/df=1.85$,$p<0.001$,RMSEA=0.05,SRMR=0.06,CFI=0.90,TLI=0.88。本研究中祖辈权威型和专制型教养行为的 Cronbach α 系数分别为 0.87、0.84,母亲权威型和专制型教养行为的 Cronbach α 系数分别为 0.87、0.81。

2. 焦虑退缩行为

采用拉弗里尼尔(Lafreniere)和珍妮(Jean)在 1996 年编制的社会能力与行为评估问卷(social competence and behavior evaluation scale-30,SCBE-30),中文修订版问卷由刘宇等进行修订(刘宇,宋媛,梁宗保,柏毅,邓慧华,2012)。该问卷共 30 题,包括社会能力、愤怒攻击和焦虑退缩,采用 6 点评分,从 1—6 分别代表"从不"到"总是",该问卷在中国文化背景下具有良好的信效度。[2]本研究选取焦虑退缩维度,由带班教师报告,对儿童得分进行班级内标准化,本研究中该维度的 Cronbach α 系数为 0.90。

3. 研究程序

在上海和广东珠三角两地选取 3 所幼儿园,首先对班级老师进行问卷施测培训,详细介绍如何发放问卷和回收问卷。教师给每位孩子家长发放母亲和祖辈问卷,并在次日回收问卷。母亲填写母亲问卷,报告其教养行为,祖辈填写祖辈问卷,报告其教养行为,教师评定儿童的焦虑退缩。母亲问卷首页附上了本研究的知情同意书,详细介绍了整个研究的目的和内容,告知被试研究不会对其生活带来任何影响,同时承诺对被试的所有信息保密,被试自愿选择是否参与研究,在研究过程中可以随时退出。数据回收后,采用 SPSS24.0 对数据进行描述性统计,采用 *Mplus* 7.4 进行验证性因素分析、潜变量的调节效应分析。

---

[1] Robinson, C. C., Mandleco, B., Olsen, S. F., & Hart, C. H. (2001). The Parenting Styles and Dimensions Questionnaire. In B. F. Perlmutter, J. Touliatos, & G. W. Holden(Eds.). Handbook of Family Measurement Techniques:Vol.3. Instruments and Index(pp.319—321). Thousand Oaks, CA:Sage.

[2] 梁宗保、胡瑞、张光珍、邓慧华、夏敏:《母亲元情绪理念与学前儿童社会适应的相互作用关系》,《心理发展与教育》2016 年第 4 期。

三、结果

(一) 共同方法偏差

本研究为横断研究,采用母亲、祖辈和教师等3个报告来源,均为问卷调查,在正式进行数据分析之前采用 Harman 单因素检验法对数据进行共同方法偏差检验,[①] 共提取出 56 个特征值大于 1 的公因子,第一个公因子解释的变异量为 9.65%,远小于 40% 的标准,表明本研究结果不会受到共同方法偏差的影响。

(二) 各变量的描述统计和相关分析

相关分析结果表明母亲权威型教养行为与其专制型教养行为显著负相关,与祖辈权威型教养行为显著正相关,与祖辈专制型教养行为显著负相关;母亲专制型教养行为与祖辈权威型教养行为显著负相关,与祖辈专制型教养行为显著正相关。

表1 各变量的描述统计表($M±SD$)

变量	小班		中班		大班	
	男	女	男	女	男	女
焦虑退缩	0.08±0.14	0.01±0.15	0.20±0.15	−0.12±0.15	−0.03±0.14	−0.14±0.16
母亲权威型教养行为	4.09±0.07	4.15±0.08	4.19±0.07	4.13±0.07	4.09±0.07	4.00±0.08
母亲专制型教养行为	1.71±0.06	1.69±0.06	1.84±0.06	1.70±0.06	1.84±0.06	1.76±0.07
祖辈权威型教养行为	3.73±0.09	3.63±0.10	3.66±0.09	3.65±0.09	3.64±0.08	3.46±0.10
祖辈专制型教养行为	1.77±0.08	1.63±0.08	1.76±0.08	1.77±0.08	1.80±0.07	1.76±0.09

表2 各变量间的相关关系表

	1	2	3	4	5
1. 焦虑退缩	1				
2. 母亲权威型教养行为	−0.06	1			
3. 母亲专制型教养行为	0.05	−0.40**	1		
4. 祖辈权威型教养行为	−0.01	0.40**	−0.22**	1	
5. 祖辈专制型教养行为	−0.06	−0.26**	0.37**	−0.40**	1

注:* $p<0.05$,** $p<0.01$,*** $p<0.001$。

---

① 周浩、龙立荣:《共同方法偏差的统计检验与控制方法》,《心理科学进展》2004 年第 6 期。

(三) 潜变量的调节效应分析

本文主要聚焦祖辈的教养行为是否在母亲专制型教养行为与儿童焦虑退缩行为间起调节作用。采用潜变量调节模型对祖辈教养行为、母亲教养行为和儿童焦虑退缩之间的关系进行检验,并在模型中控制了性别的影响。根据马斯洛凯(Maslowsky)、贾格尔(Jager)和汉肯(Hemken)提出的两步法检验潜变量调节模型,[①]第一步建立不包含交互项的 M_0 基线模型,第二步建立包含交互项的 M_1 模型,使用对数似然比检验(log-likelihood ratio test), $D=-2[(\text{log-likehood for Model 0})-(\text{log-likehood for Model 1})]$,对数似然比的分布近似符合 χ^2 分布,当两个模型的对数似然差值 D 显著说明 M_1 模型比 M_0 模型更优,当含有交互项的 M_1 模型比 M_0 模型更优且交互项结果显著的前提下,调节效应成立。

(四) 母亲专制型教养与儿童焦虑退缩行为

1. 祖辈权威教养的调节效应

当自变量是母亲专制型教养行为,调节变量是祖辈权威型教养行为时,第一步建立 M_0 模型,模型拟合指标良好,$\chi^2/df=1.17$, $p<0.001$, CFI=0.99, TLI=0.99, RMSEA=0.02, 90% CI=[0.00, 0.05], SRMR=0.04。在 M_0 模型基础上,加入潜变量交互项对因变量的预测从而建立 M_1 模型,M_0 模型和 M_1 模型差异显著,$D=14.16$, $p<0.001$,因此潜变量调节模型成立。结果表明,母亲专制型教养行为与祖辈权威型教养行为的交互项显著负向预测焦虑退缩($\beta=-0.22$, $p<0.01$),调节效应成立,母亲专制型教养行为与祖辈权威型教养行为间的关系如图 1 所示。

为了进一步了解祖辈权威型教养行为在母亲专制型教养行为与焦虑退缩关系间的调节作用,对祖辈权威型教养行为进行高低分组,把得分高于均值一个标准差的划分为高祖辈权威型教养组,把得分低于均值一个标准差的划分为低祖辈权威型教养组,进行简单效应分析。结果如图 2 所示:当祖辈权威型教养行为的水平较高时,母亲专制型教养行为显著负向预测儿童的焦虑退缩(Simple slope=-0.29, $t=-2.10$, $p=0.04$);当祖辈权威型教养行为水平较低时,母亲专制型教养行为显著正向预测儿童的焦虑退缩(Simple slope=0.24, $t=2.51$, $p=0.01$)。

[①] Maslowsky, J., Jager, J., & Hemken, D.(2015). Estimating and Interpreting Latent Variable Interactions: A Tutorial for Applying the Latent Moderated Structural Equations Method. *International Journal of Behavioral Development*, 39(1), 87—96.

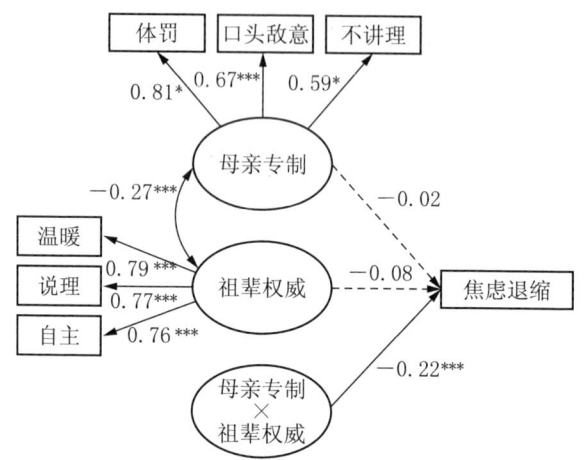

图1 母亲专制型、祖辈权威型教养与儿童焦虑退缩的关系模型

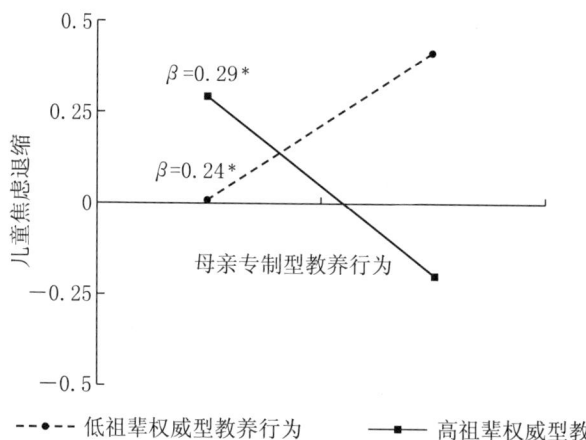

图2 不同水平祖辈权威教养下母亲专制型教养对焦虑退缩的预测

2. 祖辈专制教养的调节效应

当自变量是母亲专制型教养行为,调节变量是祖辈专制型教养行为时,第一步建立 M_0 模型,模型拟合指标良好,$\chi^2/df=2.03$,$p<0.001$,CFI$=0.96$,TLI$=0.94$,RMSEA$=0.05$,90% CI$=[0.02, 0.07]$,SRMR$=0.03$。在 M_0 模型基础上,加入潜变量交互项对因变量的预测从而建立 M_1 模型,M_0 模型和 M_1 模型差异显著,$D=22.06$,$p<0.001$,因此潜变量调节模型成立。结果表明,母亲专制型教养行为与祖辈专制型教养行为的交互项显著正向预测焦虑退缩($\beta=0.26$,$p<0.001$),调

节效应成立,母亲权威型教养行为与祖辈专制型教养行为间的关系如图3所示。

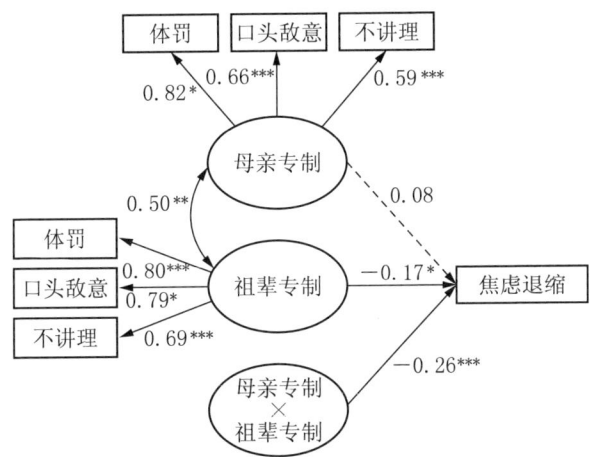

图3 母亲专制型、祖辈专制型教养与儿童焦虑退缩的关系模型

为了进一步了解祖辈专制型教养行为在母亲专制型教养行为与焦虑退缩关系间的调节作用,对祖辈专制型教养行为进行高低分组,把得分高于均值一个标准差的划分为高祖辈专制型教养行为组,把得分低于均值一个标准差的划分为低祖辈专制型教养行为组,进行简单效应分析。结果如图4所示,当祖辈的专制型教养行为水平较高时,母亲专制型教养行为显著正向预测儿童的焦虑退缩(Simple slope $=0.42$, $t=4.04$, $p=0.00$),当祖辈专制型教养行为的水平较低时,母亲专制型教养行为无法预测儿童的焦虑退缩。

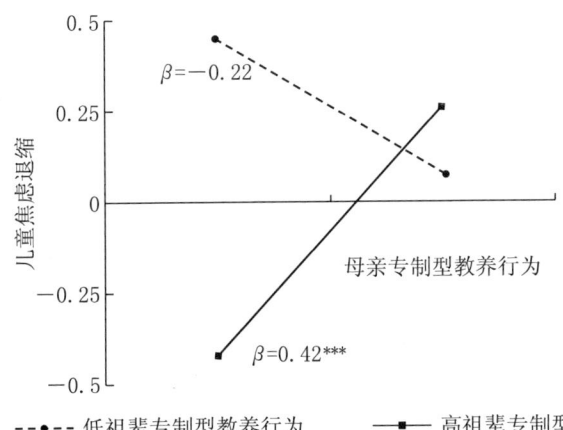

图4 不同水平祖辈专制型教养下母亲专制型教养对焦虑退缩的预测

四、讨论

本研究发现祖辈权威教养行为可以缓解母亲专制教养行为与儿童焦虑退缩行为之间的关系。当祖辈权威型教养行为水平较高时，母亲专制型教养行为负向预测儿童的焦虑退缩行为；当祖辈权威型教养行为水平较低时，母亲专制型教养行为显著正向预测儿童的焦虑退缩。母亲专制型的教养行为给予孩子过多的体罚和口头敌意，而当祖辈的权威型教养行为水平较高时，祖辈权威型的教养行为能够提供给儿童温暖、鼓励和自主，儿童和祖辈之间能建立良好的情感联结，[1]祖辈权威型的教养行为在母亲专制型的教养行为和儿童的焦虑退缩行为之间起到积极的缓冲作用，鼓励儿童表现更多的积极主动性和社交行为，减少外显的焦虑退缩。当祖辈权威型教养行为的水平较低，母亲也较为专制时，孩子无法与祖辈或者母亲这两位日常照顾者建立良好的关系，无法习得适宜的人际交往技能，在群体中较容易产生焦虑退缩行为。

本研究还发现，祖辈较高的专制教养行为加剧了母亲专制教养行为对儿童焦虑退缩行为的预测；而祖辈较低的专制型教养行为，减弱了母亲专制型教养对儿童焦虑退缩的预测，这与以往研究一致，[2]可能是儿童与祖辈建立了较好的情感联结的结果。与祖辈在教养中表现出较多温暖、自主等权威型教养行为相似，儿童可以与祖辈建立较为亲密的关系，与祖辈的亲密关系是儿童成长的保护性因素，帮助儿童抵御消极教养行为的影响，[3][4]削弱母亲的专制型教养行为与儿童的焦虑退缩之间的联系。

总之，当祖辈专制型的教养行为水平较高时，祖辈和母亲的双重控制和惩罚加剧儿童的焦虑退缩行为。当母亲在养育过程中采用消极的教养行为时，祖辈较高的权威型教养行为可以起到一定的保护作用。

---

[1][3] Akhtar, P., Malik, J. A., & Begeer, S. (2017). The Grandparents' Influence: Parenting Styles and Social Competence Among Children of Joint Families. *Journal of child and family studies*, 26(2), 603—611.

[2] Mustillo, S., Li, M., & Wang, W. (2020). Parent Work-to-Family Conflict and Child Psychological Well-Being: Moderating Role of Grandparent Coresidence. *Journal of Marriage and Family*, 1—13.

[4] Liu, R. X. (2019). Harsh Parental Discipline and Delinquency in Mainland China: The Conditional Influences of Gender and Bonding to Paternal Grandparents. *Sociological Focus*, 52(4), 274—291.

五、建议

随着双职工家庭的增多,祖辈越来越多地参与到照料孙辈的学习和生活之中,进而成为学龄前儿童教养活动的主要承担者。本研究结果证实了祖辈的教养行为确实在母亲教养儿童的过程中发挥着一定的作用,祖辈教养具有其优势的一面;但若完全依赖祖辈教养也会产生很多不利的影响,特别是祖辈与母亲的双重控制型教养对儿童发展的副作用显著。祖辈在日常照料儿童的过程中,不仅是衣食住行方面的满足,更重要的是通过言行举止影响儿童心理和行为的发展。因此,社会和家庭对祖辈的教养行为要有一个全新的认识,帮助祖辈建立正确的教养观念,从而促进学龄前儿童的身心健康发展。

(一)强化父母的育人责任意识

虽然祖辈有更多的时间参与到儿童的教养活动中,父母仍应该是教养儿童的主要承担者。父母作为儿童的第一任老师,要强化自身的育人意识,平衡好工作与生活的关系,承担教养幼儿的责任,祖辈教养孩子只是帮忙,并不能取代父母在儿童教育过程中的重要地位。此外,幼儿阶段正是个体情感发展和心理成长的关键时期,父母的陪伴、呵护等积极的教养行为有助于孩子良好社会功能的发展,同时也能增强父母和孩子之间的情感联结,促进亲子之间安全型依恋关系的建立,良好的亲子依恋关系对儿童日后其他关系的发展也有积极作用。

(二)引导祖辈建立正确的教育观念

祖辈的教养可能存在观念过于陈旧、教养方式不科学等问题,"隔辈亲"的现象也是屡见不鲜。因此可以对祖辈进行相应的教养观念和教养行为的指导,帮助祖辈熟悉和了解当前阶段幼儿身心发展特点和行为表现。同时父母可以和祖辈一起学习更正确、更适合当前儿童身心发展的教养观念和行为。相对祖辈来说,父母接受了更多的教育,观念也会更加适合当前儿童的发展,因此父母也可以在学习后为祖辈进行专业教养知识的指导和训练。祖辈要及时将自己的教养行为和观念与父母沟通,可以了解到祖辈需要帮助的地方,并及时给予祖辈帮助和指导。

(三)积极沟通,统一正确的教育观念

幼儿的教育问题是一个家庭共有的责任,家庭中父母亲和祖辈出生的年代不同,也可能学历和生活经历不同,由此形成的教育观念也不相同,两代人因观念冲

突而引发的教养行为不一致不利于儿童身心的健康发展。因此,祖辈要及时接受新事物,学习新知识,更新自己的观念,跟上社会发展的步伐,父辈和祖辈之间应当积极沟通,与对方交流各自的教养观念,找到最适合孩子身心发展特点的教养行为。全家统一教育观念,明确职责,形成教育合力,才能发挥出各自最大的作用。

(李小蝶　李欣琪　杨盼盼　李　丹)

网络游戏产业发展对未成年人成长影响的思考

2020年我国游戏市场实际销售收入2 786.87亿元。由此可见,网络游戏这一朝阳产业,已经成为我国现代文化产业的重要支柱之一。与此同时,网络游戏还是一把优劣并存的双刃剑,近些年来,未成年人的网络游戏行为备受社会关注,由此而产生的网络游戏成瘾、未成年人犯罪、过度消费等问题,一直是网络安全治理的重中之重。而网络游戏产业伴随着我国互联网经济的浪潮,已经成为新经济领域中的重要一环。如何加强政府、企业、学校、家庭等多元主体对未成年人上网环境的治理,妥善规范和引导网络游戏产业发展,这成为我国现代文化产业健康、有序发展的必由之路。

近年来,我国日益重视未成年人在网络游戏消费金额、游戏时间上的限制,并出台了4项重要的相关法律法规,如《网络游戏管理暂行规定》(2010)《关于防止未成年人沉迷网络游戏的通知》(2019)《关于进一步严格管理切实防止未成年人沉迷网络游戏的通知》(2021),中办、国办于2021年又颁布了《关于加强网络文明的建设意见》等,都涉及未成年人网络游戏行为的保护条款。为了规范和引导网络游戏产业发展,为未成年人营造良好的网络环境,在措施与途径上,要采取多手段、多方向的措施,才能助力未成年人健康成长。

一、我国网络游戏分级制度的对策

我国应根据国情建立具有中国特色的网络游戏适应性分级制度。在我国,网络游戏产品的生产与监管是政府和厂商共同完成,因为只有不甚清晰的"行业标准",所以经常出现网络游戏厂商和运营商触碰"红线"的现象。只有根据透明原则制定出具有量化标准的网络游戏分级制度,才能做到公平竞争,有效防止贪污、受贿、公权私用等违法行为，提高现代中国的法治化建设水平。并且，作为社会主义国家，我国更应从政府层面做好网络游戏价值观、游戏类型和游戏内容等具有适应性标准的"加减法"，杜绝因"文化入侵"给未成年人造成的精神毒害，这将直接有助于建构我国新时期的公众话语。

可以说，网络游戏适应性分级制度脱离不了以下三个层面的设定：

（一）内容设计层面

中国特色游戏内容的网络游戏分级制度既要根据《网络游戏适龄提示》的年龄段，界定具有色情、恐怖、暴力、赌博、宗教等元素的游戏内容，剔除具有资本主义意识形态的游戏信息，更要在游戏中体现习近平新时代中国特色社会主义思想和社会主义核心价值观，通过明确比例的量化标准，建构好网络游戏的各级内容。

（二）类型规制层面

为了发掘网络游戏的功能性价值，推动网络游戏多元化健康发展，中国特色游戏设计的网络游戏分级制度可以优先对教育游戏、益智类游戏、经营类游戏、模拟类游戏进行功能性定级，删除对角色扮演类游戏的定级（主要包含单人和多人的回合式、指令式、动作式角色扮演游戏），以此限制对未成年人具有安全风险的"氪金游戏"。

（三）宣传推广层面

在网络游戏推广和营销环节，必须在宣传页为家长（监护人）提供未成年人游戏的相应建议，根据不同游戏的级别，在游戏内容、游戏时长、适龄阶段、消费额度等角度做好建议和提示。

一项具有中国特色的网络游戏分级制度，定能引导网络游戏产业健康发展，这不仅会对网络游戏中美术设计、叙事话语、价值观等内容产生直接影响，还会间接推动网络游戏运营模式（由游戏活动、游戏充值和游戏玩法设计共同组成的付费模式）的改良，从而减少未成年人网络游戏行为的安全问题。

二、完善网络游戏实名注册制度的对策

我国网络游戏实名注册制度依然有技术层面、操作层面、监管层面的漏洞：首

先,在技术层面上,如今网络游戏实名注册技术过于简单,未成年人很容易借用他人身份信息进行游戏注册与登记。因此,对于网络游戏实名注册制度还要进行身份认证技术的更新,如何将人脸识别技术和指纹识别技术恰当地运用到网络实名注册制和后续的游戏防沉迷系统之中,并以此确认游戏玩家身份的唯一性,这是解决未成年人网络游戏问题,规避未成年人网络游戏风险的第一步。其次,在操作层面上仍有较大可优化空间,现有的网络游戏实名注册组合过于简单,未成年人在未经允许的情况下,很容易通过父母的身份信息或者手机进行网络游戏实名注册,并且各家游戏并未形成统一的实名注册网络,未成年人有很多备选游戏。最后,在监管层面,目前仍有很多网络游戏运营商尚未落实网络游戏实名注册制度,或以虚假的实名注册空壳示人,又或将毫无风险保障的注册系统提供给未成年人。为此,网络游戏注册实名制度要在以下三个层面进行完善:

(一) 技术层面的对策

网络游戏实名注册制度的目标是确认游戏用户身份的唯一性和可靠性,除了游戏注册端之外,还要在登录前端、游戏过程后端进行有效的游戏用户验证。为此,在不影响游戏体验的前提下,我国网络游戏实名注册制度还可凭借人脸识别技术或者指纹识别技术强制执行多时段验证,通过对游戏用户身份信息的自动扫描验证,达到对未成年人游戏越级、游戏沉迷、过度消费等问题的解决。

(二) 操作层面的对策

在未嵌入人脸识别技术的游戏注册端口,网络游戏的实名注册要减少单一认证方式,转而使用"身份证号+手机号+短信验证码"或者"银行卡号+手机号+短信验证码"组合认证的方式,以此保证未成年人身份信息的可靠性。此外,网络游戏实名注册制度要在网络游戏防沉迷实名验证系统基础上,建立统一的游戏信息网络,以此控制未成年人的游戏时长和消费额度。

(三) 监管层面的对策

为确保网络游戏实名注册制度的施行,我国必须要加强对网络游戏企业的严格管理,要对网络游戏违法行为进行严惩。同时,可以在政策方面为小型网络游戏企业提供税务减免的优惠,照顾因承担技术性责任而产生的经济影响。唯有如此,方能推动网络游戏企业的自律行为,确保未成年人个人隐私安全,控制未成年人网络游戏的消费额度和游戏时长。

三、推行多元主体的网络素养教育

要降低未成年人网络安全风险,除了在司法领域对网络游戏产业进行直接规范和引导外,还要针对网络游戏受众主体展开网络素养教育。网络素养教育的推行,不是某个人或某次活动可以迅速完成的,它应该是一条由家庭教育、学校教育和社会教育共同组成的闭环教育体系。为了让未成年人切实获得网络素养教育,应采取如下几个方面的措施:

(一)学校要开设网络素养课程

学校教育是未成年人获得网络素养教育的重要环节,各级学校应强制推广网络素养课程,并设置网络素养考试。在中小学的学科教育之外,学校方面还应把未成年人的网络素养教育纳入教学规划,并根据不同学龄段未成年人的身心特点和认知水平,增设有关网络信息的审辨、网络信息的传播、网络生活的影响、网络内容的审美、网络文化的科普、网络产品的制作、网络社会的伦理和道德等一系列阶梯式网络素养课程,提高未成年人的上网能力、网络知识和网络防范意识。

(二)开展各种网络知识竞赛与专题讲座

各级学校还要在课程教学之余举办网络知识竞赛和网络风险防范的专题讲座,多途径提高未成年人网络素养。

(三)开展针对特殊家庭的未成年人的网络素养教育

针对一些特殊家庭(例如务工家庭和单亲家庭),社会教育可以通过城市公共文化服务活动、社区培训、公益讲座等形式辅助推行网络素养教育,以此减少未成年人对网络的过分依赖。

(四)借鉴新加坡的"服务外包"方式

将网络素养教育通过商业运作的方式进行外包,将教学行为交给私立教育机构和培训部门,"对于私立学校,不用为师资、教材、经费等问题烦恼;对于私立教育部门,可以获得教育部的资格认证,争取比较可靠的客户群体"。

(谭旭东　刘 赛)

二、公共政策与儿童福利

中国儿童医疗救助制度的历史发展、制度化困境与儿童福利政策建议

1989年《儿童权利公约》在联合国大会上通过,规定了每个儿童都享有生命权和健康权,即有权接受可达到的最高标准的医疗保健服务。我国从国情出发,在1992年发布了《九十年代中国儿童发展规划纲要》,把儿童健康放在了战略性基础性地位。2001年国务院发布《中国儿童发展纲要2001—2010》,总目标为"改善儿童卫生保健服务,提高儿童健康水平",如今2011—2020、2021—2030的《中国儿童发展纲要》也已发布。

我国的社会医疗保险是根据法律法规为保障劳动者患病时基本医疗需求而建立的社会保险制度,目前主要包括城镇职工基本医疗保险、城镇居民基本医疗保险。"医疗救助"很容易与"医疗保险"的概念混淆,它指通过政府提供政策、财政和技术上的支持及社会慈善活动,对患病而又无经济支付能力的贫困人群实施经济支持和专项帮助的一种医疗福利制度。[①]社会医疗保险的原则是"共济互助""人人为我,我为人人"。而医疗救助是为重点人群守好了"健康底线",保障基本健康服务和基本需要(需求)。因此,医疗救助是对社会医疗保险制度的重要补充,对重点人群医疗健康起到兜底保障作用。[②]

2021年既是中国全面建成小康社会之年,又是现代妇女、儿童、家庭健康福利与全民普惠性健康福利制度建设新时代元年。妇女、儿童、家庭健康福利和中国现代社会主义福利国家制度建设成为全面建设社会主义现代化国家的基础、主体和核心目标,现代社会福利制度意义深远。其中尤以儿童医疗救助问题最为严峻,最为薄弱,最为紧迫和最亟须儿童福利化制度改造。

[①] 张晓:《医疗救助与基本医保的关联和边界》,《中国医疗保险》2019年第7期。
[②] 中华人民共和国中央人民政府:《基本医保、大病保险、医疗救助三重保障制度基本实现全覆盖:贫困人口基本医疗有保障》,http://www.gov.cn/xinwen/2021-02/25/content_5588718.htm。

一、中国儿童医疗救助制度的历史演变与时代特征

1949年以来,中国儿童医疗救助制度大体划分为两个历史阶段:计划经济时期"无医疗救助的儿童福利时代",改革开放以来"无儿童福利制度的医疗救助时期",制度性反差明显。

(一)计划经济时期

计划经济时期及改革开放初期的医疗救助与医疗保险都处在萌芽时期,尚未清晰划分。城市儿童的医疗救助可追溯至1951年,政务院公布的《中华人民共和国劳动保险条例》将城市范围内职工子女纳入医疗保险范围。1955年出台的《关于国家机关工作人员子女医疗问题的通知》进一步规定,国家机关工作人员子女可享受半公费医疗。[①]与此同时,传统的农村合作医疗制度在各地逐渐发展。到1976年,全国已有90%的农民参加了合作医疗,[②]其中包括农村儿童。在这段时期,受经济发展限制,全国能为儿童提供的医疗服务水平有限;受儿童福利与社会发展制约,当时并未提出"儿童医疗救助"的概念;全国所有城市儿童均可享受到医疗照顾与健康照顾服务福利。因此,我们将计划经济时期称为"无医疗救助的儿童福利时代"。

(二)改革开放后

随着承包责任制的推行和市场经济的发展,传统的农村合作医疗制度逐渐瓦解。至1986年底,全国仅有不到5%的农村地区在延续这一制度。国务院于1998年发布的《关于建立城镇职工基本医疗险制度的决定》并未对城镇儿童、城镇职工儿童医疗问题做出具体规定。20世纪90年代至2003年,城乡儿童均未享受医疗福利服务,大部分由其家庭负担医疗服务费用。有学者称,儿童医疗救助进入"家庭保障"阶段。在此期间,上海于20世纪90年代初期开展儿童住院医疗互助金,[③]这填补了当时我国18岁以下儿童(未成年人)无医疗福利的空白。继上海之后,北京等发达地区也组织了儿童医疗互助金试点,但未形

---

① 赵东辉、汪早立、任静:《儿童医疗保障制度建设的国际经验及启示》,《中国初级卫生保健》2013年第1期。
② 孙淑云、任雪娇:《中国农村合作医疗制度变迁》,《农业经济问题》2018年第9期。
③ 张云婷、任益炯、王汉松:《上海市儿童医疗保险体系的整合与再设计》,《中国卫生资源》2013年第1期。

成全国统一的模式。

政策文件回顾发现,当前的社会医疗保险制度始于2003年中央发布的《关于建立新型农村合作医疗保险制度的意见》,①农村儿童医疗救助政策也起始于2003年。根据2003年《关于实施农村医疗救助的意见》,医疗救助对象主要是地方政府规定符合条件的农村贫困农民,其中包括贫困家庭儿童。随后,有关"医疗救助"的文件相继推出,不断填补、完善医疗救助制度的规定和内涵。2005年,《关于建立城市医疗救助制度试点工作的意见》规定,符合城市居民最低生活保障的未参加城镇职工医保人员等可以获得城市医疗救助。2009年《关于进一步完善城乡医疗救助制度的意见》,标志城乡医疗救助正式成为国家医疗卫生服务体系的"兜底"部分。2010年,国务院通过《医药卫生体制五项重点改革2010年度主要工作安排》和《关于开展提高农村儿童重大疾病医疗保障水平试点工作的意见》,将儿童急性淋巴细胞白血病等6个病种进行试点救助。②2015年《关于进一步完善医疗救助制度全面开展重特大疾病医疗救助工作的意见》重点加大对农村重病、重残儿童的救助力度,但严重缺乏儿童福利理念。

近20年来,中国的儿童医疗救助制度覆盖对象逐步扩大,救助强度逐步提高,逐渐形成了以"贫困儿童救助"为中心、"重病儿童救助"为重点的特色儿童医疗救助制度。因此,笔者将改革开放以来的这段时期称为"无儿童福利制度的医疗救助时期"。

二、中国儿童医疗救助服务与灾难性卫生支出

(一)灾难性卫生支出的定义和现状

灾难性卫生支出指任何可能对维持家庭生存需要的财务能力构成威胁的医疗支出。世界卫生组织规定:当居民现金卫生支出超过家庭总消费的一定比例时,便可认为该家庭发生了灾难性卫生支出。灾难性卫生支出所指的经济负担包括:直接费用(门诊费、药品费、检测费等),间接费用(交通费、特殊食物等),以及

---

① 谢莉琴、秦盼盼、高星:《中国城乡居民基本医疗保险制度发展历程、挑战与应对策略》,《中国公共卫生》2020年第12期。
② 栾文敬、童玉林、胡宏伟:《我国儿童医疗救助政策回顾与评析》,《中国卫生经济》2012年第9期。

为避免花销而不去看病。由于疾病对其收入和总体福利的不利影响,贫困家庭很可能进一步陷入贫困。目前常用的测量方法包括:家庭的现金卫生支出占家庭总支出的比例;家庭的现金卫生支出占家庭非食物支出的比例。国际标准常以40%为界定标准,现在也常用25%和10%作为界定标准。不同国家、不同研究所设定的比例各不相同。灾难性卫生支出发生率是测量疾病经济负担的有效工具。①

梅塔(Meta)的分析结果显示,2000—2020年中国居民的灾难性卫生支出发生率约为13.6%。②关于灾难性卫生支出的发展趋势,赵(Zhao)等人的研究表明,我国灾难性卫生支出率2010—2014年有所下降,2014—2016年再次上升;③李(Li)等人却认为中国灾难性卫生支出发生率在过去20年都是上升趋势。④

(二)中国儿童医疗救助服务与灾难性卫生支出

儿童医疗救助的缺位是患儿家庭灾难性卫生支出的主要原因。研究表明,我国0—14岁重病儿童家庭极易发生灾难性卫生支出。⑤我国的医疗保险在一定程度上降低了灾难性卫生支出的发生率,⑥但有重大疾病患儿的家庭仍存在较高的灾难性卫生支出发生风险。一项广东省河源市的调查显示,⑦白血病确诊儿童的家庭发生灾难性卫生支出的比率高达95.56%,在医疗保险报销和其他社会救助下,仍有93.33%的家庭存在借款行为。因此,仍需进一步改进中国儿童医疗救助制度,拓宽救助的服务面和服务深度,逐步将更多的重大疾病常规药物、更多的常见儿童重大疾病纳入医疗救助目录,从而提高对中国儿童医疗和健康的经济保障。

---

① Organization W. H. (2005). Designing Health Financing Systems to Reduce Catastrophic Health Expenditure, https://www.who.int/health_financing/pb_2.pdf.

②④ Li F., Wu Y., Yuan Q., et al. (2020). Do Health Insurances Reduce Catastrophic Health Expenditure in China? A Systematic Evidence Synthesis. *PLoS One*, 15(9).

③ Zhao Y., Oldenburg B., Mahal A., et al. (2020). Trends and Socio-Economic Disparities in Catastrophic Health Expenditure and Health Impoverishment in China: 2010 to 2016. Tropical Medicine & International Health, 25(2):236—247.

⑤ 潘瑶、陈山泉、项莉:《广西A县0—14岁儿童重大疾病医疗保障研究》,《中国卫生经济》2013年第2期。

⑥ 杨晓玮、闫菊娥、钱玉燕:《基本医疗保险制度背景下城乡居民因病致贫发生影响因素研究》,《中国卫生事业管理》2021年第4期。

⑦ 赵妮、赵国强、吴林的:《广东省河源市白血病患儿家庭疾病经济负担分析》,《中华肿瘤防治杂志》2021年第13期。

三、全国儿童医疗救助现状

目前,全国儿童医疗救助制度现状非常严峻,不容乐观,存在诸多全面性、系统性和制度性困境。①例如儿童医疗健康服务理念、儿童福利责任主体、儿童福利对象资格、范围内容、筹资来源和医疗救助医政管理等诸多基本议题。

(一) 儿童医疗救助理念与救助对象

目前,中国儿童医疗救助实行"重病治疗为主,多层医保支持"的理念。政策规定救助对象主要分为贫困儿童、孤儿、残疾儿童和患有重大疾病等四类儿童。

1. 贫困儿童。根据2014年的《社会救助暂行办法》和2016年《关于加强困境儿童保障工作的意见》:对最低生活保障家庭儿童城乡居民医保的个人缴费部分给予补贴;对于纳入特困人员救助供养范围的儿童参加城乡居民基本医疗保险制度给予全额资助。

2. 孤儿。2010年《关于加强孤儿保障工作的意见》规定,将孤儿纳入城镇居民基本医疗保险、新型农村合作医疗、城乡医疗救助等制度覆盖范围,并适当提高救助水平。

3. 残疾儿童。2018年《关于建立残疾儿童康复救助制度的意见》,对于0—6岁经济困难家庭的残疾和孤独症儿童,地方人民政府提供康复救助基本服务项目和内容,救助资金纳入地方政府预算。

4. 患有重大疾病的儿童。2016年,我国启动农村贫困人口大病专项救治试点,将儿童先天性心脏房间隔缺损、室间隔缺损、儿童急性淋巴细胞白血病、儿童急性早幼粒细胞白血病纳入救助范围。

(二) 责任主体与统筹层次

中国儿童医疗救助目前在各地区实行的儿童医疗救助政策不一,地方民政部门、财政部门与医疗保障部门的责任分工模糊,缺少直属职能部门及人员。全国大部分省市医疗救助统筹层次主要以县级统筹为主。全国医疗救助基金通过公共财政预算、彩票公益金和社会各界捐款等渠道筹集,主要来源于各级政府的公共财政预算。自2018年起,随着我国医疗救助规模不断扩大,全国救助基金支出不断提

---

① 李秀丽、金今花、张美丽:《我国医疗救助制度的功能受限困境及其优化建议》,《中国卫生经济》2021年第5期。

高;中央财政投入也逐年升高,但其占基金支出的比例逐年降低。

表1 2018—2020年全国医疗救助基金支出和中央财政投入①

	全国医疗救助 基金支出	中央财政投入	中央财政投入 占基金支出的比例
2020 年	546.8 亿元	260 亿元	47.5%
2019 年	502.2 亿元	245 亿元	48.8%
2018 年	424.6 亿元	235 亿元	55.3%

(三)医疗救助社会参与和监管

根据2018年出台的《关于进一步加强和改进临时救助工作的意见》,要求各地搞好社会组织与政府在医疗救助中的有效衔接与合作。目前,社会慈善机构主要以自筹资金的形式参与儿童医疗救助,与政府、企业及医疗机构合作的形式较少,此外还包括借助于互联网筹款的微型慈善形式。②2016年中国大病社会救助平台建立,由国家卫生计生委指导,中国人口福利基金会负责实施。③该平台现已汇总了全国多家基金会发布的慈善公益项目。社会组织的参与加大了对医疗救助体系的监管难度,其中救助基金筹集和管理是儿童医疗救助监管的主要内容,多地政府尚未对此过程进行严格监管。

四、现存问题分析和国家儿童福利政策建议

(一)重塑现代、普惠型儿童健康福利理念与重视病童群体的健康需要

国内现有医疗救助服务覆盖部分儿童,忽略了儿童群体的特殊性,④均未把儿童作为优先重点群体制定救助计划,所享受医疗救助与成年人一致。具体政策建

---

① 国家医疗保障局:《2018年、2019年、2020年全国基本医疗保障事业发展统计公报》,2021, http://www.nhsa.gov.cn/col/col7/index.html?uid=763&pageNum=3。
② 赵国强、孙晓杰、邵雨辰:《我国慈善组织参与医疗救助的现状及困境分析》,《卫生经济研究》2019年第2期。
③ 何兰österreich、王晟昱:《中国大病社会救助平台慈善救助项目现状》,《中国公共卫生》2019年第8期。
④ 文倩:《儿童社会医疗福利制度的国际比较及启示》,《劳动保障世界》2017年第27期。

议如下:

1. 国务院制定专门面向儿童健康福利的政策文件。鉴于儿童健康的特殊性和重要性,应出台专门面向儿童群体的国家指导性医疗救助计划,使所有儿童医疗救助得到更多的关注和更有力的落实。

2. 完善儿童医疗救助标准。现有的面向儿童的政府医疗救助和慈善组织医疗救助,绝大部分面向的是"贫困儿童""残疾儿童"和"孤儿",儿童医疗救助标准过于单一。①未来应增加儿童医疗救助标准的多样性,如可以以年医疗费用与家庭年收入比例为考查标准,为普通家庭解决儿童重大疾病医疗救助费用负担过重问题。

3. 加强普惠性与预防性儿童预防保健救助服务。国内现有的儿童医疗救助服务,内容主要包括补贴医疗保险费用和特定疾病治疗。②建议将儿童医疗救助政策向预防保健方面倾斜,实现所有儿童健康流程全覆盖,提高儿童群体健康水平,减轻政府在儿童医疗救助方面的财政压力,丰富医疗救助内涵。

4. 从疾病救助战略升级为健康救助。随着社会竞争压力增大,儿童/未成年人的心理健康问题日益突出。在《儿童青少年心理健康行动方案》指导下,尽快形成"学校—社区—医疗卫生机构"协同的儿童心理健康服务体系,完善现代妇女儿童健康照顾服务体系。

(二)回归国家儿童福利主体责任与明确儿童医疗救助服务责任社会分工

目前中国儿童医疗救助力量呈现碎片化,儿童医疗救助职能归属模糊,具体执行层面分工不明确,增加求助者申请医疗救助的程序性困难。政策建议如下:

1. 加强全国性信息整合。目前政府医疗救助信息和相关慈善组织信息零散。应建立全国统一的医疗救助信息集合平台,便于受助者查询申请,也方便政府监督管理。

2. 促进医疗保险、民政与卫健部门间职能衔接。地方民政局应对医疗保障局开放"最低生活保障家庭""低保家庭"等困难人群认证信息,在县级层面逐步将此工作移交给医疗保障局,便于资格认证和救助服务一站式办理。③

3. 确立社工在医疗救助中的专业任务。社会工作者可以以医院社工部或社区

---

① 牟珊珊、周志凯:《新农合和城镇居民医保对儿童健康的绩效研究》,《社会保障研究》2017年第4期。
② 杨雅茜、刘玮玮:《制度伦理视野下孤残儿童医疗救助》,《中国卫生事业管理》2015年第4期。
③ 孙婵:《我国重大疾病医疗救助的制度困境与立法路径》,《卫生经济研究》2020年第12期。

卫生服务中心为基地,开展医疗救助申请者资格审查、需要评估、联系慈善组织制定救助方案、救助服务介入等工作,作为"受助者—医疗机构—慈善组织"之间的沟通桥梁发挥至关重要的专业作用。①

(三)重构现代儿童健康照顾服务制度与加强医疗救助服务监管体系

目前医疗救助监管,尤其是对慈善组织管理较为混乱,在医疗救助体系中没有明确角色和责任分工,导致大部分慈善组织公信力不足。②政策建议如下:

1. 提高信息公开透明度。各慈善组织以及各省市应公开医疗救助相关信息,包括筹资来源、救助人数以及经费收支等,方便救助者查询,是政府有力监督的保障。

2. 出台更为具体的医疗救助服务管理条例。细化机构内部运行管理结构,明确责任,促使慈善机构健康发展,提高其在民众中的公信力。③目前,最重要的国家儿童福利政策议题是:如何善用和规范社会资源,提高儿童医疗救助社会资源的配置效率,最大程度改善受助儿童及其家庭健康福利水平,实现全社会各方共赢。

(于业波 刘继同)

---

① 孙菊:《新加坡医疗救助制度及经验启示》,《中国卫生经济》2017年第8期。
② 魏娜、郭彬彬、张乾瑾:《协同治理视角下基金会开展儿童医疗救助研究——基于Z基金会J项目的案例分析》,《中国行政管理》2017年第3期。
③ 钟玉英、钟文珊:《第三次分配视角下网络公益众筹助力医疗救助的发力点及监管重点》,《中国卫生政策研究》2021年第11期。

性别视角下中国农村儿童的暴力经历
及其对心理健康的影响[①]

一、问题的提出

童年暴力是影响世界各国儿童身心健康的顽疾。它不但会给儿童带来诸如下丘脑、杏仁核及肾上腺等生理结构上的严重损伤,[②]而且会引发持续终身的抑郁、焦虑、创伤后压力障碍等精神问题,[③][④]因而其治理已成为各国儿童保护政策亟须解决的关键问题。然而从实践效果来看,以澳大利亚的《家庭法》(1975 年)、英国的《儿童法》(1989 年)、日本的《防止虐待儿童法》(2000 年)、中国的《未成年人保护法》(2006 年)和美国的《防止虐待儿童法》(2010 年)为代表的各国儿童保护政策虽然都明文禁止童年暴力,但是截至 2010 年全球家庭内部的躯体暴力和情感暴力发生率分别为 22.6% 和 36.3%,[⑤]校园欺凌的报告率也达到了 34.5%,[⑥]表明童年暴

[①] 基金项目:国家社科基金青年项目"独居留守儿童的福利态度、国家责任与多元治理机制研究"(17CSH060)。

[②] Gillespie, Charles F., and et al.(2009). Risk and Resilience: Genetic and Environmental Influences on Development of the Stress Response. *Depression and Anxiety*, 26(11), 984—992.

[③] Thoresen, S., Myhre, M., and et al.(2015). Violence Against Children, Later Victimization, and Mental Health: a Cross-Sectional Study of the General Norwegian Population. *European Journal of Psychotraumatology*, 6(1), 1—10.

[④] Hu, N., Taylor, C.L., and et al.(2017). The Impact of Child Maltreatment on the Risk of Deliberate Self-Harm among Adolescents: A Population-Wide Cohort Study Using Linked Administrative Records. *Child Abuse & Neglect*, 67, 322—337.

[⑤] Stoltenborgh, M., Bakermans-Kranenburg, M.J., and et al.(2015). The Prevalence of Child Maltreatment Across the Globe: Review of a Series of Meta-analysis. *Child Abuse Review*, 24(1), 37—50.

[⑥] Modecki, K.L., Minchin, J., and et al.(2014). Bullying Prevalence Across Contexts: A Meta-Analysis Measuring Cyber and Traditional Bullying. *Journal of Adolescent Health*, 55, 602—611.

力的治理乃是一个缓慢且艰困的过程。

童年暴力的性别差异是当前学术界广泛关注的重点议题。一些研究发现,由于父权制社会对于男性的期待度更高且惩罚男童具有更小的道德负罪感,[1]男童更容易遭受到来自家庭内部和外部的暴力。同时,男童更具攻击性的行为、更难以遵守纪律及更多的问题行为通常也会导致其更多的受害经历。[2]但是上述研究结论也存在争议,一些学者声称女童更容易因自身反抗能力的局限性而成为暴力的受害者。[3]对于童年暴力的创伤结果而言,尽管多数研究声称女性同比男性会因独特的生理构造[4]及内化的情绪处置方式[5]而强化暴力创伤,但是仍然有研究指出上述研究结论是不准确的,男童与女童具有相似的暴力创伤结果。[6]而在暴力创伤的影响因素方面,虽然普遍的结论认为不安全的家庭依恋、不充分的环境支持和脆弱的个体资本是制约儿童情绪调节能力的桎梏,[7]但越来越多的证据也表明男童与女童在暴力创伤方面的影响机制似乎也存在差异,女童的创伤影响机制同比男童要更为复杂多元化。[8]

考虑到儒教社会对于"虎式育儿"(tiger parenting)的高度推崇和长期的重男轻女意识,研究中国男童与女童的暴力经历及其创伤后果就具有重要的学理意义。然而非常可惜的是,时至如今有关该问题的既有研究普遍存在两个重要的学理缺

---

[1] Wan, G., Tang, S., and et al. (2020). The Prevalence, Posttraumatic Depression and Risk Factors of Domestic Child Maltreatment in Rural China: A Gender Analysis. *Children and Youth Services Review*, 116.

[2] Chen, J.K., Astor, R. A. (2009). The Perpetration of School Violence in Taiwan: An Analysis of Gender, Grade Level, and School Type. *School Psychology International*, 30, 568—584.

[3] Albdour, M., El-Masri, M., and et al. (2020). A Descriptive Dtudy of Bullying Victimization among Arab American Adolescents in Southeast Michigan Middle and High Schools. *Journal of Pediatric Nursing*, 55, 232—238.

[4] Altemus, M., Sarvaiya, N., and et al. (2014). Sex Differences in Anxiety and Depression Clinical Perspectives. *Frontiers in Neuroendocrinology*, 35(3), 320—330.

[5] Jung, H., Herrenkohl, T.I., and et al. (2015). Gendered Pathways from Child Abuse to Adult Crime through Internalizing and Externalizing Behaviors in Childhood and Adolescence. *Journal of Interpersonal Violence*, 32(18), 2724—2750.

[6] Gallo, E.A.G., Munhoz, T.N., and et al. (2018). Gender Differences in the Effects of Childhood Maltreatment on Adult Depression and Anxiety: A Systematic Review and Meta-analysis. *Child Abuse & Neglect*, 79, 107—114.

[7] Staci M. Zolkoski, Lyndal M. Bullock. (2012). Resilience in Children and Youth: A Review. *Children and Youth Services Review*, 34(12), 2295—2303.

[8] Heinze, J.E., Cook, S.H., and et al. (2018). Adolescent Exposure to Violence on Emerging Adult Depression and Anxiety Trajectories. *Journal of Youth and Adolescence*, 47, 177—193.

陷:一是目前的实证调查主要以天津①、武汉②等发达城市的点状研究为主,而以全国范围内农村地区为调查区域的实证调查非常匮乏。考虑到现有部分研究已经证实城市儿童和农村儿童在家庭虐待③和校园欺凌④领域具有显著差异,这无疑对我们准确评估中国童年暴力的整体概貌极为不利。二是既有研究主要对童年暴力的形成原因及预防策略予以讨论,但缺乏对童年暴力创伤及其影响因素的深度剖析,这对于优化童年暴力的创伤修复机制非常不利。基于上述两项不足,本研究希望通过一项涵盖中国7个省份4 943名被调查者的实证调查来探讨中国农村儿童的暴力经历及其对心理健康的影响。研究具体讨论三组问题:一是中国农村儿童遭受暴力的发生率及严重性如何?是否在上述方面存在显著的性别差异?二是中国农村暴力受害者的抑郁状况同比非受害者具有何种变化?暴力对于男童与女童抑郁情绪的影响类似吗?三是中国农村儿童抑郁情绪的影响因素主要是什么?男童与女童抑郁情绪的影响因素是否具有性别异质性?

二、文献回顾

(一)暴力风险及其性别差异

童年暴力通常与一个国家和地区的经济发展水平、父权主义文化及儿童福利服务能力息息相关。那些经济发展较为羸弱的地区通常会在巨大生存压力的威胁下倡导集体安全,因此带有惩罚教育性质的童年暴力就会成为家庭或社会秩序得以维系的重要手段。⑤父权主义文化兴盛的国度往往对于童年暴力更加宽容,成人

---

① 王淼、万国威:《儿童虐待率、心理创伤及影响因素研究——基于天津市的实证数据分析》,《北京社会科学》2019年第8期。
② Chen, Y., Liu, X., and et al. (2017). Association between Child Abuse and Health Risk Behaviors among Chinese College Students. *Journal of Child and Family Studies*, 26(1), 1380—1387.
③ Qi, D., Wang, Y., and et al. (2018). Consequences and Risk Factors of Child Abuse in China—An Empirical Study of 5836 children in China's Mid-Western Regions. *Children and Youth Services Review*, 95, 290—299.
④ Ba, Z., Han, Z., and et al. (2019). Ethnic Differences in Experiences of School Bullying in China. *Children and Youth Services Review*, 104.
⑤ Rouland, B., Vaithianathan, R., et al. (2019). Ethnic Disparities in Childhood Prevalence of Maltreatment: Evidence from a New Zealand Birth Cohort. *American Journal of Public Health*, 109(9), 1255—1257.

更乐于将童年暴力归因为儿童的过错而非施暴者的罪责。[1]在父权主义文化的深刻影响下,部分儿童或是表现出对暴力的充分宽容,[2]或是因避免家族耻辱而刻意降低报告率,[3]从而助长了童年暴力的再次发生。而缺乏儿童福利资源链接能力的家庭通常也会对童年暴力更加推崇,不良育儿理念、习俗与技能会使得养育者和教师在实施暴力时承受更少的法律与道德责任。[4]由于中国尚属于发展中国家,儒教文化中涵盖的父权主义思想较为浓厚,且当前的儿童福利服务仍然坚持了以孤弃儿童院内养育为主的"补缺型"特征,这可能预示着我国的童年暴力会处于一个相对普遍且严重的阶段。

尽管童年暴力被视为各国儿童普遍面临的逆境,但不同国家男童与女童的报告率却展现出了巨大的性别分化。根据最近10年各国的统计结果,男童通常同比女童更容易遭受到来自家庭的躯体暴力,这一情况在丹麦(男童为6.3%,女童为4.5%,$p \leqslant 0.05$)[5]、以色列(男童为17.6%,女童为12.2%,$p \leqslant 0.01$)[6]、土耳其(男童为63.1%,女童为41.6%,$p \leqslant 0.01$)[7]、越南(男童为22.2%,女童为16.4%,$p \leqslant 0.01$)[8]和印度(男童为83.4%,女童为61.7%,$p \leqslant 0.01$)[9]等国得到了普遍证实。上述现象在校园躯体暴力的测量中也能够得以印证。来自美国(男童为12.4%,女

---

[1] Plus, H. T., Bettenhausen, J. L., and et al.(2019). Urban-Rural Residence and Child Physical Abuse Hospitalizations: A National Incidence Study. *The Journal of Pediatric*, 205, 230—235.

[2] Katz, C., Tener, D., and et al.(2019). "What's Love Got to Do with This?": The Construction of Love in Forensic Interviews Following Child Abuse. *Children and Youth Services Review*, 116.

[3] Yen, C.F., Yang, M.S., and et al.(2008). Childhood Physical and Sexual Abuse: Prevalence and Correlates among Adolescents Living in Rural Taiwan. *Child Abuse & Neglect*, 32(3), 62—69.

[4] Ben-Arieh, A., Haj-Yahia.(2006). The "Geography" of Child Maltreatment in Israel: Findings from a National Data Set of Cases Reported to the Social Services. *Child Abuse & Neglect*, 30(9), 991—1003.

[5] Christoffersen, M.N., Armour, C., and et al.(2013). The Prevalence of Four Types of Childhood Maltreatment in Denmark. *Clinical Practice & Epidemiology in Mental Health*, 9, 149—156.

[6] Lev-Wiesel, R., Eisikovits, Z., and et al.(2018). Prevalence of Child Maltreatment in Israel: A National Epidemiological Study. *Journal of Child & Adolescent Trauma*, 11(2), 142—150.

[7] Turla, A., Dündar, C., and et al.(2010). Prevalence of Childhood Physical Abuse in a Representative Sample of College Students in Samsun, Turkey. *Journal of Interpersonal Violence*, 25(7), 1298—1308.

[8] Tran, N. K., van Berkel, S. R., and et al.(2017). The Association between Child Maltreatment and Emotional, Cognitive, and Physical Health Functioning in Vietnam. *BMC Public Health*, 17, 332.

[9] Kumar, M.T., Kumar, S., and et al.(2017). Prevalence of Child Abuse in School Environment in Kerala, India: An ICAST-CI Based Survey. *Child Abuse & Neglect*, 70, 356—363.

童为 4.4%，$p\leqslant0.01$）①、新西兰（男童为 23.4%，女童为 6.4%，$p\leqslant0.01$）②、韩国（男童为 6.0%，女童为 3.3%，$p\leqslant0.01$）③、沙特（男童为 17.4%，女童为 6.8%，$p\leqslant0.01$）④以及约旦（男童为 54.9%，女童为 39.6%，$p\leqslant0.01$）⑤等国的证据均表明男童遭受到了更加严重的校园躯体欺凌。对此现象通常有两种解释：一是可能与父权主义文化烙印下男童和女童的性别角色定位有关。由于女童同比男童通常具有更加脆弱且更需保护的性别形象，这使得对于女童的家庭或校园躯体惩戒往往带有更强的道德负罪感，⑥并形成了某种程度的文化保护。同时，对于女性顺从懂事等性别角色的塑造也使得女童更少参与同辈之间的躯体攻击。⑦二是也可能与男童更多的反社会行为及其更强的反抗暴力意愿有关。在父权主义浓厚的家庭，惩罚不听话儿童往往被视作是育儿的有效方法，⑧而男童与养育者对抗的态度可能会因激怒成人而造成暴力升级。⑨对于校园欺凌而言，男童遭受暴力后通常会伴随着更为激烈的反击，⑩这使得男童间的被欺凌行为可能转化为相互之间的暴力行为。

---

① Albdour, M., El-Masri, and et al. (2020). A Descriptive Study of Bullying Victimization among Arab American Adolescents in Southeast Michigan Middle and High Schools. *Journal of Pediatric Nursing*, 55, 232—238.

② Marsh, L., McGee, R., and et al. (2010). Brief Report: Text Bullying and Traditional Bullying among New Zealand Secondary School Students. *Journal of Adolescence*, 33, 237—240.

③ Chung, J.Y., Lee, S. (2020). Are Bully-Victims Homogeneous? Latent Class Analysis on School Bullying. *Children and Youth Services Review*, 112.

④ Albuhairan, F., Abbas, O.A., and et al. (2017). The Ralationship of Bullying and Physical Violence to Mental Health and Academic Performance: A Cross-Sectional Study among Adolensceces in Kindom of Saudi Arabia. *International Journal of Pediatrics and Adolesent Medicine*, 4, 61—65.

⑤ Al-Bitar, Z.B., Al-Omari, I.K., and et al. (2013). Bullying among Jordanian School Children, Its Effect on School Performance, and the Contribution of General Physical and Dentofacial Features. *American Journal of Orthodontics and Dentofacial Orthopedics*, 144, 872—878.

⑥ Finkelhor, D., Ji, K., Mikton, C., and et al. (2013). Explaining Lower Rates of Sexual Abuse in China. *Child Abuse & Neglect*, 37(10), 852—860.

⑦ Cao, Y., Li, L., and et al. (2016). Effects of Exposure to Domestic Physical Violence on Children's Behavior: a Chinese Community-Based Sample. *Journal of Child & Adolescent Trauma*, 9, 127—135.

⑧ Peng, J., Zhu, H.P., and et al. (2015). A Systems Approach to Addressing Child Maltreatment in China. *Child Abuse & Neglect*, 50.

⑨ Moretti, M.M., Craig, S.G. (2013). Maternal Versus Paternal Physical and Emotional Abuse, Affect Regulation and Risk for Depression from Adolescence to Early Adulthood. *Child Abuse & Neglect*, 37, 4—13.

⑩ Chen, J.-K., Astor, R.A. (2009). The Perpetration of School Violence in Taiwan: An Analysis of Gender, Grade Level, and School Type. *School Psychology International*, 30, 568—584.

而在情感暴力的报告中,不同国家的性别差异似乎存在较大的争议。其中,英国(男童为 8.3%,女童为 11.7%,$p \leqslant 0.01$)[1]、苏里南(男童为 47.1%,女童为 57.1%,$p \leqslant 0.01$)[2]、南非(男童为 31.1%,女童为 37.4%,$p \leqslant 0.01$)[3]、菲律宾(男童为 19.3%,女童为 26.4%,$p \leqslant 0.01$)[4]等国的数据普遍显示女童所遭受到的家庭情感暴力风险更高,但韩国(男童为 15.5%,女童为 11.0%,$p \leqslant 0.01$)[5]、印度(男童为 89.5%,女童为 75.9%,$p \leqslant 0.01$)[6]、越南(男童为 33.1%,女童为 30.7%,$p \leqslant 0.05$)[7]的调查均发现男童在家庭内部遭受情感暴力的概率更高。在校园暴力的测量中,美国(男童为 14.3%,女童为 17.8%,$p \leqslant 0.01$)[8]、加拿大(男童为 12.6%,女童为16.0%,$p \leqslant 0.01$)[9]和巴西(男童为 27.7%,女童为 31.1%,$p \leqslant 0.05$)[10]等国的经验虽然普遍证实女童在学校的情感暴力问题要更为严峻,但也有来自新西兰(男童为 36.3%,女童为 21.4%,$p \leqslant 0.01$)[11]、沙特(男童为 23.5%,女童为 18.7%,

---

[1] Denholm, R., Power, C., and et al.(2013). Child Maltreatment and Household Dysfunction in a British Birth Cohort. *Child Abuse Review*, 22(5), 305—380.

[2] Van der Kooij, I.W., Nieuwendam, J., and et al.(2015). A National Study on the Prevalence of Child Abuse and Neglect in Suriname. *Child Abuse & Neglect*, 47, 153—161.

[3] Meinck, F., Cluver, L.D., and et al.(2013). Risk and Protective Factors for Physical and Emotional Abuse Victimization among Vulnerable Children in South Africa. *Child Abuse Review*, 24, 182—197.

[4] Ramiro, L.S., Madrid, B.J., and et al.(2010). Adverse Childhood Experiences(ACE) and Health-Risk Behaviors among Adults in a Developing Country Setting. *Child Abuse & Neglect*, 34(11), 842—855.

[5] Lee, Y., Kim, S.(2011). Childhood Maltreatment in Korea: Retrospective Study. *Child Abuse & Neglect*, 35, 1037—1044.

[6] Kumar, M.T., Kumar, S., and et al.(2017). Prevalence of Child Abuse in School Environment in Kerala, India: An ICAST-CI Based Survey. *Child Abuse & Neglect*, 70, 356—363.

[7] Tran, N.K., van Berkel, S.R., and et al.(2017). The Association between Child Maltreatment and Emotional, Cognitive, and Physical Health Functioning in Vietnam. *BMC Public Health*, 17:332.

[8] Albdour, M., El-Masri, M., and et al.(2020). A Descriptive Study of Bullying Victimization among Arab American Adolescents in Southeast Michigan Middle and High Schools. *Journal of Pediatric Nursing*, 55, 232—238.

[9] Hammami, N., Chaurasia, A., and et al.(2020). Exploring Gender Differences in the Longitudinal Association between Bullying and Risk Behaviors with Body Mass Index among COMPASS Youth in Canada. *Preventive Medicine*, 139.

[10] Gusmoses, J.D.S.P., Sanudo, A., and et al.(2018). Violence in Brazilian School: Analysis of the Effect of the Tamojunto Prevention Programs for Bullying and Physical Violence. *Journal of Adolescence*, 63, 107—117.

[11] Marsh, L., McGee, R., and et al.(2010). Brief Report: Text Bullying and Traditional Bullying among New Zealand Secondary School Students. *Journal of Adolescence*, 33, 237—240.

$p \leqslant 0.01$)①、伊朗(男童为20.9%,女童为13.3%, $p \leqslant 0.01$)②和东南亚国家(男童为15.0%,女童为12.1%, $p \leqslant 0.01$)③的研究发现男童在校园中具有更高的情感暴力风险。因此,有关哪种性别儿童更容易遭受情感暴力目前尚未达成学术共识。

基于此,本研究提出的第一组假设可以设定为:

H_{1a}:中国农村儿童遭受到了普遍且严重的童年暴力;

H_{1b}:中国男童同比女童具有更高的童年暴力风险。

(二) 暴力创伤及其性别差异

童年暴力对儿童所造成的不利影响主要涉及胃痛、头痛、疲劳、睡眠困难和食欲不振等生理问题④及抑郁、焦虑、孤独感、低社会自尊和低自我价值认同等心理问题。⑤通常而言,童年暴力的不良后果是持续终身的,家庭或校园暴力受害者即使到了中老年也仍然面临着更高的社会、健康和经济风险。⑥当然,童年暴力对不同性别儿童产生的影响似乎也存在差异。多数研究指出女性受害者同比男性受害者的暴力创伤程度更高。在遭受类似暴力事件后,女童通常会同比男童表现出更高水平的抑郁、创伤后压力障碍、危险性行为及持续性药物依赖等内化的情绪问题。⑦造成这一问题的原因既被指出与女性独特的大脑结构、神经系统功能及应激

---

① Albuhairan, F., Abbas, O.A., and et al. (2017). The Ralationship of Bullying and Physical Violence to Mental Health and Academic Performance: A Cross-Sectional Study among Adolensceces in Kindom of Saudi Arabia. *International Journal of Pediatrics and Adolesent Medicine*, 4, 61—65.

② Rezapour, M., Khanjani, N., and et al. (2019). Exploring Associations between School Environment and Bullying in Iran: Multilevel Contextual Effects Modeling. *Children and Youth Services Review*, 99, 54—63.

③ Pengpid, S., Peltzer, K. (2019). Bullying Victimization and Externalizing and Internalizing Symptoms among In-School Adolescences from Five ASEAN Countries. *Children and Youth Services Review*, 106.

④ Fekkes, M., Pijpers, F.I., and et al. (2019). Do Bullied Children get Ill, or do Ill Children get Bullied? A Prospective Cohort Study on the Relationship between Bullying and Health-related Symptoms. *Pediatrics*, 117.

⑤ Smith-Adcock, S., Swank, J., and et al. (2019). Standing up or Standing by? Middle School Students and Teachers Respond to Bullying: A Responsive Program Evaluation. *Counseling Outcome Research and Evaluation*, 10(1), 49—62.

⑥ Takizawa, R., Maughan, B., and et al. (2014). Adult Health Outcomes of Childhood Bullying Victimization: Evidence from a Five-decade Longitudinal British Birth Cohort. *The American Journal of Psychiatry*, 171(7), 777.

⑦ Badr, H.E., Naser, J., and et al. (2018). Childhood Maltreatment: A Predictor of Mental Health Problems among Adolescents and Young Adults. *Child Abuse & Neglect*, 80, 161—171.

反应高度关联,①也被认为与女童更加容易将暴力行为内化为自身的情绪障碍有关。②但也有研究提出了针锋相对的观点。他们发现同比女童,遭受暴力的男童具有更高的再次被侵害率、更低的性自尊、更频繁的危险性行为和更多的犯罪,③④因而男童的心理问题可能更为突出。上述问题的出现可能与男童对于暴力的外化策略有关。男性受害者更倾向于通过对外的攻击性行为来减少暴力所带来的不适感,⑤他们要么会增加对更加弱势儿童的攻击,要么会在家庭成员及同伴的煽动下对原有暴力攻击者进行报复。⑥此外父权主义文化对于男性勇敢强悍的性别定位及攻击性角色的文化认同显然也加剧了该现象的产生。⑦亦有中立研究指出暴力创伤的性别差异并不明显,男童与女童遭受虐待后所面临的抑郁、焦虑、自残、自杀、亲密伙伴暴力及精神疾病等风险未能显示出统计学意义上的性别差异,⑧暴力所产生的后果对于所有儿童似乎是普适的。

基于此,本研究提出的第二组假设可以概括为:

H_{2a}:遭受过童年暴力的农村儿童同比非暴力受害者具有更高的抑郁水平;

H_{2b}:女童同比男童在遭受各种形式的暴力后具有更高的抑郁情绪。

---

① Altemus, M., Sarvaiya, N., and et al. (2014). Sex Differences in Anxiety and Depression Clinical Perspectives. *Frontiers in Neuroendocrinology*, 35(3), 320—330.

② Moylan, C.A., Herrenkohl, T.I., and et al. (2010). The Effects of Child Abuse and Exposure to Domestic Violence on Adolescent Internalizing and Externalizing Behavior Problems. *Journal of Family Violence*, 25, 53—63.

③ Lewis, T., McElroy, E., and et al. (2016). Does the Impact of Child Sexual Abuse Differ from Maltreated but Non-Sexually Abused Children? A Prospective Examination of the Impact of Child Sexual Abuse on Internalizing and Externalizing Behavior Problems. *Child Abuse & Neglect*, 51, 31—40.

④ Scarpa, A., Haden, S.C. and et al. (2010). Child and Adolescent Aggression Pathways Linking Child Physical Abuse, Depression, and Aggressiveness across Genders. *Journal of Aggression, Maltreatment & Trauma*, 19(7), 757—776.

⑤ Jung, H., Herrenkohl, T.I., and et al. (2015). Gendered Pathways from Child Abuse to Adult Crime Through Internalizing and Externalizing Behaviors in Childhood and Adolescence. *Journal of Interpersonal Violence*, 32(18), 2724—2750.

⑥ Sung, Y.H., Chen, L.M, and et al. (2018). Double Trouble: The Development Process of School Bully/victims. *Children and Youth Services Review*, 91, 279—288.

⑦ Wan, G., Tang, S. and et al. (2020). The Prevalence, Posttraumatic Regression and Risk Factors of Domestic Child Maltreatment in Rural China: A Gender Analysis. *Children and Youth Services Review*, 116.

⑧ Gallo, E.A.G., Munhoz, T.N., and et al. (2018). Gender Differences in the Effects of Childhood Maltreatment on Adult Regression and Anxiety: A Systematic Review and Meta-Analysis. *Child Abuse & Neglect*, 79, 107—114.

（三）创伤影响因素及其性别差异

童年暴力对于儿童抑郁所产生的负面影响并非是直接的，而是以儿童的情绪调节障碍作为介导的。①当压力事件作用于儿童后，情绪调节能力不足的个体就可能滋生更高的抑郁风险，因此儿童情绪调节能力的改善是有效阻断压力源和抑郁情绪关联的主要手段。②基于生态系统理论的研究指出，家庭关系、环境支持和个体特征是影响儿童情绪调节能力的关键。

首先，良好的家庭关系被学术界广泛认为是应对儿童抑郁的重要手段。一种观点证实不良的婚姻关系会加剧儿童抑郁感，不仅是那些生活在夫妻关系紧张家庭的儿童在遭受暴力后会滋生更为严重的抑郁症、精神分裂症及创伤后认知障碍，③而且离异家庭或父母缺位家庭也会增加儿童罹患抑郁症的可能性。④另一种观点指出亲子关系的影响同样不可忽视。那些缺乏亲子照顾或具有不安全亲子依恋关系的儿童往往会在遭受暴力后具有更高的抑郁情绪，⑤而父母养育过程中的高参与度、高支持度及有效的亲子沟通是抑制儿童暴力创伤的重要途径。⑥

其次，环境支持是另一种能够抑制儿童抑郁的保护性因素。来自各国的经验普遍证实，家庭和朋辈支持对于儿童的抑郁情绪具有很好的抑制效果。⑦因为两者不但可以为儿童提供安全依恋，⑧促使儿童将暴力归咎为情境因素而非自

---

① Crow, T., Cross, D., and et al.(2014). Emotion Dysregulation as a Mediator between Childhood Emotional Abuse and Current Depression in a Low-Income African-American Sample. *Child Abuse & Neglect*, 38(10), 1590—1598.

② Schmutzer, G., Reiner, I., and et al.(2017). Childhood Adversities and Distress—The Role of Resilience in a Representative Sample. *PLoS One*, 12(3).

③ Kaur, H., Kearney, C.A.(2013). Ethnic Identity, Family Cohesion, and Symptoms of Post-Traumatic Stress Disorder in Maltreated Youth. *Journal of Aggression, Maltreatment & Trauma*, 22(10), 1085—1095.

④ Fusco, R.A., Cahalane, H.(2013). Young Children in the Child Welfare System: What Factors Contribute to Trauma Symptomology? *Child Welfare*, 92(5), 37—58.

⑤ Lowell, A., Renk, K., and et al.(2014). The Role of Attachment in the Relationship between Child Maltreatment and Later Emotional and Behavioral Functioning. *Child Abuse & Neglect*, 38(9), 1436—1449.

⑥ Lereya, S.T., Samara, M., and et al.(2013). Parenting Behavior and the Risk of Becoming a Victim and a Bully/victim: A Meta-Analysis Study. *Child Abuse & Neglect*, 37, 1091—1108.

⑦ Folger, S., Wright, M.O.(2013). Altering Risk Following Child Maltreatment: Family and Friend Support as Promotive Factors. *Journal of Family Violence*, 28(4), 325—337.

⑧ Heinze, J.E., Cook, S.H., and et al.(2018). Adolescent Exposure to Violence on Emerging Adult Depression and Anxiety Trajectories. *Journal of Youth and Adolescence*, 47, 177—193.

身问题,①而且可以为儿童提供"友谊的保护",即他们更有可能成为欺凌实施者而非受害者。②来自社区与学校的支持作用被部分研究所证实,如美国的证据显示社区服务能够分别使青少年表现出内化和外化问题的可能性降低4—6倍,③且受暴儿童在学校服务支持下也会出现明显的情绪改善。④当然,社区和学校的支持也并不总被认为是有效的,因为儿童工作者不但可能对童年暴力漠不关心,⑤而且在接到儿童报告后的调查也不总是积极的和有反馈的。⑥

再次,个体特征对于儿童抑郁的影响也被学术界广泛承认。一种观点认为,儿童的社交技能缺陷会深刻影响创伤修复,那些采取反思、内化情绪及经验回避策略来处置童年逆境事件的个体通常会具有更高水平的抑郁情绪,⑦而将遭受到的暴力行为外化为针对他人的暴力行为则是疏导抑郁感的有效途径。⑧另一种观点指出个体情绪处理能力似乎受到民族、年龄等人口学变量的深刻影响。不同族裔在创伤后精神不适上展现的种族差异深刻反映了种族在暴力容忍程度及暴力归因上的重大分化。⑨而在年龄方面,青春期儿童通常是暴力创伤的主要受害者,且暴力

---

① Duru, E., Balkis, M., and et al. (2019). Relational Violence, Social Support, Self-Esteem, Depression and Anxiety: A Moderated Mediation Model. *Journal of Child and Family Studies*, 28, 2404—2414.

② Wang, J., Iannotti, R. J., and et al. (2009). School Bullying among Adolescents in the United States: Physical, Verbal, Relational, and Cyber. *Journal of Adolescent Health*, 45, 368—375.

③ Gabalda, M.K., Thompson, M.P., and et al. (2010). Risk and Protective Factors for Psychological Adjustment among Low-Income, African American Children. *Journal of Family Issues*, 31(4), 423—444.

④ Hong, J.S., Espelage, D.L., and et al. (2012). Identifying Potential Mediators and Moderators of the Association between Child Maltreatment and Bullying Perpetration and Victimization in School. *Educational Psychology Review*, 34, 167—186.

⑤ Rigby, K., Bagshaw, D. (2003). Prospects of Adolescent Students Collaborating with Teachers in Addressing Issues of Bullying and Conflict in Schools. *Educational Psychology*, 23, 535—546.

⑥ Shaw, T., Campbell, M.A., and et al. (2019). Telling an Adult at School about Bullying: Subsequent Victimization and Internalizing Problems. *Journal of Child and Family Studies*, 28(9), 2594—2605.

⑦ Shenk, C.E., Putnam, F.W., and et al. (2016). A Longitudinal Study of Several Potential Mediators of the Relationship between Child Maltreatment and Posttraumatic Stress Disorder Symptoms. *Development and Psychopathology*, 26(1), 81—91.

⑧ Jung, H., Herrenkohl, T.I., and et al. (2015). Gendered Pathways from Child Abuse to Adult Crime through Internalizing and Externalizing Behaviors in Childhood and Adolescence. *Journal of Interpersonal Violence*, 32(18), 2724—2750.

⑨ Mesman, J., Branger, M., and et al. (2020). Crossing Boundaries: A Pilot Study of Maternal Attitudes about Child Maltreatment in Nine Countries. *Child Abuse & Neglect*, 99, 104257.

与抑郁症之间的关联会随着年龄逐步下降。①

研究还观察到,上述3个保护性因素所发挥的作用也受到性别因素干扰。其中,家庭关系的好坏似乎对于女童的抑郁情绪具有更大的影响,不但母性关系质量与抑郁症状的相关性在女性中是独特的,②而且家庭关系破裂与女童同时出现的抑郁症状的关系比男童更为密切。③这一现象的形成通常被认为与女性对家庭亲密成员具有更深的依恋感有关。④对于环境支持因素而言,家庭与同辈支持对抑郁的缓冲价值对女性更为适用,⑤学校支持对于女性受暴者的影响效果也要高于男性受暴者。⑥其原因可能与女性更愿意与亲密关系者敞开心扉并寻求帮助有关。⑦这似乎预示着,女童抑郁情绪的影响因素同比男童要更为复杂。

基于此,我们提出的第三个假设为:

H_{3a}:儿童抑郁受到家庭关系、环境支持和个体特征因素的共同影响;

H_{3b}:男童和女童在抑郁情绪的影响因素上具有显著的性别差异。

三、研究设计

(一) 数据与样本

本研究的数据来自2019年6—12月在中国8个省份农村地区所完成的实证

---

① McLeod, G.F.H., Horwood, L.G., and et al. (2016). Adolescent Depression, Adult Mental Health and Psychosocial Outcomes at 30 and 35 Years. *Psychological Medicine*, 46(7), 1401—1412.

② Alto, M., Handley, E., and et al. (2017). Maternal Relationship Quality and Peer Social Acceptance as Mediators between Child Maltreatment and Adolescent Depressive Symptoms: Gender Differences. *Journal of Adolescence*, 63, 19—28.

③ Herrera, V.M., Stuewig, J. (2017). Gender Differences in Pathways to Delinquency: the Impact of Family Relationships and Adolescent Depression. *Journal of Developmental and Life-Course Criminology*, 3, 221—240.

④ Heinze, J.E., Cook, S.H., and et al. (2018). Adolescent Exposure to Violence on Emerging Adult Depression and Anxiety Trajectories. *Journal of Youth and Adolescence*, 47, 177—193.

⑤ Nilsen, W., Karevold, E., and et al. (2013). Social Skills and Depressive Symptoms Across Adolescence: Social Support as a Mediator in Girls Versus Boys. *Journal of Adolescence*, 36(1), 11—20.

⑥ Evans, S.E., Steel, A., and et al. (2013). Child Maltreatment Severity and Adult Trauma Symptoms: Does Perceived Social Support Play a Buffering Role? *Child Abuse & Neglect*, 37(11), 934—943.

⑦ Leshem, B., Haj-Yahia, M.M., and et al. (2016). The Role of Family and Teacher Support in Post-traumatic Stress Symptoms among Palestinian Adolescents Exposed to Community Violence. *Journal of Child and Family Studies*, 25, 488—502.

调查。调查充分考虑中国的地理格局及经济发展水平,先后在四川(代表西南地区)、辽宁(代表东北地区)、河南(代表华北地区)、甘肃(代表西北地区)、陕西(代表西部地区)、湖北(代表中南地区)、江苏(代表华东地区)和广西(代表华南地区)各选择一个县展开。县域的选择主要考虑地方的经济发展水平,研究所选择的每个县域经济水平均在所属省份居中,与所在省农村居民人均可支配收入的差值均不超过25%,因此能够较好地代表本省情况。实际调查中,研究在每个县域选择经济发展水平较好、居中和落后的乡镇各一个,能够较为全面地代表该调查地的情况。考虑到儿童的文字理解及问卷填答能力(四年级及以下儿童不具备填答能力),研究团队对该乡镇五年级到九年级随机抽取的班级展开整群抽样,被调查人员的年龄分布在10—16周岁。调查共计发放问卷5 180份,剔除无效问卷后的有效应答率为95.4%,总样本量为4 943人。

从样本情况来看,男童与女童分别为2 409人和2 534人,男童占比48.74%。从因变量来看,男童的抑郁值同比女童更为有限($t=-2.97$, $p=0.00$),但两者在抑郁症($\chi^2=0.23$, $p=0.63$)及重度抑郁症($\chi^2=1.34$, $p=0.25$)上的差异较小。在自变量的统计中,部分指标存在着性别差异。男童遭受到的暴力风险要高于女童($t=8.35$, $p=0.00$),但其所获得的父母支持($t=-2.40$, $p=0.02$)、朋辈支持($t=-6.12$, $p=0.00$)和教师支持($t=-2.86$, $p=0.00$)要少于女童。在家庭关系的比较中,男童与女童在父亲家暴($t=1.47$, $p=0.14$)、父子同居($t=1.90$, $p=0.06$)、父子互动($t=1.62$, $p=0.10$)、母亲家暴($t=1.10$, $p=0.27$)及母子互动($t=1.32$, $p=0.19$)等领域均无明确的性别差异,但在父子信任($t=5.09$, $p=0.00$)和母子信任($t=-2.87$, $p=0.00$)的测量中同一性别的信赖度更高。而在个体特征变量的测量中,除了男童同比女童年龄略微偏大($t=5.54$, $p=0.00$)、攻击性行为较多($t=10.03$, $p=0.00$)以外,其他因素均不存在显著的性别差异。

（二）因变量与自变量

本研究的因变量为儿童抑郁,其测量使用的是美国精神医学会制定的DSM-5量表(11—17岁版本)。①该量表不但是目前国际上使用最多的心理诊断量表之一,也被中国学者证实拥有良好的信效度,②故该量表的本土适用性较强。研究问题

---

① American Psychiatric Association.(2013). *Diagnostic and Statistical Manual of Mental Disorders*(5th edition), APA, Washington, DC, USA, American Psychiatric Publishing, Inc.

② 张又文、章秀明、钟杰、王建平:《DSM-5儿童少年焦虑量表中文版的初步修订》,《中国心理卫生杂志》2018年第7期。

的题干为"在过去两周中,你有如下情况吗?"。问题的具体选项分为 9 项子内容,分别为"感觉低落、抑郁、易怒或者绝望?""做事没什么兴趣或乐趣?""入睡困难、睡不踏实或睡得太多?""胃口不好、体重减轻或者吃得过多?""感到疲劳或精力不足?""感觉自己很糟糕,或觉得自己很失败,或让自己、家人很失望?""注意力难以集中,譬如难以专注地完成学校作业、阅读或看电视?""动作缓慢或语速缓慢以至于其他人注意到? 或者出现相反的情况,因为烦躁不安,比平时走动更多?""有时候存在想要自己伤害自己的想法?"。回答包括为"完全没有""偶尔几天""超过一周"和"几乎每天"。实际测量中,9 项子问题具有良好的测量效果,其克朗巴哈 α 系数为 0.85,KMO 系数为 0.91,Bartlett 的显著性为 0.00。在统计过程中,研究先将每个个案的子选项按照"完全没有"到"几乎每天"进行 0—3 分的赋值,然后将其 9 个子指标加总为该个案的抑郁值(0—27 分)。抑郁症涵盖"重度抑郁症"与"阈下抑郁症"两种类型,两者都严格按照 DSM-5 抑郁量表的筛选标准确定,前者的标准为"在两周内至少有一半的天数出现了上述 5 种或 5 种以上的症状,且至少有一种症状属于抑郁情绪或失去乐趣",后者的标准为"两周内至少有一半天数出现了上述 5 种或 5 种以上的症状且并未达到重度抑郁症的标准"。[①]

  研究将暴力经历视为儿童抑郁的危险性因素。数据测量参考国际上广泛采用的"青少年受害量表"(*Juvenile victimization questionnaire*,JVQ 量表)作为主要评测工具,[②]该量表得到了国内部分学者的检验,显示出具有良好的信效度结果。[③]其中,躯体暴力的测量参考 JVQ 量表中的 M1、P1、P2 和 P4 版块题目来设计,题干为"在过去的一年,你是否遭遇以下身体伤害行为?",选项支将"体罚""打耳光""打或踢头、胸等重要部位""皮带、棍棒或钝器击打""故意用硬物砸伤""故意烧伤或烫伤"等 6 个选项作为子指标。情感暴力测量的题干为"在过去的一年,你是否遭遇过以下情感伤害行为?"。选项支参照 JVQ 量表中的 M2、P5、W1 和 W2 等版块的题目设定为"故意辱骂""侮辱你的人格尊严""冷暴力,对你不理不睬""对你缺乏尊重""目睹或听到暴力行为""被威胁使用暴力"等 6 个子变量。不同暴力类型

---

① American Psychiatric Association. (2013). *Diagnostic and Statistical Manual of Mental Disorders* (5th edition), APA, Washington, DC, USA, American Psychiatric Publishing, Inc.
② Radford, L., Corral, S., et al. (2011). Child Abuse and Neglect in the UK Today. National Society for the Prevention of Cruelty to Children.
③ 程培霞、曹枫林、刘佳佳、陈倩倩、董方虹、孔箴、李玉丽:《青少年侵害问卷中文自评版用于中学生的信度和效度》,《中国临床心理学杂志》2010 年第 4 期。

的问题属性均为"总是""经常""有时""偶尔""从不"等五分类李克特指标。研究分别以"家庭"和"校园"来划分暴力出现的场域,故暴力经历可分为"家庭躯体暴力""家庭情感暴力""校园躯体暴力"和"校园情感暴力"等4个类型。实际测量中,四类暴力类型的克朗巴哈 α 系数为 0.69—0.85,KMO系数在 0.77—0.87 间波动,而 Bartlett 的显著性均为 0.00。在统计过程中,我们利用"暴力比例"、"经常暴力比例"和"暴力得分"等3个指标来测量暴力经历。其中,暴力比例为除"从不"以外所有选项的选择率,经常暴力比例为"总是"和"经常"两类指标的选择率。而暴力得分则先将"从不"到"总是"进行 0—4 分的赋值,然后分别平均为 0—4 分的区间值,用于计算儿童遭受到各种形式的暴力水平。

研究还根据既有文献将家庭关系、环境支持和个体特征作为保护性变量纳入模型分析。其中,家庭关系变量考虑到父亲和母亲的区别而将两者分别测量,主要包括父/母亲暴力(分别测量父/母是否具有夫妻间的暴力行为,没有=0,有=1)、父/母子同居(分别测量父/母是否平时与儿童共同居住,共同居住=0,不共同居住=1)、父/母子信任(分别测量父/母是否在3个最信赖人之中,不在=0,在=1)和父/母子互动(分别测量父/母是否主动与儿童交流,不互动=0,互动=1)等4个变量,用于检验家庭关系对于儿童抑郁的修复作用。环境支持变量主要考察父母、亲属、朋辈和教师对于儿童的心理支持,包括心理辅导、行为矫正、关心爱护及化解矛盾等四类,依照各主体提供支持的多少分别赋值 0—4。而个体特征变量则主要测量儿童的年龄(连续变量,周岁)、民族(汉族=0,少数民族=1)、寻求帮助情况(是否遭受伤害后会主动寻求帮助,不主动求助=0,主动求助=1)和攻击性行为(是否具有攻击性行为,没有=0,有=1,具体包含打架、辱骂、起侮辱性绰号、携带刀具、攻击他人、偷东西和索要毁坏财物等7种行为)等4个变量。

(三) 统计方法

本研究主要采取描述性统计、均值分析、线性回归和 logistic 回归等方式展开数据讨论。其中,描述性统计用于暴力风险和抑郁症风险的性别比较。研究首先利用描述性统计报告了男童与女童在暴力比例(遭受暴力人数/样本总人数)、经常暴力比例(经常遭受暴力人数/样本总人数)、抑郁症比例(罹患抑郁症人数/样本总人数)和重度抑郁症比例(罹患重度抑郁症人数/样本总人数)上的基本数据(0—100%的区间值),之后利用卡方检验进行群组比较。均值分析主要讨论暴力得分和抑郁值的性别差异,两类数据分别根据变量计算规则计算为 0—4 分和 0—27 分的区间值,接着研究利用独立样本 t 检验参与群组差异的数据统计。线性回归主要涉及模型1、模型4和模型5,着重依托回归系数(B)、回归系数的95%置信区间(95% CI for B)、标准误(S.E.)及显著性(p)来判定儿童抑郁值的影响因素。3个线性回归模型的调整后 R^2 分别为0.24、0.32和0.35,方差膨胀系数(VIF)分别为1.47—1.70、1.02—1.71和1.03—1.75,Durbin-Watson值依次为1.59、1.85和1.81,各项指标均较好地符合统计学规定。Logistic回归则适用于其他6个模型,用来分析暴力对抑郁症及重度抑郁症的影响,研究主要观察模型中的优势比(OR)、优势比的95%区间(95% CI for OR)和显著性(p)。实际统计中,交互模型2和模型3的调整后 R^2 分别为0.10和0.14,Hosmer-Lemeshow(HL)检验的显著性均符合规定(模型2:$HL=2.78$,$p=0.81$;模型3:$HL=6.39$,$p=0.50$)。模型6和模型7的调整后 R^2 分别为0.14和0.18,HL 检验结果良好(模型6:$HL=2.72$,$p=0.84$;模型7:$HL=11.04$,$p=0.20$),而模型8和模型9的调整后 R^2 分别为0.25和0.20,HL 检验结果也均服从统计分布(模型8:$HL=9.16$,$p=0.33$;模型9:$HL=4.67$,$p=0.79$)。由于研究中各指标的缺失值均小于1.98%,因而在后期处理上采取出现缺省值则删除该样本的方法来处理。

四、数据结果

(一)暴力风险及其性别差异

表1为我国农村儿童所遭受到的各类暴力风险。结果显示,中国被调查儿童所遭遇到的暴力风险整体较为普遍,约有39.92%—50.86%的儿童遭受到了各种类型的暴力。经常暴力行为的发生率有大幅下降,有3.70%—10.64%的儿童会经常遭受各类暴力,显示中国童年暴力带有"高普遍性"和"低严重性"并存的特点,故 H_{1a} 假设被拒绝。

表1 中国农村儿童遭受的暴力风险

	总体	男童	女童	$\chi^2/t\text{-test}$
暴力比例(%)				
家庭躯体暴力	43.44(42.05—44.82)	47.99(45.99—49.98)	39.11(37.21—41.01)	39.62**
家庭情感暴力	39.92(38.55—41.28)	39.77(37.81—41.72)	40.06(38.15—41.96)	0.04
校园躯体暴力	46.98(45.58—48.37)	55.75(53.76—57.73)	38.63(36.74—40.53)	145.23**
校园情感暴力	50.86(49.47—52.25)	54.25(52.26—56.25)	47.63(45.69—49.58)	21.67**

续 表

	总体	男童	女童	$\chi^2/t\text{-test}$
经常暴力比例(%)				
家庭躯体暴力	3.70(3.18—4.23)	4.65(3.81—5.49)	2.80(2.16—3.44)	16.61**
家庭情感暴力	6.82(6.11—7.52)	7.06(6.03—8.08)	6.59(5.62—7.56)	0.42
校园躯体暴力	5.16(4.54—5.78)	7.51(6.46—8.57)	2.92(2.26—3.58)	53.25**
校园情感暴力	10.64(9.78—11.50)	12.45(11.13—13.77)	8.92(7.81—10.03)	16.23**
暴力得分(*Mean*)				
家庭躯体暴力	*0.18*[*0.32*]	*0.21*[*0.37*]	*0.14*[*0.27*]	7.51**
家庭情感暴力	*0.24*[*0.46*]	*0.24*[*0.48*]	*0.23*[*0.44*]	0.62
校园躯体暴力	*0.20*[*0.37*]	*0.26*[*0.43*]	*0.14*[*0.29*]	11.94**
校园情感暴力	*0.38*[*0.61*]	*0.44*[*0.67*]	*0.32*[*0.53*]	6.88**

注：a)括号内外的正体字分别代表百分比(%)和95%置信区间(95% CI)，括号内外的斜体字分别代表均值(*Mean*)和标准差(S.D.)。b) ** 代表 $p \leq 0.01$，* 代表 $p \leq 0.05$。

表1还呈现了男童与女童在暴力经历上的性别差异。基于暴力比例的统计结果可知，除了家庭情感暴力以外($\chi^2=0.04$，$p=0.84$)，家庭躯体暴力($\chi^2=39.62$，$p=0.00$)、校园躯体暴力($\chi^2=145.23$，$p=0.00$)和校园情感暴力($\chi^2=21.67$，$p=0.00$)均展现出了明显的性别分化，且男童同比女童均具有更高的暴力发生率。类似的结论在经常暴力比例的测量中也能够观察到。男童同比女童更经常地遭受除家庭情感暴力($\chi^2=0.42$，$p=0.52$)以外的所有暴力类型($\chi^2=16.23-53.25$，$p=0.00$)。而在暴力得分的统计中，除了家庭情感暴力以外($t=0.62$，$p=0.53$)，男童在家庭躯体暴力($t=7.51$，$p=0.00$)、校园躯体暴力($t=11.94$，$p=0.00$)和校园情感暴力($t=6.88$，$p=0.00$)等指标的统计中均同比女童具有更高的得分。

表2进一步证实了不同暴力亚型与性别之间的潜在关联。调查数据显示，不同躯体暴力项目呈现出了稳定的性别分化，男童不但在家庭内部的体罚($\chi^2=28.44$，$p=0.00$)、打耳光或踢屁股($\chi^2=73.77$，$p=0.00$)、打或踢重要部位($\chi^2=22.56$，$p=0.00$)以及用武器殴打($\chi^2=7.45$，$p=0.00$)等方面具有更高的比例，而且在校园中也同比女童更容易面临体罚($\chi^2=113.75$，$p=0.00$)、打耳光或踢屁股($\chi^2=209.60$，$p=0.00$)、打或踢重要部位($\chi^2=69.60$，$p=0.00$)、用工具殴打($\chi^2=11.20$，$p=0.00$)和硬物砸伤($\chi^2=8.55$，$p=0.00$)等行为。在情感暴力的测量中，女童虽然与男童在家庭暴力上的差异普遍较小($\chi^2=0.00-2.94$，$p>0.05$)，但后者在校园中普遍面临更多的辱骂($\chi^2=36.33$，$p=0.00$)、侮辱($\chi^2=19.66$，$p=$

表 2 不同暴力亚型的性别差异

	遭受家庭暴力			经常遭受家庭暴力			遭受校园暴力			经常遭受校园暴力		
	男童	女童	χ^2	男童	女童	χ^2	男童	女童	χ^2	男童	女童	χ^2
躯体暴力 (%)												
体罚	32.92	26.01	28.44**	2.37	1.22	9.22**	46.91	32.08	113.75**	5.35	1.85	44.06**
打耳光或踢屁股	27.36	17.21	73.77**	2.28	1.10	10.38**	25.40	9.79	209.60**	3.57	0.99	37.55**
打或踢重要部位	7.93	4.66	22.56**	0.87	0.36	5.46*	11.29	4.85	69.60**	1.66	0.63	11.68**
用工具击打	10.38	8.13	7.45**	1.25	0.79	2.57	7.39	5.09	11.20**	1.70	0.87	6.82**
故意用硬物砸伤	5.02	4.50	0.75	0.58	0.24	3.63*	6.89	4.93	8.55**	0.66	0.43	1.20
故意烧伤或烫伤	4.65	3.79	2.27	0.50	0.20	3.26	3.69	2.80	3.14	0.66	0.24	5.09*
情感暴力 (%)												
故意辱骂	22.54	21.98	0.22	2.86	2.33	1.41	42.80	34.45	36.33**	8.05	5.25	15.72**
侮辱人格尊严	16.81	16.77	0.00	2.57	2.21	0.70	31.26	25.57	19.66**	6.06	3.55	17.10**
冷暴力	13.20	14.52	1.81	1.78	1.26	2.25	18.89	15.23	11.68**	2.62	1.82	3.66*
对你缺乏尊重	20.96	23.91	6.18*	3.99	3.99	0.00	28.35	27.07	1.01	5.81	3.55	14.22**
目睹或听到暴力	11.87	10.34	2.94	1.78	1.34	1.58	22.08	15.59	34.20**	4.07	2.64	7.76**
被威胁使用暴力	5.77	3.87	9.79**	1.08	0.55	4.27*	12.16	4.62	92.44**	2.28	0.91	15.04**

注：** 代表 $p \leq 0.01$，* 代表 $p \leq 0.05$。

0.00)、冷暴力($\chi^2=11.68$, $p=0.00$)、目睹暴力($\chi^2=34.20$, $p=0.00$)和暴力威胁($\chi^2=92.44$, $p=0.00$)。同样的情况在经常遭受暴力行为的统计中也能够得到广泛证实。上述分析结果表明,不同暴力子类型间的男性劣势是普遍存在的,因此H_{1b}假设不能够被拒绝。

(二)暴力创伤及其性别差异

表3展现了中国农村儿童遭受暴力后的抑郁创伤。统计结果显示,儿童遭受不同亚型暴力后其抑郁值会分别提升63.00%—105.83%($t=17.97—27.01$, $p\leqslant0.01$),抑郁症和重度抑郁症的发生概率分别为未遭受暴力儿童的1.59—2.64倍($\chi^2=35.65—156.19$, $p\leqslant0.01$)和1.92—3.37倍($\chi^2=10.52—36.00$, $p\leqslant0.01$),反映出暴力对于儿童具有显著的负面影响。同时,不同性别受暴儿童的抑郁情绪均有提升。从抑郁值的结果来看,遭受暴力后男童和女童的抑郁值分别会提升至原来的1.73—2.02倍($t=13.64—17.07$, $p\leqslant0.01$)和1.59—2.18倍($t=12.25—21.86$, $p\leqslant0.01$)。受暴男童罹患抑郁症及重度抑郁症的概率增长至未受暴男童的1.80—2.22倍($\chi^2=17.01—53.53$, $p\leqslant0.01$)和1.48—2.50倍($\chi^2=1.56—8.32$, $p\leqslant0.1$),受暴女童罹患抑郁症和重度抑郁症的比例则分别增长至原来的1.60—3.15倍($\chi^2=18.74—107.01$, $p\leqslant0.01$)和2.47—4.61倍($\chi^2=12.17—30.41$, $p\leqslant0.01$)。这显示暴力对于儿童的抑郁水平均有普遍的负面影响,故假设H_{2a}不能够被拒绝。

表3 中国农村儿童遭受暴力后的抑郁状况

	总体			男童			女童		
	遭受	未遭受	t/χ^2	遭受	未遭受	t/χ^2	遭受	未遭受	t/χ^2
抑郁值(Mean)									
家庭躯体暴力	6.08	3.73	17.97**	5.83	3.37	13.83**	6.39	4.02	12.25**
家庭情感暴力	6.83	3.38	27.01**	6.30	3.39	16.26**	7.32	3.36	21.86**
校园躯体暴力	6.03	3.62	18.62**	5.63	3.19	13.64**	6.59	3.91	13.98**
校园情感暴力	6.36	3.09	26.09**	5.91	2.93	17.07**	6.85	3.21	20.21**
抑郁症(%)									
家庭躯体暴力	15.84	8.80	57.56**	16.26	8.22	36.62**	15.34	9.27	21.62**
家庭情感暴力	18.91	7.17	156.19**	18.06	8.13	53.53**	19.70	6.25	107.01**
校园躯体暴力	14.77	9.27	35.65**	14.52	9.01	17.01**	15.12	9.45	18.74**
校园情感暴力	15.99	7.58	83.72**	15.15	8.44	25.35**	16.90	6.86	61.99**

续 表

	总体			男童			女童		
	遭受	未遭受	t/χ^2	遭受	未遭受	t/χ^2	遭受	未遭受	t/χ^2
重度抑郁症(%)									
家庭躯体暴力	3.03	1.25	19.32**	2.60	1.04	8.32**	3.53	1.43	12.17**
家庭情感暴力	3.50	1.04	36.00**	2.71	1.17	7.83**	4.24	0.92	30.41**
校园躯体暴力	2.71	1.41	10.52**	2.08	1.41	1.56	3.58	1.41	12.75**
校园情感暴力	3.02	0.99	25.81**	2.45	1.00	7.17**	3.65	0.98	20.43**

注:a)正体字分别代表百分比,斜体字分别代表均值。b) ** 代表 $p \leqslant 0.01$,* 代表 $p \leqslant 0.05$。

在性别比较中,女童同比男童遭受到的不利影响要更为明显。表 4 中有关性别与暴力经历的交互模型显示,在经过均值中心化处理之后,随着暴力程度的增长,受暴女童的抑郁值不但同比受暴男童增长的更为迅速($B = 0.54 - 1.46$, $p = 0.00$),而且除了校园躯体暴力以外($OR = 0.89 - 0.97$, $p > 0.05$),受暴女童在罹患抑郁症($OR = 1.39 - 1.49$, $p = 0.00$)及重度抑郁症($OR = 1.43 - 1.52$, $p = 0.00$)可能性上的变动也要同比男童要更为突出。因而,女童同比男童对于暴力创伤似乎要更为敏感,故 H_{2b} 假设不能够被拒绝。

表 4 中国农村地区暴力与抑郁关联的性别差异

	模型 1(抑郁值)		模型 2(抑郁症)		模型 3(重度抑郁症)	
	B	95% CI	OR	95% CI	OR	95% CI
性别×家庭躯体暴力	0.74**	0.44—1.05	1.49**	1.23—1.80	1.52**	1.10—2.09
性别×家庭情感暴力	1.32**	1.11—2.75	1.39**	1.23—1.57	1.43**	1.17—1.75
性别×校园躯体暴力	0.54**	0.27—0.82	0.89	0.75—1.07	0.97	0.72—1.32
性别×校园情感暴力	1.46**	1.29—1.62	1.46**	1.33—1.62	1.51**	1.27—1.80
调整后的 R^2	0.24		0.10		0.14	

注:** 代表 $p \leqslant 0.01$,* 代表 $p \leqslant 0.05$。

(三)创伤影响因素及其性别差异

表 5 显示出了中国儿童抑郁的影响因素。研究观察到无论是男童还是女童都受到了下述四个方面因素的影响。第一,暴力经历作为危险性因素对于不同性别儿童的威胁始终存在,儿童遭受暴力程度的增强会显著提高儿童的抑郁水平(男

童：$B=4.60[4.16—5.05]$，①$p=0.00$；女童：$B=6.60[6.03—7.17]$，$p=0.00$）并提升儿童罹患抑郁症（男童：$OR=3.14[2.32—4.24]$，$p=0.00$；女童：$OR=5.12[3.50—7.47]$，$p=0.00$）及重度抑郁症（男童：$OR=3.59[2.08—6.19]$，$p=0.00$；女童：$OR=8.97[4.95—16.26]$，$p=0.00$）的可能性。第二，以父子信任（男童：$B=-0.64[-1.01--0.27]$，$p=0.00$；女童：$B=-0.67[-1.02--0.31]$，$p=0.00$）、母子信任（男童：$B=-0.50[-0.89--0.11]$，$p=0.01$；女童：$B=-0.68[-1.09--0.26]$，$p=0.00$）、父子互动（男童：$B=-1.13[-1.57--0.69]$，$p=0.00$；女童：$B=-0.79[-1.23--0.35]$，$p=0.00$）为代表的部分家庭关系指标可以一定程度抑制儿童抑郁，且父亲的影响力似乎超过了母亲。第三，现有环境支持因素对儿童抑郁的抑制效应不明显，除了同辈对于女童的心理支持作用较为显性以外（$B=0.22[0.07—0.36]$，$p=0.00$），父母（男童：$B=-0.04[-0.16—0.08]$，$p=0.54$；女童：$B=-0.04[-0.17—0.09]$，$p=0.53$）、亲属（男童：$B=0.06[-0.08—0.20]$，$p=0.39$；女童：$B=-0.01[-0.16—0.14]$，$p=0.90$）、同辈（男童：$B=-0.10[-0.25—0.04]$，$p=0.27$）及教师（男童：$B=0.05[-0.07—0.17]$，$p=0.42$；女童：$B=-0.09[-0.21—0.04]$，$p=0.19$）所进行的心理支持均不具有显著性。第四，儿童对外求助有利于改善儿童的抑郁水平（男童：$B=-1.19[-2.23--0.16]$，$p=0.02$；女童：$B=-1.36[-2.33--0.40]$，$p=0.01$），但攻击性行为反而会预示着抑郁水平的上升（男童：$B=1.15[0.83—1.48]$，$p=0.00$；女童：$B=1.06[0.71—1.42]$，$p=0.00$），而年龄的增长也会显著加剧儿童的不良情绪（男童：$B=0.45[0.33—0.56]$，$p=0.00$；女童：$B=0.76[0.63—0.88]$，$p=0.00$）。整体上看，被调查儿童的抑郁主要受到家庭关系及个体特征的影响，但与环境支持因素的关联不甚密切，故 H_{3a} 假设被拒绝。

表5还显示出儿童抑郁的影响因素也存在5个方面的性别异质性。一是父亲实施家庭暴力会提升男童罹患重度抑郁症的概率（$OR=1.82[1.00—3.34]$，$p=0.05$），但对于女童罹患重度抑郁症则无显著影响（$OR=0.40[-0.15—1.10]$，$p=0.08$）。二是良好的父子互动对于男童的抑郁症会有重要的舒缓价值（$OR=0.56[0.40—0.77]$，$p=0.00$），但对于女童抑郁症的影响则非常有限（$OR=0.79[0.57—1.11]$，$p=0.18$）。三是父母支持对于女童抑郁症的抑制更为显性（$OR=0.85[0.77—0.95]$，$p=0.00$），但对于男童而言其价值较低（$OR=1.04[0.94—1.15]$，

---

① 方括号内为 B 值或 OR 值的 95% 的置信区间。

表 5 儿童抑郁影响因素的性别差异

	抑郁值		抑郁症		重度抑郁症	
	模型 4(男童)	模型 5(女童)	模型 6(男童)	模型 7(女童)	模型 8(男童)	模型 9(女童)
风险变量						
暴力经历	4.60(0.23)**	6.60(0.29)**	3.14(0.15)**	5.12(0.19)**	3.59(0.28)**	8.97(0.30)**
父子关系变量						
父亲家暴	0.99(0.28)**	0.26(0.29)	1.07(0.18)	1.21(0.19)	1.82(0.31)*	0.40(0.51)
父子同居	0.11(0.20)	0.07(0.21)	1.04(0.18)	1.03(0.18)	0.98(0.45)	0.97(0.38)
父子信任	−0.64(0.19)**	−0.67(0.18)**	0.76(0.15)	0.63(0.15)**	0.23(0.43)**	0.61(0.34)
父子互动	−1.13(0.23)**	−0.79(0.22)**	0.56(0.17)**	0.79(0.17)	0.75(0.40)	0.69(0.34)
母子关系变量						
母亲家暴	−0.21(0.34)	−0.09(0.35)	0.83(0.23)	0.78(0.22)	1.41(0.38)	1.23(0.44)
母子同居	0.19(0.20)	0.02(0.21)	0.85(0.17)	0.81(0.17)	0.89(0.42)	1.08(0.37)
母子信任	−0.50(0.20)*	−0.68(0.21)**	0.61(0.16)**	0.76(0.16)	0.65(0.40)	0.63(0.34)
母子互动	−0.25(0.26)	−0.46(0.25)	0.97(0.19)	0.80(0.18)	0.80(0.43)	0.94(0.38)
环境支持变量						
父母支持	−0.04(0.06)	−0.04(0.07)	1.04(0.05)	0.85(0.05)**	0.98(0.13)	1.19(0.11)
亲属支持	0.06(0.07)	−0.01(0.08)	1.01(0.06)	1.04(0.07)	1.10(0.16)	0.83(0.15)
朋辈支持	−0.10(0.07)	0.22(0.07)**	0.91(0.06)	1.12(0.16)*	0.77(0.16)	1.17(0.13)
教师支持	0.05(0.06)	−0.09(0.06)	0.92(0.05)	0.95(0.05)	1.00(0.13)	0.82(0.12)
个体特征变量						
儿童年龄	0.45(0.06)**	0.76(0.06)**	1.05(0.05)	1.18(0.05)**	1.23(0.12)	1.11(0.11)
儿童民族	−0.29(0.23)	0.12(0.24)	0.89(0.20)	0.80(0.21)	0.55(0.57)	0.91(0.46)
儿童求助	−1.19(0.53)**	−1.36(0.49)**	0.50(0.34)*	0.47(0.30)*	0.44(0.54)	0.81(0.60)
儿童攻击	1.15(0.16)**	1.06(0.18)**	1.56(0.14)**	1.24(0.14)	0.99(0.36)	1.47(0.30)
调整后 R^2	0.32	0.35	0.14	0.18	0.25	0.20

注明:a)模型 1 括号内外分别为 B 值和标准误(S.E.),模型 2 和模型 3 括号内外分别为 OR 值和标准误(S.E.)。b) ** 代表 $p \leq 0.01$,* 代表 $p \leq 0.05$。

$p=0.45$)。四是朋辈支持对于女童的抑郁症($B=1.12[1.00—1.27]$, $p=0.05$)具有更为重要的意义,但其产生的影响是消极的;对于男童而言,朋辈的影响力则缺乏统计学意义($OR=0.91[0.80—1.04]$, $p=0.70$)。五是青春期中后期的女童同比青春期前期女童更容易罹患抑郁症($OR=1.18[1.06—1.31]$, $p=0.00$),但对于男童而言,年龄的影响明显降低($OR=1.05[0.96—1.15]$, $p=0.32$)。因此,不同性别儿童在抑郁影响因素上存在一定差异,故 H_{3b} 假设不能够被拒绝。

五、结论与讨论

基于中国8个省份4 943名儿童的实证调查,本研究探讨了中国农村儿童遭受的暴力经历及其对心理健康的影响。研究得出了三个重要的结论:

首先,中国农村儿童遭受到了较为普遍的躯体暴力和情感暴力,男童同比女童具有更为严重的暴力风险。调查显示,有39.92%—50.86%的儿童遭受到了各种类型的暴力,经常遭受暴力的儿童比例大致为3.70%—10.64%。这显示中国农村儿童所遭受的暴力以低频度暴力为主,其目标可能并非是虐待儿童而是通过惩罚性教育来改变儿童的行为习惯。这种儒家育儿策略深植于中国传统的以孝道为基础的伦理观念之中,[1]强调儿童对父母及师长的绝对服从及对儿童不良行为的合法惩戒,事实上体现出中国农村家庭/学校育儿理念与技巧仍然存在不足。在性别差异方面,除了家庭情感暴力以外,男童在其余暴力形式的测量中均具有更高的风险。这一发现证实世界范围内的男性躯体暴力劣势在中国农村地区同样存在。就躯体暴力的结果而言,3个原因导致中国的男童遭受到了更大的压力。一是与全球经验类似,儒家文化对男性坚韧勇敢性别角色的塑造决定了中国男童会遭遇到更强的暴力。[2]男童同比女童被成人认为更加能够承受逆境,甚至部分被认为是有益于他们长期成长的,[3]因而对他们的躯体暴力具有较低的道德责任。二是中国

---

[1] Peng, J., Zhu, H.P., and et al. (2015). A Systems Approach to Addressing Child Maltreatment in China. *Child Abuse & Neglect*, 50, 33—41.

[2] Finkelhor, D., Ji, K., and et al. (2013). Explaining Lower Rates of Sexual Abuse in China. *Child Abuse & Neglect*, 37(10), 852—860.

[3] Son, H., Lee, Y.A., and et al. (2017). Maternal Understanding of Child Discipline and Maltreatment in the United States, Korea, and Japan. *Children and Youth Services Review*, 82, 444—454.

是具有"虎式育儿"教育传统的国家,这使中国对于养育人及教师的暴力行为保留了同比其他国家更强的容忍度。①由于男童的异端行为更多及纪律性更差,加之家庭的期待度同比女童更高,因而他们通常更加难以达到家庭预期并会被施与更频繁的暴力。三是对于校园暴力而言,男童之间的欺凌现象更加容易被忽略,因为被欺负并不符合儒家社会男性的规范角色,因而大量的暴力现象要么被非正式网络隐匿起来,要么会因激烈的反抗而形成被欺凌与欺凌现象的结合。校园情感暴力的男性劣势主要源于男童之间更强的攻击性及对攻击性的激烈反抗,②这一现象的背后仍然带有儒家社会对男性暴力的更强容忍及对男女性别角色的不同定位。对于家庭情感暴力而言,家庭在儿童养育过程中使用适度的言语暴力被认为是维持家庭秩序的合理形式,因此对男童和女童而言,他们普遍都会遭受到较为频繁的情感伤害,尽管这种伤害会部分的被合理化为"爱的表现"。③

其次,暴力经历可能会给儿童的心理健康带来严重的负面影响,女童的暴力创伤要高于男童。研究结果证实,受暴儿童不但在抑郁值的测量中同比非受害者更高,而且其罹患抑郁症及重度抑郁症的可能性也会明显增加,这显示暴力给儿童带来的不利影响可能是全球普适的。在遭受类似童年暴力的情况下,女童同比男童通常具有更强的抑郁感,其罹患抑郁症及重度抑郁症的比例也有明显的提升。上述结果证实世界范围内有关女童创伤后负面情绪高于男童的结论在中国也有所体现。这一现象的形成虽然与女性独特的生理结构有关,但是更可能由不同性别的情绪识别能力、情绪处理方式和暴力归因所引起。一是同龄女性同比同龄男性更加的早熟和敏感,她们对暴力行为及暴力的情感意义具有更深刻的理解,故青春期前后的情绪识别能力具有更为明显的提升。二是儒家社会及父权制文化长期进行的性别教育很可能将顺从懂事标签化为女性的性格美德,④这使得受暴女童难以通过外化的情绪宣泄来释放情感压力。三是由于针对男童的家庭暴力惩罚更多与

---

① Mesman, J., Branger, M., and et al. (2020). Crossing Boundaries: A Pilot Study of Maternal Attitudes about Child Maltreatment in Nine Countries. *Child Abuse & Neglect*, 99, 104257.

② Chen, J.-K., Astor, R. A. (2009). The Perpetation of School Violence in Taiwan: An Analysis of Gender, Grade Level, and School Type. *School Psychology International*, 30, 568—584.

③ Katz, C., Tener, D., and et al. (2020). "What's Love Got to Do with This?": The Construction of Love in Forensic Interviews Following Child Abuse. *Children and Youth Services Review*, 116, 105223.

④ Cao, Y., Li, L., and et al. (2016). Effects of Exposure to Domestic Physical Violence on Children's Behavior: A Chinese Community-Based Sample. *Journal of Child & Adolescent Trauma*, 9, 127—135.

其不良表现有关,它有利男童将遭受到的暴力合理化并降低抑郁感。①遭受同龄人暴力欺凌后,男童会同比女童展现出更强的回击,这使得实施暴力和遭受暴力之间的界限模糊不清。而女童遭受到的暴力惩罚往往更难以进行合理的暴力归因,这显然会加重女童的心理负担。同样值得注意的是,无论是男童和女童,遭遇暴力创伤后的抑郁症和重度抑郁症水平已经超过预期,这显示中国有关儿童抑郁及其影响因素的讨论迫在眉睫。由于中国现行教育体系对儿童心理健康存在普遍的忽视,良好成绩同比健康人格更会被视为学生阶段认可儿童成功的重要标志,因而抑郁情绪及其表现事实上可能被激烈的学业竞争所隐匿了。

再次,中国农村地区儿童抑郁的影响因素虽然主要以家庭关系为主,但抑郁的影响因素具有明显的性别异质性。研究观察到,尽管以亲子互动为代表的部分家庭关系因素会对儿童抑郁带来普遍的缓解,且环境支持因素的影响力具有普遍的高估,但在儿童抑郁的影响因素仍然存在着五个方面的性别异质性。一是父亲对母亲实施家庭暴力往往会增加男童的抑郁症概率,但对女童的影响较小。其原因在于父亲实施针对配偶的家庭暴力的同时可能更容易转嫁给男童,因为男童在儒家文化中普遍被认为是更具抗压能力的。二是父子间的互动对于男童的抑郁修复更为重要,这一发现与欧美的部分研究相同,显示出同一性别间的沟通交流具有更强的抑郁舒缓价值,②其原因可能与同一性别人群的思维方式相近有关。三是父母支持对于女童抑郁症的影响更为显著,这表明遭受父母一方暴力后的另一方抚慰对于女童抑郁情绪的抑制颇为重要,其背后的逻辑可能与女童对于家庭亲密成员的更多依赖感有关。③四是朋辈之间的心理支持对女童更有意义,但对男童的价值比较局限,这一现象可能源于女童更加注重情感关系的塑造,她们乐于通过倾诉来获得心理抚慰。④但值得注意的是,同辈群体的心理支持目前会加重女童的抑郁

---

① Duru, E., Balkis, M., and et al. (2019). Relational Violence, Social Support, Self-Esteem, Depression and Anxiety: A Moderated Mediation Model. *Journal of Child and Family Studies*, 28, 2404—2414.

② Alto, M., Handley, E., and et al. (2017). Maternal Relationship Quality and Peer Social Acceptance as Mediators between Child Maltreatment and Adolescent Depressive Symptoms: Gender Differences. *Journal of Adolescence*, 63, 19—28.

③ Heinze, J.E., Cook, S.H., and et al. (2018). Adolescent Exposure to Violence on Emerging Adult Depression and Anxiety Trajectories. *Journal of Youth and Adolescence*, 47, 177—193.

④ Leshem, B., Haj-Yahia, M.M., and et al. (2016). The Role of Family and Teacher Support in Post-traumatic Stress Symptoms among Palestinian Adolescents Exposed to Community Violence. *Journal of Child and Family Studies*, 25, 488—502.

感,这不但与中国留守率过高及童年期暴力过于普遍所带来的共情心理有关,也与中国专业性强的儿童福利服务过于稀少有关。①五是女童青春期前后的抑郁感具有更大的差异,而年龄对于男童的影响较为局限。上述现象的形成可能与女童青春期后生理结构的变化及学业压力的增大显著相关,同龄女性强于同龄男童的情绪识别能力可能也会导致抑郁情绪的快速上升。

上述研究结果不但发现男童与女童在暴力经历及其心理伤害领域存在显著差异,也指出中国需要构建性别为本的儿童保护政策。具体而言,未来中国农村儿童的暴力控制应当紧紧围绕三个方面来建构:一是应当高度重视家庭及学校场域中儿童暴力的普遍性问题,通过家庭教育理念及儿童交往技巧的改善来降低暴力发生率,尤其应当重点降低男童在躯体暴力上的过度伤害。对于经常被施暴的受害者,社区和学校应当积极利用儿童主任及教师做好统计识别、定时走访、持续跟踪、信息转介和教育指导工作,提前做好重大家庭暴力及校园欺凌案件的预防和管控。二是应当正确认识当前儿童抑郁症及重度抑郁症的发生概率,高度重视社区及校园儿童心理康复机制的建设,有效切断暴力经历转化为情绪障碍的途径。对于具有暴力攻击行为的男童和采取回避交往方式来应对挫折的女童,尤其应注重诊断其是否具有潜在的抑郁症,并应伴随着儿童抗逆力技巧的提升来改善女童在情绪处理和暴力归因上的应对方式。三是应当注重家庭亲密关系在儿童抑郁形成过程中的关键作用,注重同一性别家庭成员之间的情感互动,积极通过良性的家庭建设降低不同性别儿童的抑郁水平。现有的心理干预机制应当积极提升其专业能力,将青春期女童作为重点来加以建设,合理培育同辈关系对于女童情感形成正向支持,支持专业心理医生及社会工作者参与儿童抑郁的修复。

本研究的主要贡献在于利用全国范围的实证调查证实了中国农村儿童暴力经历及其心理伤害的性别差异,有力弥补了中国农村儿童伤害议题讨论较少的学术局限,并为在我国构建性别为本的儿童保护政策提供关键的数据支持。当然,研究也存在多个方面的局限性:一是由于东亚各国儿童在性暴力的测量中普遍会因家庭耻辱烙印而故意降低报告率,因此研究没有将性暴力纳入评测;二是作为一项回顾性数据,本研究无法有效对儿童暴力经历与心理创伤进行因果推断;三是抑郁本身也可能源于遗传性因素,这就需要在问卷测量过程中评估家庭遗传史,而农村地

---

① Wan, G., Tang, S., and et al. (2020). The Prevalence, Posttraumatic Depression and Risk Factors of Domestic Child Maltreatment in Rural China: A Gender Analysis. *Children and Youth Services Review*, 116, 105266.

区偏高的留守儿童比例及较低的抑郁症医学诊断覆盖率使得对儿童抑郁遗传史的直接测量难以开展;四是考虑到儿童的心理感受,研究并未直接区分暴力施与者,因此对于暴力实施者的社会支持对儿童心理健康具有何种作用这一问题暂时难以回答;五是本研究没有考察伤害发生的频率,得出的关于"普遍但不严重的结论"可能是因为调查经历的伤害次数有限,属于偶发性,因而更容易疗愈有关。本研究希望在上述5个问题的基础上进一步开展持续研究,以期为中国性别为本的儿童保护政策的发展提供参考。

（万国威　徐毅成）

线上亲职小组赋能农村儿童保护的干预研究[①]

一、问题的提出

伴随着改革开放和城镇化的纵深推进,我国经济社会快速发展,催生了数量庞大的农村留守儿童群体。根据第六次人口普查的数据进行估算,我国父母外出打工、留守农村的儿童总数为 6 102.55 万人,占全国农村儿童总数的 37.7%,占全国儿童总数的 21.88%。[②]民政部 2018 年的统计数据显示,全国农村留守儿童,即不满 16 周岁的父母双方外出务工或一方外出务工另一方无监护能力、无法与父母正常共同生活的儿童,人数达到 697 万余人。作为我国社会转型期的一个独特的社会现象,相比其他儿童,农村留守儿童由于父母(或其中一方)不在身边,面临着更大的受伤害的风险,进一步加剧了他们在教育、心理、健康等诸多问题的不利处境。[③]由于较长时间的亲子分离,主要照料者的关爱和监护力度欠缺,学校、社区等重要成长环境提供的资源和保护力度有限,导致农村留守儿童普遍出现人际关系疏离,情感淡漠,各类行为和心理健康问题突出。[④]

2021 年 10 月,全国人大审议通过了《中华人民共和国家庭教育促进法》,明确了父母作为家庭教育的主体责任,家庭教育作为我国当前一项重要的国家战略被提到了前所未有的高度。亲职效能感(Parenting Self-efficacy)是父母执行亲职能

[①] 本文发表于《社会建设》2022 年第 6 期。
[②] 段成荣、吕利丹、郭静、王宗萍:《我国农村留守儿童生存和发展基本状况——基于第六次人口普查数据的分析》,《人口学刊》2013 年第 3 期。
[③] 谭深:《中国农村留守儿童研究述评》,《中国社会科学》2011 年第 1 期。
[④] 杜海峰、张若晨、刘朔:《就地就近城镇化背景下"流动中的留守儿童"在校状况与适应》,《西安交通大学学报(社会科学版)》2018 年第 3 期。

力的信念以及对其能成功参与影响孩子健康和成长的养育行为能力的主观判断。①②研究显示,亲职效能感对家长的教养理念和教养行为会产生重要影响,其水平的高低会影响家长的养育水平,③是亲职教育成功的关键因素。④亲职效能感高的家长更能及时纠正儿童的问题行为,引导儿童健康成长。⑤有研究显示,我国农村地区的家长普遍存在亲职教养知识匮乏,亲子互动质量较低,对是否胜任父母这一亲职角色的信心不足。⑥因此,通过提升农村家长的亲职效能感以提高他们的亲职养育水平,对于改善农村家庭教育状况,促进农村儿童的健康成长具有积极意义。

已有研究表明,家长较高水平的亲职效能感对于缓解养育压力、促进儿童保护和身心健康发展具有积极作用。⑦⑧西方国家在亲职教育课程或服务领域已积累了较为丰富的实践经验,然而,这些亲职教育课程或服务是否适用于我国的文化和社会情境,仍需进一步的观察和验证。因此,结合我国农村地区儿童及其家长的特点,发展一套符合本土实际、且行之有效的亲职效能感提升服务方案,对于农村儿童保护的政策和服务发展具有重要的现实意义。本研究将聚焦两个研究目标:一是基于认知行为疗法发展一套亲职效能感训练的小组服务方案,以提升农村家长的亲职效能感水平,改善亲子关系,更好实现农村儿童保护、促进儿童发展的目标;二是验证"互联网+社会工作"干预服务对于提升农村家长亲职效能感的有效性。

---

① Coleman, P. K. & Karraker, K. H.(1998). Self-Efficacy and Parenting Quality: Findings and Future Applications. *Developmental Review*, 18(1), 47—85.

② 茅佳倩、鲍舒文、郭付美:《亲职效能感研究综述》,《心理学进展》2021年第11期。

③ Teti, D. M. & Gelfand, D. M.(1991). Behavioral Competence among Mothers of Infants in the First Year: the Mediational Role of Maternal Self-Efficacy. *Child Development*, 62(5), 918—929.

④ 赵梅菊:《父母教养观念与自闭症儿童适应行为的关系研究》,《现代特殊教育》2015年第2期。

⑤ Gross, D., Fogg, L., & Tucker, S.(1995). The Efficacy of Parent Training for Promoting Positive Parent-Toddler Relationships. *Research in Nursing & Health*, 18(6), 489—499.

⑥ 陈锋、梁伟:《生命历程视角下农村家长陪读经历及其影响研究——基于甘肃华县的实地调查》,《南京农业大学学报(社会科学版)》2015年第5期。

⑦ Leung, C., Sanders, M., Ip, F., & Lau, J.(2006). Implementation of Triple Positive Parenting Program in Hong Kong: Predictors of Programme Completion and Clinical Outcomes. *Journal of Children's Services*, 1(2), 4—17.

⑧ Ma, J.(2021). Family-Based Intervention for Chinese Families of Children with Attention Deficit Hyperactivity Disorder(ADHD) in Hong Kong, China. *Australian and New Zealand Journal of Family Therapy*, 42, 402—413.

二、文献综述

(一) 关于亲职效能感的研究

亲职效能感(Parenting self-efficacy)是亲职教育研究中的重要概念。该概念最早源于班杠拉(Bandura)提出的自我效能感(Self-efficacy),即在家庭教育领域的自我效能感,指家长对子女的行为和发展产生积极影响的感知能力。[①]现有关于亲职效能感的研究主要涉及两方面内容:一是亲职效能感的影响因素,包括父母的人格特征[②]、抑郁水平[③]、社会经济水平[④]、夫妻互动和沟通模式等[⑤];二是亲职效能感的作用机制,已有研究分别探讨了亲职效能感对家长抑郁、焦虑等负向情绪的调节作用,[⑥]以及对家长的教养技能,发展积极的照料环境、密切的亲子关系和正向的儿童认知水平和行为实践的预测作用。[⑦][⑧][⑨]还有一些研究重点探讨了亲职效能感的中介作用。有学者发现家长的亲职效能感是儿童情绪特征与父母压力之间的中介变量。[⑩]进一步研究发现,亲职效能感对家长养育行为的影响是通过情感、认知、行

---

① Coleman, P. K. & Karraker, K. H.(1997). Self-Efficacy and Parenting Quality: Findings and Future Applications. *Development Review*, 18, 47—85.

② 杨晓:《中文版育儿胜任感量表在产妇中应用的信效度检验》,《中华护理杂志》2014 年第 7 期。

③ Jackson, A. P. & Scheines, R.(2005). Single Mothers' Self-Efficacy, Parenting in the Home Environment, and Children's Development in a Two-Wave Study. *Social Work Research*, 29(1), 7—20.

④ Jones, T. L. & Prinz, R. J.(2005). Potential Roles of Parental Self-Efficacy in Parent and Child Adjustment: A Review. *Clinical Psychology Review*, 25(3), 341—363.

⑤ Leahy Warren, P.(2005). First-Time Mothers: Social Support and Confidence in Infant Care. *Journal of advanced nursing*, 50(5), 479—488.

⑥ Bloomfield, L. & Kendall, S. (2012). Parenting Self-Efficacy, Parenting Stress and Child Behaviour before and after a Parenting Programme. *Primary Health Care Research & Development*, 13(4), 364—372.

⑦ Mash, E. J. & Johnston, C.(1983). Parental Perceptions of Child Behavior Problems, Parenting Self-Esteem, and Mothers' Reported Stress in Younger and Older Hyperactive and Normal Children. *Journal of Consulting & Clinical Psychology*, 51(1), 86—99.

⑧ 刘婷、王诗尧、张明红:《父母养育效能感与家庭教养活动参与对婴幼儿认知发展的影响——基于流动与非流动家庭的对比研究》,《学前教育研究》2018 年第 7 期。

⑨ Johnston, C. & Mash, E. J.(2010). A Measure of Parenting Satisfaction and Efficacy. *Journal of Clinical Child Psychology*, 18(2), 167—175.

⑩ Cutrona, C. E., & Troutman, B. R.(1986). Social Support, Infant Temperament, and Parenting Self-Efficacy: A Mediational Model of Postpartum Depression. *Child Development*, 57(6), 1507—1518.

为、动机等因素共同作用于父母的养育行为。因而,关注家长亲职效能感水平是提升养育质量、改善家庭教育的关键。①

(二) 关于农村家长亲职效能感的相关研究

已有关于农村亲职教育的研究较少关注农村家长的亲职效能感水平。有研究基于性别视角对农村女性的自我效能感进行调查,发现农村女性的自我效能感受经济收入水平的影响,随着收入增加,自我效能感会显著提高。②还有研究关注半流动家庭父母的亲职角色,发现高效能感的父母通常会设定较为科学的教养目标和计划,更愿意寻求社会支持和更多的外界机会,从而发展出更正向的教养行为。③在很多农村家庭,经济水平较低,"重养轻教"是农村家长育儿的典型特征之一。④有研究发现,农村家长普遍对教养子女感到不自信,具体表现为教育理念落后、教育关怀不足、难以给予子女适切的情感关怀和充分的教育支持。⑤也有研究认为,处在复原中的家庭(Resilient Families)未必会出现子女教养问题,相反,这些家庭往往拥有较为和谐的亲子关系,并愿意为子女发展创造更多教育机会。⑥

(三) 关于亲职效能感的干预研究

研究表明,针对父母开展的家长教育课程能有效减少儿童不良行为的发生,改善亲子关系和家庭环境并增强家庭的功能。⑦家长教育课程涉及多个模式及学派。其中,行为学派的家长教育课程重点在教育家长增加子女恰当行为及减少不当行为的知识和技巧。而关系模式的家长教育课程则是基于人文心理学、心理分析和家庭系统等理论,着重父母同理心、解决问题的技巧、积极倾听等技巧以提升家长

---

① Jones, T. L., & Prinz, R. J. (2005). Potential Roles of Parental Self-Efficacy in Parent and Child Adjustment: A Review. *Clinical Psychology Review*, 25(3), 341—363.
② 凌宇、孙焕良:《农村女性自我效能感对主观幸福感影响》,《中国公共卫生》2013年第6期。
③ 范辰辉:《半流动家庭父母亲职角色研究》,华东理工大学博士学位论文,2013年。
④ 赵亚霞:《基于人类发展生态学理论的白族农村地区0—3岁婴幼儿家庭教养研究——以云南省大理市七里桥镇为个案》,云南师范大学博士学位论文,2006年。
⑤ 贾勇宏、范国:《论加强农村留守儿童家庭亲职教育的必要性与可行性》,《河北师范大学学报(教育科学版)》2018年第1期。
⑥ Hess, C. R., Papas, M. A., & Black, M. M. (2002). Resilience among African American Adolescent Mothers: Predictors of Positive Parenting in Early Infancy. *Journal of Pediatric Psychology*, 27(7), 619—629.
⑦ McKee, L., Roland, E., Coffelt, N., Olson, A. L., Forehand, R., Massari, C., Jones, D., Gaffney, C. A., & Zens, M. S. (2007). Harsh Discipline and Child Problem Behaviors: The Roles of Positive Parenting and Gender. *Journal of Family Violence*, 22(4), 187—196.

的亲职效能感。①例如,托马斯·戈登于1962年所开发了"亲职效能训练课程(Parent Effectiveness Training,简称P.E.T.)",为家长的亲职效能感干预提供了系统性指导。②Matthew Sanders及其团队开发的"正面管教课程"(Positive Parenting Program,简称Triple P)目前已在世界多个国家推行,积累了较为成熟的实践经验。③20世纪80年代,丁克麦耶(Dinkmeyer)和麦凯(Mckay)基于阿德勒个体心理学理论,设计了一套"有效家长系统训练课程"(Systematic Training for Effective Parenting,简称STEP),在美国得到了广泛应用,④STEP通过一系列训练为父母提供了与孩子沟通的技巧和方法,有效提高家长的亲职效能感。⑤此外,其他较为知名的亲职教育课程还有澳大利亚的积极教养项目,⑥美国的"父母即教师"项目(Parent As Teacher,简称PAT),通过动员社会工作者对辖区内的家庭入户走访和调查,以授课培训方式为家长提供有针对性的家庭教育指导建议。⑦还有,我国香港地区的多元家庭小组面向注意力缺陷多动障碍儿童的家长及其家庭开展小组服务,强化了在精神健康领域以家庭为本视角的重要意义,同时也是小组工作介入家庭服务模式的创新性尝试。⑧这些亲职教育课程有效提升了家长的亲职效能感和亲职能力,帮助家长成为合格的父母。研究表明,参与亲职教育服务越多的家长,亲职效能感水平越高;而亲职效能感水平越高的家长,也更会对子女予以积极的回应。⑨在服务方式上,以小组或者个案辅导进行的家长教育课程同样有效,但是以

---

① 香港特别行政区政府教育局:《亲职学习多面体(家长教育手册)》,https://www.edb.gov.hk/sc/student-parents/parents-related/parent-edu-manual/pre-school.html,2010年。
② 托马斯·戈登:《P.E.T.亲职效能训练》,琼林译,中国发展出版社2015年版,第9页。
③ Sanders, M. R., Kirby, J. N., Tellegen, C. L., & Day, J. J.(2014). The Triple Positive Parenting Program: A Systematic Review and Meta-Analysis of a Multi-Level System of Parenting Support. *Clinical Psychology Review*, 34(4), 337—357.
④ Dinkmeyer, D. C. & Mckay, G. D.(2007). The Parent's Handbook: Systematic Training for Effective Parenting. *Child Rearing*.
⑤ Teti, D. M. & Gelfand, D. M.(1991). Behavioral Competence among Mothers of Infants in the First Year: the Mediational Role of Maternal Self-Efficacy. *Child Development*, 62(3), 918—929.
⑥ 蔡迎旗、张春艳:《澳大利亚积极教养项目运行模式及启示》,《外国教育研究》2020年第12期。
⑦ Rodica Ailincai, Annick Weil-Barais(2013). Parenting Education: Which Intervention Model to use? *Procedia-Social and Behavioral Sciences*, 106, 2008—2021.
⑧ Ma, J.(2021). Family-Based Intervention for Chinese Families of Children with Attention Deficit Hyperactivity Disorder(ADHD) in Hong Kong, China. *Australian and New Zealand Journal of Family Therapy*, 42, 402—413.
⑨ Junttila, N. & Vauras, M.(2014). Latent Profiles of Parental Self-Efficacy and Children's Multisource-Evaluated Social Competence. *British Journal of Educational Psychology*, 84(3), 397—414.

小组形式开展的家长教育服务的成本效益更佳,且组员间能建立支持网络,因此使用更为普遍。①

目前,我国面向家长亲职效能感的干预实践主要在社区和学校层面开展,所涉及的内容包括改善家长的教育理念、知识和技能等内容,所面向的服务对象包括幼儿园父母②、初产妇③、学前残疾儿童家长④、地震灾后父母⑤等群体。研究显示,家长对于育儿的信心在接受亲职效能感服务后得到显著提高。⑥一项针对中国困境家庭的家访计划发现,参与相关培训后,家长的效能感有所提升。⑦这些研究成果为在我国开发以农村儿童保护为目标的亲职教育服务方案提供了重要的思路。

(四) 网络社会工作相关研究

互联网技术的日新月异对社会生活和组织形态产生了深刻的影响,也给传统的社会工作服务带来了新的机遇与挑战。⑧由于数字化转型主要表现之一是社会联结和群体行为在时空角度的流动性,因而数字社会治理的关键在于让技术服务于"人"的治理,将线上虚拟空间拓展成为社会生活的重要场域。⑨从全球社会工作服务实践来看,网络或数字社会工作已越来越被认为应对不确定性和脆弱性的重要服务模式。⑩为降低服务对象在服务获得上的地理-社会障碍,一些社工服务开

---

① Webster-Stratton, C., & Hancock, L. (1998). Training for Parents of Young Children with Conduct Problems: Content, Methods, and Therapeutic Processes. In J. M. Briesmeister & C. E. Schaefer(Eds.), *Handbook of Parent Training*: *Parents as Co-Therapists for Children's Behavior Problems* (pp.98—152). John Wiley & Sons Inc.

② 吴航:《幼儿园亲职效能团体训练实施成效之研究》,《当代学前教育》2009年第6期。

③ 高玲玲、李毅、高丽仪、罗淑媛:《心理辅导对初产妇产后6周父母自我效能水平的影响》,《解放军护理杂志》2011年第7期。

④ 李静、李丽华:《学前残疾儿童家长育儿自我效能感干预研究——基于北京市学前残疾儿童家长数据》,《北京教育学院学报》2019年第1期。

⑤ 翟瑞、曾凡敏:《汶川震后家长群体自我和谐与父母教养效能感研究》,《社会心理科学》2012年第2期。

⑥ Deković, M., Asscher, J. J., Hermanns, J., Reitz, E., Prinzie, P., & van den Akker, A. L. (2010). Tracing Changes in Families who Participated in the Home-Start Parenting Program: Parental Sense of Competence as Mechanism of Change. *Prevention science*, 11(3), 263—274.

⑦ Leung, C., Tsang, S., & Heung, K.(2015). The Effectiveness of Healthy Start Home Visit Program: Cluster Randomized Controlled Trial. *Research on Social Work Practice*, 25(3), 1—8.

⑧ 陈晓型:《互联网在社会工作服务中的应用探析》,《社会工作与管理》2018年第3期。

⑨ 魏钦恭:《数字时代的社会治理:从多元异质到协同共生》,《中央民族大学学报(哲学社会科学版)》2022年第2期。

⑩ Pink, S., Ferguson, H., & Kelly, L.(2022). Digital Social Work: Conceptualising a Hybrid Anticipatory Practice. *Qualitative Social Work*, 21(2), 413—430.

始尝试使用信息通信技术作为对传统服务的补充,或者借助于数字技术推进正式的远程临床服务(formal distance clinical practices)。社会工作者利用信息技术开展外展服务(out-reach in virtual space),例如借助于随时随地可共享协作的掌上微服务,将社会工作的直接服务拓展至更大的人群范围。澳大利亚一项研究采用混合研究方法了解农村民众自杀污名化现状以及和自杀知识掌握程度之间的关系,并采用网络干预的方法改善农村民众的生存状况。[1]2020年新冠肺炎疫情爆发后,由武汉社会工作者发起的志愿服务团队,创新性地提出了一种"跨学科远程互联"(Interdisciplinary Remote Networking)的干预服务模式,借助于微信等社交媒体平台,为受疫情影响的民众提供在线服务,有效地满足了服务对象的多元需求。[2]

网络社会工作在具体实践中也面临一些挑战。首先,由于互联网的远程性,在开展活动时互动效果会受到影响,且对服务对象的观察也有一定的限制;其次,网络社会工作的专业伦理问题,特别是服务对象的信息以及服务过程可能存在泄露的风险;[3]再次,针对网络社会工作的监管机制尚未健全,缺乏规范的工作流程和服务标准指引,网络社会工作服务的规范化建设仍有较大的提升空间。[4]基于以上挑战,2018年民政部发布了"互联网+社会组织(社会工作、志愿服务)"行动方案,强调要大力推动"互联网+专业社会工作"服务的开展,[5]为我国社会工作服务的创新发展提供了思路。因而,如何结合新技术创新专业服务模式以回应数字化转型带来的挑战,已成为作为实践科学的社会工作承担数字化使命的重要体现。

(五)已有研究局限性

已有研究存在一些不足之处。首先,目前的亲职教育课程大多是面向孤独症儿童父母、残疾儿童父母等特殊人群,也有面向幼儿或中学生家长等一般性人群,然而针对农村家长的干预研究较为有限,考虑到乡村不仅面临地理位置偏远、对外流通性差、规模聚集程度低等经济竞争上的地理弱势,也缺乏优质的社会服务资

---

[1] Kennedy, A.J., Brumby, S.A., Versace, V.L., Brumby-Rendell, T.(2018). Online Assessment of Suicide Stigma, Literacy and Effect in Australia's Rural Farming Community. *BMC Public Health*, 18, 846—857.

[2] Yu, Z., Chen, Q., Zheng, G., & Zhu, Y.(2020). Social Work Involvement in the Covid-19 Response in China: Interdisciplinary Remote Networking. *Journal of Social Work*, 21(2), 246—256.

[3] 韩玲燕:《"互联网+"社会工作:发展机遇与挑战》,《广西质量监督导报》2020年第8期。

[4] 韩璐:《"互联网+"环境下我国社会工作的发展及应对策略》,《泰山学院学报》2017年第5期。

[5] 民政部:关于印发"互联网+社会组织(社会工作、志愿服务)"行动方案(2018—2020年)》的通知(mca.gov.cn)。

源。而数字技术的普及与利用为优化服务资源的城乡配置、降低服务供给和服务获得上的成本阻碍提供了可能。①其次,亲职教育服务内容大多是授课式的知识教育,较少采用社会工作专业方法开展家长教育服务。有鉴于此,本研究旨在通过开发并实施提升农村家长亲职效能感的线上小组服务,并采用随机对照试验方法对服务成效进行科学评估。

三、干预设计

本研究采用干预研究方法,首先基于认知行为疗法开发亲职效能感提升的服务方案,并采用随机对照试验方法(randomized controlled trail,RCT)测试干预服务方案及其实施效果。RCT 是从目标人群中选出合适的研究对象,通过随机化分组并对不同组实施不同的干预,比较试验组和对照组之间在干预效果上的差异。②由于采用随机分配的干预措施可以降低干扰因素的影响,相较于观察性研究或者单一实验设计而言,RCT 能更有效证明干预方案和效果之间的因果关系。

(一)干预方案设计依据

1. 理论依据

认知行为疗法(Cognitive Behavioral Therapy,简称 CBT)关注个体的认知活动,特别是信念系统和思维对个体行为和情绪问题的影响作用,并以目标导向与系统化的程序,重建认知,解决个体的情绪与行为问题。③认知行为疗法即通过改变服务对象不合理认知来改变个体行为,使认知矫正与行为矫正之间建立一种良性循环。该理论认为,服务对象是具有理性和能动性的个体,想要改变个体意识之外的信念,就必须将个体行动重新带入思考范围中,帮助修正个人的错误观念,并引导个体觉察非理性的认知与情绪和行为问题之间的联系。④

CBT 主要有三种治疗模式,分别是认知重组疗法(cognitive restructuring ther-

---

① 吴越菲:《迈向跨区域服务传送的乡村振兴:网络社会工作的实践可能》,《中国农业大学学报(社会科学版)》2021 年第 5 期。
② 彭晓霞、唐讯:《临床研究设计》(第 4 版),北京大学医学出版社 2017 年版。
③ 艾伦·贝克:《焦虑症和恐惧症:一种认知的观点》,张旭东译,重庆大学出版社 2015 年版。
④ 大卫·韦斯特布鲁克、海伦·肯纳利、琼·柯克:《认知行为疗法:技术与应用》,方双虎等译,中国人民大学出版社 2014 年版,第 69 页。

apies)、应对技巧疗法(coping-skills therapies)和问题解决疗法(problem-solving therapies)。①CBT在临床实践中得到了广泛应用,并被证明在许多心理和行为问题的治疗卓有成效,如抑郁症、焦虑症、创伤应激障碍、儿童行为问题等。②③CBT也被应用于家长教育实践中,已有研究显示,家长可通过认知重塑,找出自己在教养子女的情绪困扰和固有思维模式的关系,逐步运用不同的认知行为介入技术,转变非理性信念,改变其在教养任务中的特定行为模式。因而,CBT能帮助家长建立正确的教养认知,并在育儿实践中运用正确的亲职技巧,建立起教养的信心,并实现亲子关系的改善。④

2. 实证依据

在干预实施前,本研究评估了农村家长的亲职效能感水平。结果显示,在教养认知方面,有50%的家长表示"对孩子抱有内疚情绪,但不知如何改善关系";66.67%的家长表示"有时候我觉得我什么也没做到";半数家长表示"为人父母让我感到紧张和焦虑"。在教养态度方面,大多数家长表示"不善于主动对孩子表达爱",只有35%的家长表示"我能适时地拥抱孩子并说出鼓励的话语";大多数家长表示"会提供孩子学习和生活所需的各项物品",45%的家长表示"我会主动询问学校老师关于孩子的近况"。在教养行为方面,半数农村家长表示"我不会大声指责孩子的过错",尽管有一部分家长表示"我会花很多时间、精力管教孩子的行为",约1/3的家长表示"我对自己教养子女的方式有信心"。在教养能力方面,半数家长不同意"自己在照顾孩子上已具备足够的知识",66.67%的家长不同意"我具备好父母的所有特质"。综合来看,农村家长在教养认知、态度、行为、对自身养育能力的主观评价等方面表现较为一般,普遍对教养子女信心不足。

3. 项目理论及核心要素

在认知行为疗法理论的指导下,针对服务对象因不当的教养观念而导致亲职

---

① 汪新建:《当代西方认知-行为疗法述评》,《自然辩证法研究》2000年第3期。
② 许若兰:《论认知行为疗法的理论研究及应用》,《成都理工大学学报(社会科学版)》,2006年第4期。
③ Waite, P., Marshall, T., & Creswell, C. (2019). A Randomized Controlled Trial of Internet-delivered Cognitive Behaviour Therapy for Adolescent Anxiety Disorders in a Routine Clinical Care Setting with and without Parent Sessions. *Child Adolescent Mental Health*, 24, 242—250.
④ Runyon, M. K. & Mclean, C. (2014). Empowering Families: Combined Parent-Child Cognitive-Behavioral Therapy for Families At-Risk for Child Physical Abuse. In R.M. Reece, R. F. Hanson, & J. Sargent(Eds.), *Child Abuse Treatment: Common Ground for Mental Health, Medical and Legal Professionals* (pp.67—75). Baltimore, MD: John Hopkins University Press.

效能感低、亲子关系紧张等问题,本研究在设计服务方案时,特别注重帮助服务对象识别并纠正不合理的认知,帮助他们建立关于亲职能力和养育行为的合理认知。项目理论描述了一系列旨在产生积极干预结果的活动的因果关系链,呈现干预方案如何使服务对象发生改变的核心要素。①图1描述了"K.A.G.E.爱伴成长"线上小组服务②项目理论的核心要素。

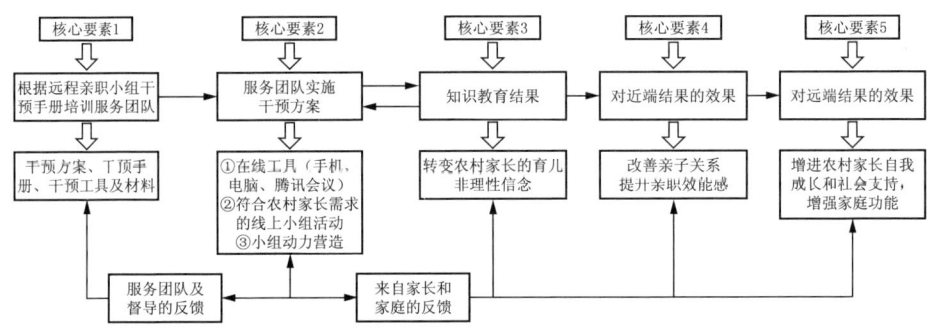

图1 "K.A.G.E.爱伴成长"线上小组服务项目理论的核心要素

从核心要素1开始,"K.A.G.E.爱伴成长"项目的第一个任务就是培训服务团队,借助于干预方案、干预手册、干预工具及材料使社会工作者具备相关技能。核心要素2聚焦于此次项目的实施,服务团队借助于腾讯会议软件,远程开展满足服务对象需求的小组活动。同时为了促进项目的持续优化和调整,在单次活动结束后会安排每周一次的督导会议,每次持续1—2小时。此外,服务团队利用情绪卡、音乐库、积分代币制等措施,激发小组动力。与此同时,核心要素3中服务对象关键要素的改变与要素2干预实施的双向互动,家长能够通过与小组成员的互动觉察自身的非理性认知和教养行为的关系,尝试转变关于管教的非理性信念。核心要素4作为对近端结果的效果,能够促进家长教养行为的改变,改善亲子关系。在此逻辑模型中,核心要素5作为远端结果,通过实现家长自我成长,拓展他们的社会支持网络,提升亲职效能感。此外,在小组服务的过程中,来自家长和家庭的反馈、服务团队自身以及督导团队的反馈,都回溯于干预方案的优化,从而不断丰富

---

① 马克·W.弗雷泽:《干预研究:如何开发社会项目》,安秋玲译,上海教育出版社2015年版。
② 注:"K."为Knowledge(知识教育)的简称,"A."为Awareness(亲职意识)的简称,"G."指Growth(家长自我成长)的简称,"E."为Effectiveness(成为有效能的家长)的简称,后文均以"K.A.G.E."缩写指代上述含义。

本次干预项目的变化理论模型。

(二) 干预方案制订

1. 干预目标

(1) 通过对服务对象开展正面管教的知识教育,增加服务对象对亲职知识的了解。

(2) 转变服务对象对育儿的非理性信念,促进服务对象对育儿的正确认识,从而改善亲子关系,提升家长的亲职效能感。

(3) 提高服务对象的自我了解和社会支持,帮助服务对象实现自我成长,增强家庭的功能;

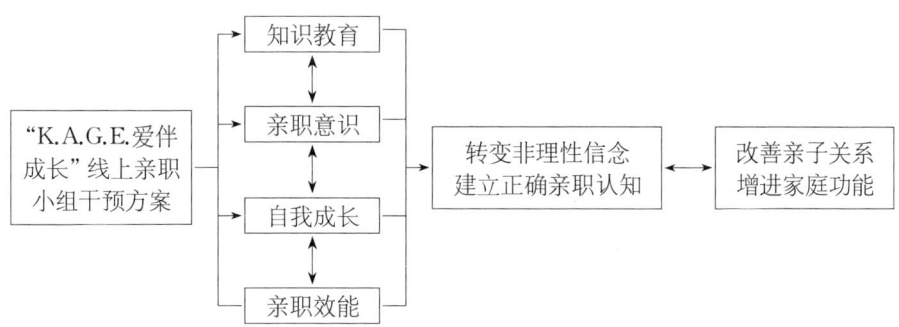

图2 "K.A.G.E.爱伴成长"线上亲职小组干预目标

2. 干预方案设计

将满足资格条件的小组成员随机分为实验组和对照组,对照组不进行任何干预。对实验组进行干预,干预方案设计了总共8节次小组活动,每周1次,每次100分钟,共计8周。小组活动前10分钟进行暖场活动,随后就主题展开讨论(见表1)。在规定的小组活动之外,不进行其他干预。

表1 "K.A.G.E.爱伴成长"线上亲职小组活动计划

阶段	活动主题	活动目标	主要活动内容
第一阶段: 建立关系	1. 同行有你	建立稳定的专业关系 制定小组规范 增强组员认同感	工作者自我介绍 亲职小组介绍 组员自我介绍:三句半 小组规则制订

续 表

阶段	活动主题	活动目标	主要活动内容
第一阶段：建立关系	2. 我很优秀	分享亲职经历 学习总结过往成功经验 探索自我	课前回顾 优势大转盘 经验说
第一阶段：分享保持	3. 他山之玉	讨论亲子教育中的问题 习得情绪管理的重要性 与非理性信念对话 学习他人管理情绪的成功经验	课前回顾：问题树 互动分享：情绪危机大作战 知识充电：萨提亚自我环理论 榜样的力量：如何不带情绪地管教孩子？ 家庭作业：乐观有妙招
	4. 亲职之镜	识别亲职角色 了解不同儿童成长阶段所对应的亲职需求 建立对亲职角色的理性认知	课前回顾：情绪脸谱 互动练习：亲子自画像 家庭作业：爸爸妈妈是不是无所不能？
第三阶段：强化动机	5. "家"之动力	肯定改变 学习非暴力沟通的基本要素	课前回顾 守护宝贝大作战：积分榜公布 知识充电：暴力与非暴力沟通 家庭作业：我为家庭做好事
	6. 情境侦探	挖掘亲子沟通的问题和原因 学习有效亲子沟通的方法	课前回顾 剧本重演：日常家庭情景练习 互动分享：如何与孩子有效沟通？ 家庭作业：家庭会议
第四阶段：成果运用	7. 学海无涯	复习回顾前6次活动内容 检视自我成长 树立未来信心	课前回顾与预告 学习披萨：活动回顾 亲子朗读：《胡适写给儿子的一封信》
	8. 颁奖典礼	肯定积极表现 处理分离情绪 制订未来计划	纪录片回顾 颁奖：独一无二的你 感恩：才艺展示 告别：我们毕业啦

干预方案的设计参考香港教育局开发的《亲职学习多面体(家长教育手册)》(简称手册),①在对农村家长需求评估的基础上对手册进行改编,其中,参考手册中的亲职之道、语言沟通、管教之道等3次活动内容分别设计了"亲职之镜(亲职之道)"、"情境侦探(亲子沟通)"小组活动,并补充了手册所未涉及的家长情绪管理的内容,该部分内容在"他山之玉"活动中。此外,结合需求评估中服务对象普遍对自身教养能力缺乏信心的情况,设计了"我很优秀""家之动力"两个活动主题。最后,结合小组工作在初始阶段破冰和告别阶段回顾总结、处理情绪的安排,设计了"同行有你""学海无涯""颁奖典礼"等3次主题活动。因此,本研究设计并开发了亲职小组干预方案,以及各阶段相应的工作手册、PPT 文件、交互式微信社群指导语等小组活动所需的材料。

3. 干预活动的时间和地点

综合考虑服务对象的时间后,小组活动定于每周日晚上7点。"K.A.G.E.爱伴成长"线上亲职小组服务为期2个月,第一组服务于2021年7月—8月开展,第二组服务于2021年10月—11月开展,每次活动控制在100分钟。活动小组服务全程、督导会议及评估均借助于"腾讯会议"App 开展,工作者通过线上签到、屏幕共享、云录制、视频纪录片、微信群等形式辅助干预服务的开展。

4. 干预服务的实施者

干预的实施者为4名来自中国人民大学社会与人口学院的 MSW 硕士研究生,接受过较为系统的社会工作专业教育,具备较为扎实的社会工作专业知识与技能,具备认知行为疗法的相关技能。为保证服务的专业性,本研究也邀请了专业教师和资深一线社会工作者担任实务督导,其中,实务督导接受过认知行为疗法的培训和认证,具备较强的专业资质,对本次干预服务的开发和实施进行全程督导。

5. 伦理问题

本研究严格遵循知情同意、自愿参与、保密以及无伤害原则。尽管干预研究的保真度要求社工避免告知家长此次干预的目的,以免家长出于对专家学者的尊重,对本研究产生期望,从而无法控制安慰剂效应;但线上服务对象的招募又要求社工详细介绍此次干预活动的内容,从而获得来自服务对象的信任和认可。因此,在招募和筛选研究对象时,工作者详细介绍了本研究相关事宜,告知他们可根据自己的

---

① 香港特别行政区政府教育局:《亲职学习多面体(家长教育手册)》,https://www.edb.gov.hk/sc/student-parents/parents-related/parent-edu-manual/pre-school.html,2010年。

意愿决定是否参与研究,且在中途可随时自愿退出。本研究严格遵循保密原则,在研究过程中收集的相关资料(音频、视频和文本资料以及问卷数据)将做匿名处理且仅用于研究,在后期分享和推广干预成果时也会严格执行披露程序,获得服务对象的同意和授权。此外,也告知他们本研究主要聚焦教养子女的知识和技能,帮助提升亲职效能感,改善亲子关系。本研究中,研究对象均签署了《知情同意书》。

本研究通过随机分组的方式生成实验组和控制组,目的是为了最大限度的减少临床偏倚、增加实验可靠性。然而有些家长主动要求接受干预服务,如果其被随机分配到对照组,按照实验要求无法给予其干预,这有违服务对象的意愿,与社工的伦理要求不符。这意味着服务对象接受干预的可能性是由计算机随机分配,而非服务对象的需要。因此为了满足实验需要,本研究一方面尊重服务对象主观意愿和服务对象的知情权;另一方面为被试提供关于随机和盲法(Blind)的信息,同时告知对照组在实验结束后有权根据个人意愿选择接受同等水平的干预服务。

四、线上亲职小组干预方案实施

(一)成员招募与筛选

本研究对象为湖北省黄冈市乘马岗镇一所乡村寄宿制小学(Y校)的学生家长。通过海报宣传和校方推荐两种方式招募农村家长,研究对象招募标准如下:Y校学生家长;户籍或经常居住地在农村;小学及以上文化水平,有良好的认知能力;遵守知情同意原则,自愿参与本研究。经过筛选,本研究共招募了60名符合标准的农村家长,最终51位小组成员被纳入研究范围,通过随机分配干预组(N=25)和对照组(N=26),其中,干预组平均年龄为36.12岁,男女比例为3∶22;对照组小组,平均年龄为36.36岁,均为女性家长。在本研究中,两组农村家长在性别、年龄、文化程度、家庭收入、家庭结构

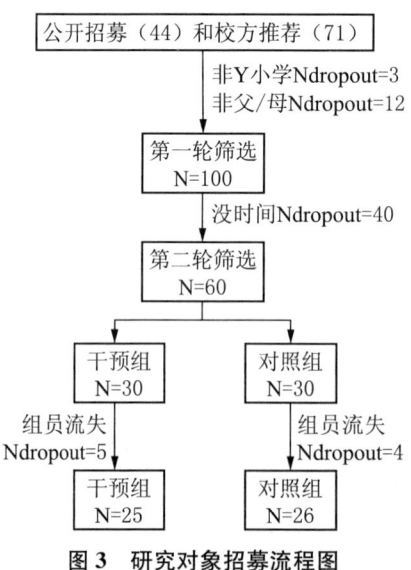

图 3 研究对象招募流程图

等方面均无统计学差异($P>0.05$)。总体而言,研究对象的总体特征为对自身亲职能力缺乏信心,但关爱子女且提升亲职能力动机较强的农村家长。

(二) 干预过程

1. 第一阶段：第1、2次小组活动——建立关系

第一阶段主要目标是建立关系。第一节活动中工作者通过热身游戏、播放音乐营造放松的小组氛围,协助组员之间建立分享互助的友好关系;随后工作者示范进行自我介绍,采用"三句半"形式增添环节趣味性,并鼓励组员主动介绍自己,引导组员主动探索自我,分享在教养环境中家长们的正向或者负向的经验和感受,并给予必要的支持。随后,工作者邀请组员制订小组规则。第二节活动,工作者分享了"优势视角"理论,倡导组员关注自我的内在力量及优势资源,并在小组中使用优势转盘道具,邀请组员分享自己在育儿过程中最擅长的事情,引导组员发现自己的独特之处。通过优势挖掘,将"优势视角"这一理念传达至组员,帮助改变组员过去"我不行、做不到"的非理性信念和消极心理暗示,打破对自我的设限,提升其对亲职教育的信心。

2. 第二阶段：第3、4次小组活动——认知重组

第二阶段主要聚焦觉察非理性信念和情绪、行为的关联,重建教养的理性认知。第3次小组"他山之玉"活动中,工作者首先分享了"萨提亚自我环理论",带领组员开展自我环测评,并分享了不同种类的情绪脸谱,邀请组员现身说法,分析他们育儿焦虑或信心不足的诱因,并分享该消极信念过去在家庭事件中所带来的处理方案和结果,同时带领组员围绕非理性信念而展开讨论,引导组员建立正向、积极的教养信念,建立学习和改变的信心。在小组活动的开头与结尾设置课前回顾与课后巩固环节,强化组员对所学知识技巧的掌握程度。此外,工作者会设置家庭互动作业,鼓励组员完成课后练习,巩固小组活动中所习得的亲职知识与技巧,促进家长的自我思考。第二节"亲职之镜"活动中,组员完成"亲子自画像"环节练习,并分享对自我的评价和认知,工作者引导组员了解并觉察自己的非理性信念如何影响教养的情绪和行为。最后,工作者鼓励组员完成"爸爸妈妈是不是无所不能?"的讨论练习,进一步帮助组员了解在孩子心中父母的形象,以及对于父母这一亲职角色的理性认识。

3. 第三阶段：第5、6次小组活动——技巧学习

第三阶段主要聚焦因管教所引发的情绪困扰和行为问题的应对技巧,和组员一起探索科学的亲职技巧和方法。在活动中,工作者分享"暴力沟通"的三种类型及"非暴力沟通"的 2 种语言;随后,工作者设置情景模拟环节,还原在日常生活中遇到的亲子冲突,创设组员的最佳体验情境,邀请组员分享"如何与孩子有效沟通",借助于言语鼓励和劝说持续强化他们改变的信念,引导组员将对教养子女的信心内化为即时的教养技能和行为,意识到父母对孩子的言传身教的重要作用,建立正确的教养认知。在活动最后,工作者合理运用小组奖惩机制,公布小组积分榜,及时肯定小组中期各位组员的积极表现,并为组员介绍"家庭会议"这一工具,帮助组员在课后练习"非暴力沟通"中长颈鹿式语言的运用。此外,工作者借助于正面管教的"情绪脸谱卡"道具,和组员一起学习情感认知。在这个环节由组员互相扮演家长和子女,分别对积极情绪和消极情绪作出应对。通过扮演孩子的家长指出的情绪脸谱,组员可以了解自身行为给孩子留下的影响。组员通过活动学习暂时退场、深呼吸等方法控制和管理情绪。

4. 第四阶段:第 7、8 次小组活动——成果运用

第四阶段重点在于帮助家长将平衡且正向的信念运用于日常教养实践中。第 7 次"学海无涯"活动中,工作者将前 6 次小组活动的知识技能制作成"学习披萨",整合干预效果,邀请家长分享自我改变,促进反馈强化,例如可向组员提问,"小组活动结束后,您最想做的事是什么?您打算采取哪些步骤完成?"第 8 次"颁奖典礼"活动中,工作者制作了"K.A.G.E.爱伴成长"亲职小组纪录片,以视频的形式记录了 2 个月以来组员变化的历程。随后,工作者为每一位组员颁发了毕业证书,组员们轮流分享在小组的成长和改变。随后,工作者邀请组员互送祝福,在温暖友好的氛围中,小组活动顺利结束。

五、干预效果评估

本研究采用过程评估和结果评估相结合的方法评估干预效果。过程评估主要包括出勤率、在每次小组活动组员的反馈和工作者的工作记录;结果评估包括干预结束后的焦点小组访谈和采用亲职胜任感量表(Parenting Sense of Competence scale,简称 PSOC)对干预前(T1)、干预后(T2)、干预后 3 个月(T3)的亲职效能感水平进行评估。该量表由吉博-沃尔斯顿(Gibaud-Wallston)和万德斯曼(Wandersman)开发,[①]

[①] Gibaud-Wallston, J. & Wandersman, L. P.(1978). *Development and Utility of the Parenting Sense of Competence Scale*. Toronto: American Psychological Association.

约翰斯顿(Johnston)和马什(Mash)改编而成,①包含工具维度的效能感和情感维度的满意度两部分内容。本研究采用工具维度的效能感量表测量研究对象的亲职效能感水平,该子量表共有 8 道题目,采用 1—5 等级计分。中文版 PSOC 已在中国家长人群中验证,显示具有较好的信度和效度。②在本研究中,该量表的 Cronbach's α 值为 0.812。

(一) 过程评估

1. 活动情况

在小组活动过程中,观察者将每一节活动的参与情况、小组氛围、互动情况等方面做好记录,笔者也注意回访、听取小组成员的意见,根据组员意见进行调整。8 节小组活动中,第 1 组有 7 位家长全勤,8 次活动出勤率分别为 77%、92%、100%、92%、83%、92%、83%和 100%;第 2 组有 6 位家长全勤,8 次活动出勤率分别为 86%、100%、100%、100%、77%、92%、85%和 92%。本研究将参与小组活动 5 次及以上的组员纳入分析,以保证干预服务的效果。

2. 对活动的评估

就小组活动的效果而言,家长们表示通过小组学习的关于教养子女的理论和知识,转变提升了他们对亲职角色的认知,增强了他们对家长这一亲职角色的信心。同时,通过小组成员之间的同辈学习,让他们收获了来自组员的支持与鼓励,拓展了他们的社会支持网络;此外,在小组活动之外,服务对象表示也能够将在小组内学习的知识运用于育儿实践之中,并在潜移默化中改善亲子关系,实现家庭成员共同改变,增强了家庭功能。在小组结束后的回访中,工作者询问服务对象:"以 5 分为满分,分别给活动前和活动后的自己打分,您会给自己打几分呢?"[C1-178] 其中一位家长表示,"觉得自己以前是 2 分,现在能到 5 分吧。"[A4-156] 工作者继续追问,"是什么促使您活动后的分数变成 5 分而不是 4 分呢?"[C1-179] 这位家长回答:"原因呢,就是随着孩子长大,做家长的也得跟得上,通过参加这个小组,我觉得自己各方面都有了进步,我对自己很满意"。[A4-157]

服务满意度方面,如图 4 所示,组员对于服务满意度评分随着活动的开展而上

---

① Johnston, C., & Mash, E. J. (1989). A Measure of Parenting Satisfaction and Efficacy. *Clinical Psychology Review*, 18(2), 341—363.
② 李雪莹、毛康娜等:《育儿胜任感量表在学龄前儿童母亲中应用的信效度评价》,《北京大学学报(医学版)》2021 年第 53 期。

升,显示组员对本次"K.A.G.E 爱伴成长"亲职小组服务满意度较高。

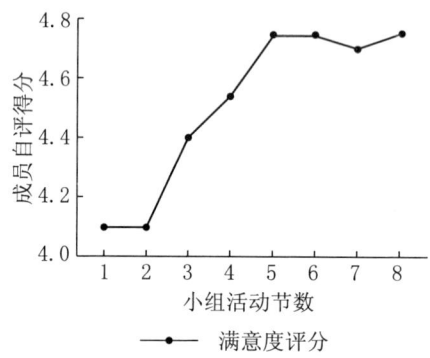

图 4 小组活动满意度变化趋势

(二) 结果评估

1. 干预组组内成员比较

使用配对样本 t 检验对干预组在 T1、T2、T3 等 3 个时点的亲职效能感水平是否存在显著性差异进行分析(见表2、图5、图6)。检验结果显示,干预前后小组成员的效能水平存在显著差异(见表2、图5),t 值为 1.914,$df=24$,$p<0.1$,效应量 $d=0.02$。3 个月后测数据存在显著差异(见表2、图6),t 值为 1.833,$df=24$,$p<0.1$,效应量 $d=0.24$。

表 2 干预组配对样本检验

指标	N	M	SD	t	df
亲职效能感(T2-T1)	25	0.19	0.50	1.914*	24
亲职效能感(T3-T1)	25	0.16	0.42	1.833*	24

注:* $p<0.1$。

由图5可知,在参加完为期2个月的小组活动后,大部分干预组组员的效能感水平有了不同程度的提升,其中上升最大幅度为1.5,最小为-0.375。值得关注的是组员A1的亲职效能感水平出现一定幅度的负增长,可能的原因在于线上干预自身的缺陷,在服务开展的过程中无法控制干扰性因素,尤其是服务对象注意力不集中时,带领者可能无法予以及时提醒,进而影响服务的效果。

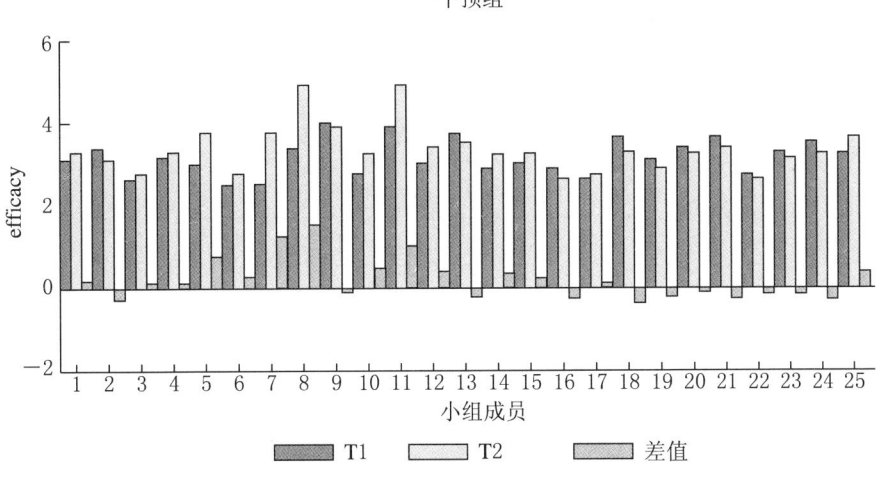

图 5 干预组亲职效能感(T2-T1)的差异比较

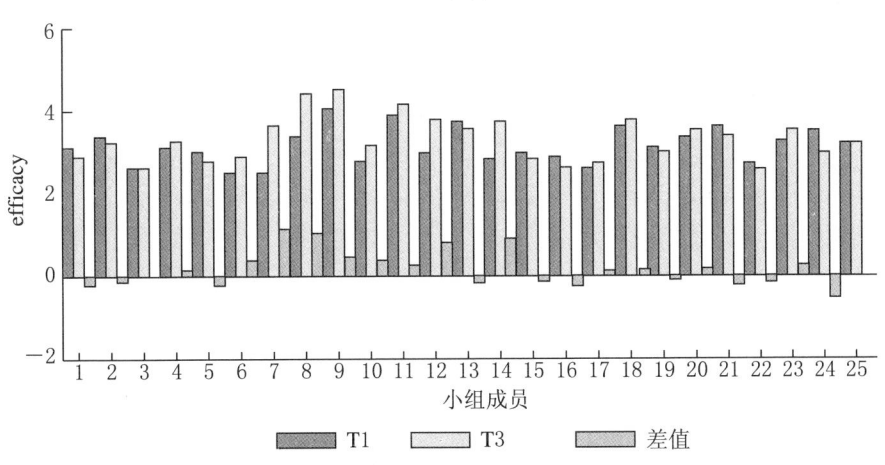

图 6 干预组亲职效能感(T3-T1)的差异比较

2. 干预组与对照组亲职效能感水平比较

本研究采用独立 t 样本检验干预前(T1)、干预后(T2)及干预后 3 个月(T3)干预组和对照组的亲职效能感水平是否存在显著差异。结果显示(见表 3)干预组和对照组在 3 个时点的亲职效能感指标上均不存在显著差异,可能的原因在于:第一,尽管本研究采用随机对照试验的方法,线上干预无法排除实验同期社会环境中其他影响因素的作用,例如通过焦点访谈,工作者了解到,在开展干预服务的同时,

Y校同期还开展了面向家长的家庭教育讲座,这些因素可能会对干预组和对照组的亲职效能感水平产生一定的干扰。第二,线上干预也无法控制线下的干扰因素,尤其是在研究中,干预组和对照组成员均为同一所学校的家长,相互之间的交流和学习模仿也可能会使干预的效应溢出,使得两组在亲职效能感水平上有所提高。

表3 干预组与对照组亲职效能感水平比较

指标	时间	组别	N	M	SD	t	P
亲职效能感	T1	干预组	25	3.16	0.42	−0.631	0.531
		对照组	26	3.24	0.49		
	T2	干预组	25	3.35	0.57	−0.110	0.913
		对照组	26	3.36	0.43		
	T3	干预组	25	3.31	0.54	−0.843	0.403
		对照组	26	3.45	0.62		

干预后3个月(T3)两组的亲职效能感水平呈现出差异化趋势,其中对照组仍保持上升态势,干预组的亲职效能感从后测(T2)后开始下降。由于在追踪阶段所有的干预服务已经结束,干预组可能出现一定程度的行为倒退,参考以往的干预研究,可能与本研究中干预服务的时间较短有关。[①]第三,亲职效能感作为一种个体的主观评价,干预组通过接受干预服务学习和掌握的亲职知识和技巧越多,可能所感知的亲职挑战也越大。加之干预服务是在暑期开展,这期间家长和孩子互动较为频繁,可能对家长的亲职效能感造成一定的消极影响。

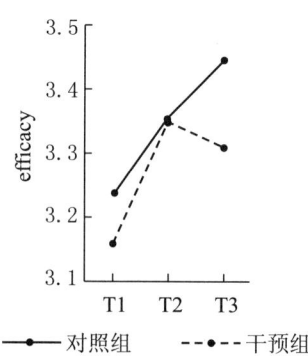

图7 干预组和对照组亲职效能感水平变化趋势

---

① Sharpley, C. F., Poiner, A. M.(1980). An Exploratory Evaluation of the Systematic Training for Effective Parenting(STEP) Programme. *Australian Psychologist*, 15(1), 1—15.

3. 焦点小组访谈

农村家长亲职效能感水平的提升具体表现在以下四个方面:

(1) 亲职意识变化

对亲职认知的提升贯穿小组服务全过程,活动围绕对自我角色的认知和自我优势的探索两个方面展开。在第二阶段"亲子自画像"环节,工作者引导组员以优势视角看待自我,接纳自己作为不完美但却是孩子眼中不可替代的父母。在第一阶段的"优势大转盘"环节,家长积极分享各自技能。

> 我以后会控制好自己的情绪,他其实有很多优点,我以后也要努力成为和善而坚定的父母[A3-076]。

> 我自己一直觉得不是一个称职的爸爸,但是通过这个活动,觉得我对自己的孩子还是蛮有那个(力量)的[A8-087]。

为人父母是一个成长学习的过程,当家长转变非理性教养信念,不再养育行为感到焦虑和担忧,从"我不能"转向"我可以",组员对自身的亲职能力和教养子女的信心也得到了提升。

(2) 教养观念转变

教养态度的转变主要体现在关注子女心理发展、尊重子女个人想法、主动表达情感需求等三方面。组员对子女的关心不仅局限于生活和学习领域,而是开始关注子女的情绪发展和心理健康,有意识地使用非暴力语言和孩子沟通。

> 我感觉最大的一个变化就是我和孩子在主动交流,他在电话里有时候觉得我很奇怪,今天爸爸怎么这么有耐心?之前可能我生气了,脸色变了会凶他,小孩就害怕,但现在我会控制住自己[A8-141]。

> 其实我好像一直在要求他当一个乖孩子,总是让他干这干那,现在想想小孩又不是机器,怎么可能完全按照我们想的来呢?反而是应该像A3妈妈一样,多听听他的想法才对[A4-103]。

在工作者的鼓励之下,组员开始转变过去含蓄式表达,向孩子主动表达"宝贝,我爱你",让孩子直接且确定地感受到来自父母的关爱和呵护。

> 参加了这个小组,让我最高兴的事情就是他每天要抱一抱我,他会问妈妈你爱不爱我,我说,爱你呀,这个转变让我特别高兴[A7-156]。

(3) 教养行为改善

组员的教养行为改善主要体现在情绪管理和正面管教两方面。在第二阶段"乐观有妙招"环节,组员分享了自己情绪不佳时的排解方法,通过暂时离场、静心读书等方式让自己摆脱"被情绪绑架"的状态,冷静应对亲子冲突。在第三阶段"剧本重演"环节,组员意识到冷暴力特别是言语暴力对孩子造成的伤害是隐秘而严重的,学会采用非暴力式沟通语言与子女交流,并且愿意在管教子女方面花费时间和精力。

> 我在培养孩子养成自己读书的习惯,每天晚上和孩子听那个凯叔讲故事(听书软件),陪着她一起学习[A2-178]。

> 我家小孩看到我每周上课,他也特别好奇,还要求我每周以身作则不许迟到,通过这个课我好像也在给小孩做出了榜样,我现在也会注意自己的一些行为吧,尽量不要给小孩造成不好的影响[A5-145]。

(4)教养技能提高

组员教养技能的提高主要表现在对教养行为科学性的判断以及自我主动学习两方面。在第四阶段"学习披萨"环节,组员通过小组学习掌握了一定的正面管教知识和技能;此外,也有家长表示会持续学习,通过参加亲职小组或者家庭教育讲座、阅读教育书籍等方式实现自我成长。

> 有时候我闲下来,看看你们提供的资料,我觉得这些资料做得非常用心,真的是要去吃透它,每一个观点都是一种方式,教会我怎么样去跟孩子更好的交流沟通[A7-145]。

六、结论与研究展望

(一)结论

本研究在需求评估的基础上,根据实证调查结果与理论进行干预方案的设计、实施,并通过过程评估和结果评估评估线上亲职小组的干预成效。结果表明:第一,农村家长普遍对管教子女信心不足,亲职效能感水平较低;第二,农村家长对正面管教的育儿理念和知识了解较为有限,缺乏系统性的学习机会;第三,"K.A.G.E.爱伴成长"干预效果表明,社工通过对农村家长开展正面管教的知识教育,增加服务对象对亲职知识的了解,转变服务对象对育儿的非理性信念,重建服务对象科学育儿的认知体系,提升家长的亲职效能感;第四,"K.A.G.E.爱伴成长"线上小组干预方案作为一种成本效益较佳、较为符合农村家长实际需求的社会工作服务方式,对提升农村家长的亲职效能感、改善亲子关系具有较为积极的意义,具备一定的推广价值。

本研究存在一些局限性。首先,样本的代表性不足。本研究的样本量较小且分布较为局限,所纳入的人群均来自同一学校,大多为女性家长,限制了研究结果对其他地区农村家长的适用性和可推广性。因而,研究结论的推广还需要在更广泛的学校和农村家长人群中加以验证。其次,本研究采用非双盲设计,在干预方案和效果的因果推断上仍然存在一定的局限,尤其是无法规避安慰剂效应和由于观察者的偏好或期待可能造成的偏差。同时,由于小组实行代币制奖励机制,因此无法排除人情和物质激励因素对于干预效果的影响。再次,干预人员的专业性仍需进一步提升。本研究中,尽管实务督导具备认知行为疗法的专业资质,但实施干预者只接受过一定的知识和技能的培训,未来的干预需尽可能由具备认知行为治疗专业资质认证的相关人员实施服务;最后,干预的持续性效果有待于进一步检验。由于线上服务干预周期较短,追踪评估的周期也较短,未来还需继续完善干预服务方案,通过更长的干预时间,评估干预效果的持续性。

(二) 研究展望

当前我国社会正在经历深刻的数字化转型,对于作为实践科学的社会工作来说,既是机遇,也是挑战。具体来说,未来的干预研究可以考虑以下几个方向:

1. 结合线上服务和农村家长的特点完善干预方案

相比传统的线下小组服务,线上干预的挑战在于:第一,需求评估可能不够精准。本研究在干预前通过电话或微信语音的方式对服务对象进行需求评估,在评估过程中无法实时获取服务对象的表情、动作等非语言信息,可能会导致对问题的认定出现一定程度的偏差,未来的干预研究可考虑通过视频方式开展,以及提前对工作者开展线上访谈技巧的培训。第二,服务的参与度具有一定的不确定性。尽管工作者多次强调全程开启摄像头保持参与,但在服务开展过程中依然有部分组员关闭摄像头甚至离场,出现了短暂冷场(服务对象不应答)、服务时间拉长(等待服务对象上线)等现象。同时,在腾讯会议室里共享演示文稿时曾出现卡顿、组员发言时视频与音频同开时中断掉线等情况,工作者通过将演示文稿以 PDF 格式播放、关闭视频以保证音频流畅等措施解决此类技术性问题。第三,干预方案需结合线上服务以及服务对象的特点进行设计。以暖场活动为例,由于"大风吹"等常见的游戏无法在破冰环节使用,可结合服务对象普遍感兴趣的话题引导组员分享讨论,并结合网络平台上的热门歌曲作为背景音乐营造氛围,帮助组员更好适应并融入小组活动中来。

2. 扩大研究样本范围

由于研究对象均为同一所学校的家长，为进一步验证研究结论，未来的干预研究可扩展至更大范围，在不同区域招募更多的服务对象参与干预服务。此外，可适当招募更多男性家长，将父职与母职效能水平的差异性进行比较，以验证该干预方案是否适用于不同性别、不同区域家长的亲职效能感水平提升。

3. 完善评估机制

本研究采用定量和定性相结合的方式评估干预效果。值得一提的是，尽管干预组在前后测以及干预后3个月后亲职效能感水平有显著的变化，然而干预组和对照组的亲职效能感水平在后测和干预后3个月并没显著差异。通过小组成员在小组内的表现和成长变化、活动结束后的满意度评估、质性访谈等定性数据力图使本研究关于线上亲职小组干预效果的结论更为准确、全面。此外，本研究中工作者既是服务的提供者，也是服务的评估者，不同角色的交叉可能会影响小组成效的客观性。因此，未来的研究需完善对小组效果的评价，建立独立于干预项目以外的评估机制，增强干预证据的科学性。

4. 持续推广干预项目

本研究是一项"互联网＋"社会工作介入家庭教育的探索性干预研究，尝试为家庭教育领域的社会工作实践提供方案设计和研究参考。本研究通过开展线上小组社会工作服务，证实"互联网＋社会工作"服务介入农村家长的亲职效能感提升具有较为积极的效果。因此，基于本研究发展的干预项目具有一定的推广价值，可以应用于指导更广泛的家庭教育实践。此外，未来的研究还需基于证据为本的实践逻辑，综合运用多元化社会工作方法开展面向农村家长的亲职教育服务，积累"互联网＋社会工作"在家庭教育领域更多的实践证据，发展出符合我国家庭教育实际且行之有效的"最佳实践"(Best practice)，为农村儿童的身心健康发展营造友好的家庭和社区环境。

（祝玉红　银少君）

法律孤儿的家庭生活风险与政策优化路径

一、问题的提出

法律孤儿,是指父母双方因违法犯罪被国家采取强制措施而失去人身自由,或父母一方因违法犯罪被国家采取强制措施而失去人身自由,另一方已死亡、无能力或由于其他原因无法履行监护职责的未成年人。据推算,截至 2015 年底,我国仅监狱服刑人员未成年子女人数就有近 74 万人,①此外还有大量被关押在看守所、强制戒毒所等监管场所的人员的未成年子女,总数难以估算。由于长期未被纳入我国的儿童福利体系,不少法律孤儿面临着严峻的生活风险。2013 年 6 月,南京两名幼童饿死家中的新闻震惊全国,揭开了法律孤儿的生活困境和救助困局,引发社会舆论的高度关注。此后,国家逐步将儿童福利保障范围从孤残儿童扩大至服刑人员未成年子女、吸毒家庭子女等困境家庭儿童群体。自 2016 年起,法律孤儿被正式纳入国家的保障范围。但是,与针对一般孤儿的福利机构集中养育不同,我国对法律孤儿实施的是"不离家"的保障性救助,即优先安置法律孤儿在祖辈或其他亲属的家庭中生活,政府以生活费补贴、助学金、医疗保险等方式为儿童提供基本生活、医疗和教育保障。

国家力量介入后,法律孤儿的生活状况如何、是否得到了有效的帮助、还有哪些有待解决的问题和需求?这些问题都还没有得到学界的系统研究。并且,尽管法律孤儿的主要生活环境是家庭,但现有的救助政策却是以儿童为中心所设计的,救助措施都只针对儿童本身,没有给予家庭及家庭可能存在的风险足够的关注。这种以儿童为中心的救助政策是否能有效地应对和化解法律孤儿在家庭生活中的

---

① 刘红霞:《在押服刑人员未成年子女救助体系的构建与完善》,《法学杂志》2016 年第 4 期。

各种风险?本文采用累积性风险理论视角,考察当前法律孤儿在家庭生活中所面临的风险,讨论现有救助政策与法律孤儿及其家庭需求的契合程度,并提出以家庭为中心的法律孤儿救助保护思路。

二、文献回顾与本文的理论视角

(一)父母服刑冲击论①

监禁是现代国家刑罚的主要制裁措施,关于监禁及其对罪犯的惩罚和对社会的威慑作用的讨论已经延续了几个世纪。受此影响,现有的法律孤儿研究也大多秉持"父母服刑冲击论"的视角,集中描述父母服刑对子女带来的负面影响。这些影响主要包括:(1)经济压力与生活贫困。父母入狱会对家庭的经济状况造成不利影响,从而降低儿童的生活水平、居住质量以及社会参与程度。②(2)心理创伤与心理健康问题。父母服刑对孩子而言是一种压力和创伤性事件,一些孩子会因此产生创伤性应激障碍。③(3)学业受阻与学校融入困难。服刑人员子女的学习成绩可能低于平均水平,不及格和辍学的可能性也更高。④出于恐惧和耻辱感,他们难以融入学校内的同辈群体,转而结交校外的不良伙伴。⑤(4)污名化与社会排斥。社会大众往往会将对犯罪分子的愤怒和厌恶情绪迁移到他们的子女身上,将他们排斥在主流社会之外。⑥(5)行为越轨与违法犯罪。父母服刑带来的心理创伤、亲子

---

① 根据2019年民政部等12部门印发的《关于进一步加强事实无人抚养儿童保障工作的意见》,法律孤儿的父母被限制人身自由的情形除"服刑在押"以外,还包括"强制隔离戒毒"和"被执行其他限制人身自由的措施"。本文将相关研究概括为"父母服刑冲击论"是出于叙述方便的需要。

② Geller, A., Garfinkel, I., Cooper, C.E., & Mincy, R.B. (2009). Parental Incarceration and Child Well-Being: Implications for Urban Families, *Social Science Quarterly*, 90(5), 1186—1202.

③ Phillips, S. & Zhao, J. (2010). The Relationship between Witnessing Arrests and Elevated Symptoms of Posttraumatic Stress: Findings from a National Study of Children Involved in the Child Welfare System. *Children and Youth Services Review*, 32(10), 1246—1254.

④ Sack, W., Seidler, T. & Thomas, S. (1976). Children of Imprisoned Parents: A Psychosocial Exploration. *American Journal of Orthopsychiatry*, 46(4), 618—628.

⑤ Dallaire, D. (2007). Children with Incarcerated Mothers: Developmental Outcomes, Special Challenges, and Recommendations. *Journal of Applied Developmental Psychology*, 28(1), 15.

⑥ 王君健、寇薇:《承认理论视角下"法律孤儿"生存现状的个案研究》,《青年研究》2013年第5期。

分离、照料缺失等消极因素增加了孩子犯罪的风险。①

上述国内外研究呈现出父母服刑冲击下的一幅法律孤儿问题图景,其背后都暗含一个基本假设:父母服刑导致了法律孤儿的生活困境,即将服刑事件视作原因,将法律孤儿的生活困境视为后果。基于这种假定,相关研究就忽略了法律孤儿生活的连续性,忽视了在父母服刑之前,法律孤儿的家庭就已经存在诸多风险,并且这些风险并不会在父母结束服刑后就自动消失。正如不少研究所发现的,许多服刑人员家庭在入狱前就存在贫困、虐待和忽视儿童、夫妻关系破裂和离婚、父亲照料缺席等问题,研究者显然不应简单地将法律孤儿的问题归咎于父母服刑这一风险因素,而应充分考虑父母服刑前儿童的家庭生活状况可能对儿童产生的影响。因此,本文主张从累积风险(Cumulative Risk)的理论视角来分析法律孤儿的家庭生活。

(二) 从累积风险视角看法律孤儿的家庭生活

早期儿童研究大多关注某个风险因素与某个发展结果之间的关联,而英国心理学家迈克尔·拉特(Michael Rutter)却观察到,儿童的精神障碍与父母婚姻不和谐、社会地位低、家庭规模过大、父亲犯罪、母亲的精神障碍和机构治疗经历这六个因素有关。其中任一因素单独出现都不会增加儿童精神障碍的风险,但如果两个及以上因素同时出现,儿童发生精神障碍的概率会显著增加。②随后,阿诺德·萨默洛夫(Arnold Sameroff)等人的研究也得出了类似的结果。据此,这些研究者们提出了累积风险理论:(1)影响儿童发展的不是某一个风险因素,而是多种风险因素的累积。(2)儿童生活中的风险因素越多,他遭遇的困难可能性就越大。(3)多个风险之间既可能相互独立也可能存在交叉。③

从累积风险理论视角来看,现有研究大都没有将父母服刑对儿童的影响与儿童生活中已经存在的其他风险因素的影响区分开来。儿童发展并不只受到父母服刑这个单一因素的影响,而是多个风险(如贫困、抚养人变化、社会的"标签化"等)

---

① Johnston, D. (1995). Effects of Parental Incarceration. In K. Gabel & D. Johnston (Eds.), *Children of incarcerated parents*, New York: Lexington Books, pp.59—88.

② Rutter, M. (1979). Protective Factors in Children's Responses to Stress and Disadvantage. In M. W. Kent & J. E. Rolf (Eds.), *Primary Prevention of Psychopathology* (Vol.3): *Social Competence in Children*. Hanover, NH: University Press of New England, pp.49—74.

③ Sameroff, A., Seifer, R., Barocas, R., Zax, M. & Greenspan, S. (1987). Intelligence Quotient Scores of 4-year-old Children: Social Environmental Risk Factors. *Pediatrics*, 79, 343—350.

累积的结果。①对许多法律孤儿而言,早在父母服刑之前,他们的家庭就已经是高风险家庭,存在着社会经济地位低、父母受教育程度低、父母精神疾病、暴力和虐待史、吸毒等诸多问题。②法律孤儿父母的犯罪行为正是家庭功能薄弱的体现,服刑事件也只是加速家庭状态恶化而已。③有研究者甚至提出,父母服刑本身对儿童没有显著影响,影响儿童发展的是他们所处的高风险生态系统中的各种风险的累积。④

基于累积风险理论视角,本文将法律孤儿的家庭生活划分为父母离家前、离家期间和返家后等3个阶段,探讨儿童在不同阶段面临何种风险,并针对不同需求提出应对思路。

三、研究方法与个案选择

现有研究较多以在太阳村等机构中生活的法律孤儿为研究对象,而本文的研究对象是在家庭中生活的法律孤儿。与接受机构集中抚育的法律孤儿相比,家庭中的法律孤儿是一个更隐匿的人群。在中国社会,家庭成员进监狱是一件难以启齿之事,无论是孩子自己还是他们的实际抚养人,对此都讳莫如深。研究对象的不易获得,使得我们难以开展大规模的调查。并且,要了解法律孤儿的真实生活、态度和需求,必须采用一种能够近距离接触、观察和聆听研究对象真实想法的研究方法。因此,本研究选择质性研究方法作为主要的研究方法。2017年7—11月,我们先后对8个法律孤儿家庭进行了深入的观察、访问,访谈对象包括法律孤儿及其实际抚养人(见表1)。

---

① Sameroff, A., Bartko, W., Baldwin, A., Baldwin, C., & Seifer, R.(1998). Family and Social Influences on the Development of Child Competence. In M. Lewis & C. Feiring(Eds.), *Families, Risk, and Competence*. Hillsdale, NJ: Lawrence Erlbaum Associates, pp.161—186.

② Kampfner, C. J.(1995). Post-Traumatic Stress Reactions in Children of Imprisoned Mothers. In K. Gabel & D. Johnston(Eds.), *Children of Incarcerated Parents*. New York: Lexington Books, pp.89—100.

③ 江雅筑:《受刑人家庭服务实务经验探讨——以红心字会为例》,《社区发展季刊》2009年总第128期。

④ Johnson, E. I., & Easterling, B.(2012). Understanding Unique Effects of Parental Incarceration on Children: Challenges, Progress, and Recommendations. *Journal of Marriage and Family*, 74, 342—356.

表 1 受访者的基本情况

	受访儿童	性别	年龄	父亲情况	母亲情况	核心家庭情况	受访抚养人情况
1	C1	女	10	失联	无业、吸毒、服刑	单亲非婚生育	A1a,为 C1 外祖父 A1b,为 C1 外祖母
2	C2	男	11	失联	服刑	单亲非婚生育	A2,为 C2 表哥,因 A2 外祖母中风临时照料
3	C3	女	7	服刑	服刑	已婚	A3a,为 C3 表舅,委托监护人 A3b,为 C3 姨奶奶,实际抚养人
4	C4	女	12	失联	无业、吸毒、服刑	单亲非婚生育	A4a,为 C4 母亲的朋友,委托监护人 A4b,为 A4 母亲,实际抚养人
5	C5	男	12	无业、吸毒、服刑	弃养	单亲离婚	A5,为 C5 外祖母
6	C6	女	17	去世	服刑	单亲父亲去世	A6a,为 C6 舅舅,委托监护人 A6b,为 C6 外祖母,实际抚养人
7	C7	女	8	无业、吸毒、服刑	失联	单亲非婚生育	A7,为 C7 祖父
8	C8	女	14	失联	服刑	单亲重组家庭	A8,为 C8 母亲的朋友

四、法律孤儿家庭生活的累积性风险

法律孤儿在家庭生活中持续地面对多重风险。这些风险因素不单是因受父母服刑的冲击而产生,也可能在法律孤儿的父母服刑前就已经存在,或是在其父母返家后才会发生。

(一)父母离家之前:家庭的多重风险

1. 家庭结构缺损

家庭结构缺损是指核心家庭中因父母一方缺位而造成家庭的不完整,即单亲家庭。在我们访谈的 8 名法律孤儿中,有 7 名儿童在父母入狱之前就生活在单亲家庭。其中,有 4 名儿童是非婚生子女,与父母中一方长期失去联系,有的甚至从未见过。这些父母们普遍受教育程度不高,没有稳定的收入来源,一部分人还染上毒瘾。在入狱以前,他们的生活已经危机四伏,既无力建立长期稳定的婚姻关系,也无法为子女提供健康的家庭生活环境。

虽然目前学界对于单亲家庭不利于儿童成长的观点还存在争论,但的确有大量证据表明,父母双全的和睦家庭要比单亲家庭更有利于儿童的健康成长,单亲家庭更容易对子女的物质生活、心理、行为、学业等方面造成负面影响。[①]显然,单亲家庭是儿童社会化过程中的一个风险因素而非保护因素。当单亲家庭与父母服刑这两个风险因素叠加,孩子唯一的监护人入狱或进戒毒所,他们就成为事实上无人监护的孤儿。

2. 家庭支持网络薄弱

在家庭的三角结构以外,扩展亲属也具有抚育儿童的功能。当抚育孩子的任务需要家庭之外的人帮忙时,最容易求助到的人就是曾经共同生活过的父母和同胞。[②]然而,在本研究所接触到的法律孤儿家庭中,多数家庭的亲属支持网络都极为薄弱。当核心家庭中的父母无法履行抚育儿童的责任,第二道亲属"安全网"也无法发挥替代性的抚育功能,孩子的抚育就有被迫中断的风险。

法律孤儿的父母大多没有正常的、稳定的工作,部分人还吸毒成瘾,不但不能为家庭经济做出贡献,反而常常给家里惹来麻烦。这直接削弱了法律孤儿的家庭亲属支持网络,使他们的扩展亲属不愿意在法律孤儿的抚育事务上提供帮助和支持。法律孤儿 C4 的经历较为典型。自她出生以来,父亲就从未露过面。她的母亲吸毒成瘾,为了支付自己的毒资,隔三岔五向家人索取金钱,致使家人不但与她断绝往来,连 C4 的生活也不再过问。她的委托监护人 A4a 向我们讲述了 C4 母女被外祖母拒之门外的故事:大冬天的,很冷,她妈妈还带着她去(要钱)。她的说法是,我把孩子带去,让她(外祖母)看看,我一个人带着孩子,那么冷的天,她忍不忍心。她就把孩子拖着,大冬天就在风里吹了大半天,在外婆家门口坐了一个晚上。(A4a,20170717)

不过,C4 并不责怪自己的外祖父母,她这样解释道:因为他们怕。……因为这之前我妈一直问他们要钱。要了好几次了,大概有一两万。后来又问我外公的哥

[①] 陈芳:《我国"单亲家庭"研究述评》,《西北人口》2008 年第 5 期。
[②] 费孝通:《乡土中国、生育制度、乡土重建》,商务印书馆 2011 年版,第 320—336 页。

哥,问他们借好几万,反正就是借了好几次。他们自己也是拿退休金的,借钱一直不还,外公这边还好,毕竟是自己女儿,但是亲戚那里就不怎么好说了,后来关系就开始不好了,到后来看到她进去了,就更生气了。(C4,20170717)可见,非婚生育、无正当收入、吸毒等各项风险叠加产生的负面效应,使得C4母亲在入狱之前就已经处于多重混乱状态。在与她共同生活的日子里,C4不但无法得到妥善的养育和照料,甚至还被母亲当作向家人索要毒资的工具。其结果是,亲戚们即使同情C4的遭遇,也只能抱持防范和躲避的态度,不敢为她提供任何生活照料和经济支持。

3. 父母养育责任意识淡漠

在中国社会,父母抚育未成年子女是一种重要的代际责任。但在本研究中,一些父母严重缺乏养育责任意识,有的从孩子出生起就扔给祖辈抚养,自己从不过问;有的把养育孩子视为负担,甚至试图遗弃孩子。

如果没有祖父母的庇护,法律孤儿C7可能一出生就被父母遗弃了。当时,她的父亲已经染上毒瘾,而母亲才19岁,两人成天混迹于一群"不三不四的男男女女"(C7祖父语)之中。生下孩子后,C7的母亲不告而别,从此音信全无。C7的父亲其时尚未入狱,但他毫无养育孩子的打算:他(C7父亲)就不在意,好像无所谓。当时抱回来的时候,我问他:"你打算怎么办?"他倒反过来问我,他说:"你说你打算怎么办?你不养,我就送人"。他就是这个态度。(A7,20170812)

与C7相比,C4就没那么幸运了。母亲入狱后,由于外祖父母不愿抚养C4,一所儿童福利院破例接纳了她,直到她的母亲第一次出狱。和母亲的团圆并没有让C4回归正常家庭生活,相反,母亲对她的态度十分恶劣。一天,母亲嫌她烦,把她送到原来收留她的儿童福利院门口便一走了之。尽管我国《刑法》对遗弃罪有明确规定,但由于C4母亲的行为并未造成严重后果,因此没有受到任何法律制裁。

(二) 父母离家期间:隔代抚养的风险

隔代教养是指祖辈对孙辈的抚养和教育。在我们访谈的8个法律孤儿家庭中,父母服刑期间由祖辈担任委托监护人的家庭有4个,其余法律孤儿的委托监护人虽是与其父母同辈的亲友,但在法律孤儿身边承担实质照料责任的仍然是祖辈。祖辈担任法律孤儿的实际抚养人的优势在于能够让儿童在熟悉的环境下成长,能够更好地维系家庭。①但不少研究也发现,由于祖辈的精力有限、教育水平不足、养

---

① Connealy, M. & DeRoos, Y.(2000). Grandparenting and Family Preservation. In B. Hayslip, & R. Golberg-Glen(Eds.), *Grandparents Raising Grand-Children: Theoretical, Empirical, and Clinical Perspectives*. NY: Springer, pp.23—34.

育观念陈旧等方面的原因,隔代教养容易对儿童的心理、情绪、情感和行为产生负面影响。①我们的研究发现,祖辈在抚养法律孤儿的过程中主要存在如下风险:

1. 祖辈高龄风险与健康问题

在我们接触的法律孤儿家庭中,承担抚养责任的祖辈具有几个明显特征:(1)年龄偏大,70岁以上老人较多;(2)健康状况不佳,部分老人患重病,生活无法自理,需要配偶或孙辈的照料;(3)由于配偶生病、去世、离异等原因,存在单独一人照料孩子的情况。并且,上述3个特征往往是相互联系的:年龄越大的老人就越有可能出现健康问题;两位老人中如果有一位重病或去世,另一位老人的负担就会变得更为沉重。此外,老人突发疾病的可能性也比较高,一旦发病时没有及时送医,就可能危及生命,这为法律孤儿的生活埋下极大隐患。在本研究中,C3的祖母突然离世就是这样的例子:人家给她量个血压,一量200多,马上就打120,说她有点中风了。那个时候她脑子很清楚的呀,马上跟隔壁的(邻居)说:"如果我有什么事情,你马上打个电话给我姐姐"。她把电话写在她手上。当天晚上就走掉(去世)了。(A3b,20170719)

祖母突然离世,C3不得不接连承受亲人入狱和亲人死亡的事实,由此受到的心理冲击可想而知。C3的表舅对她的心理状况极为担忧:如果有心理医生嘛最好,毕竟是一个经历了这么多事情的小孩子。……她奶奶走的那天,眼泪都不(掉)下来。她心里肯定有一些事情,只是我们没有发觉。奶奶过去(去世)到现在刚刚半年,她心理上没有这么快可以恢复。(A3a,20170719)

可见,祖辈隔代抚养虽然可以提供一个基于血缘的亲密家庭环境,避免法律孤儿的日常生活发生中断,但因祖辈存在高龄与健康问题等风险因素,也为法律孤儿的监护埋下了隐患,容易出现突发的监护缺失状况。如果祖辈突然离世,法律孤儿也可能遭受心理创伤。

2. 家庭教育的能力与技巧缺乏

除了高龄与健康风险以外,祖辈在家庭教育方面的能力不足、缺乏教育技巧也是隔代教养的法律孤儿家庭存在的主要问题。观察发现,祖辈中存在两种现象:一是补偿心理下的宠溺养育,二是失望情绪下的不恰当归因。

(1)补偿心理下的宠溺养育。出于对孩子身世的同情和怜惜,一些祖辈对孩子非常溺爱和纵容。据C1的外祖父所说,为了弥补C1所缺失的父母关爱,他尽自

---

① 段飞燕、李静:《近十年国内外隔代教养研究综述》,《上海教育科研》2012年第4期。

己所能地照顾C1,"小钱大钱都是花在她身上,有好东西都舍不得吃,好东西都给她"(A1a,20170712)。C1外祖父母的这种补偿心理并非特例。尽管自身的经济条件并不理想,但他们会尽可能地满足孩子的物质需求,如C1就拥有苹果平板电脑,C5购买了价格上千元的自行车,还有好几个家庭为孩子配备了智能手机。对孩子的不合理要求,他们往往不懂得如何拒绝。当孩子犯了错,他们也很难做到严厉批评和正确引导。就像C3的姨奶奶所说:"我们想想她(受了)多少苦,我们很多东西都那个(不说)了"(A3b,20170719)。这种只宽不严的教养方式显然不利于法律孤儿的成长,容易引发和助长法律孤儿的偏差行为。

(2)失望情绪下的不恰当归因。隔代教养时常出现的另一个问题是对法律孤儿的行为进行不恰当的归因。当法律孤儿不听从管教时,他们容易将原因归结到遗传或病理因素上,认为孩子的一些问题行为是天生的,而不去分析孩子的心理需求和反思自身的教养方式。例如,C1的外祖母把孩子性格倔强、不听话、上课注意力不集中等问题都一律与其母亲吸毒挂钩。用她的话来说:"这个小孩和一般正常小孩不一样。因为她妈妈吃这个东西,生出来都有影响的"(A1b,20170712)。法律孤儿的问题行为由此被合理化,得不到及时的干预和矫正。

(三)父母返家之后:儿童监护权隐忧

在目前的法律制度框架下,父母的监护权并不受服刑、戒毒等因素的影响,因此本研究中所有法律孤儿的法定监护人都是他们的父母。让亲生父母担任儿童监护人的初衷是为了让儿童得到最有力的照料、保护和关爱。然而,一些服刑和吸毒人员既缺乏养育意识和责任心,也没有必要的养育知识和技能,甚至还是屡犯、惯犯,儿童回到他们身边反而得不到适当的照顾。对于这种特殊的监护情况,目前还没有法律条文或政策文件予以明确规定。

在我们拜访的家庭中,不少实际抚养人都提到了对儿童未来监护权归属的忧虑。他们最为担心的是,如果将来孩子回到父母身边,被父母带上了歧路怎么办?当我们谈到孩子母亲将来出狱的话题时,C8的抚养人马上回应:"最好她不要来找,她要来找的话,小孩交到她手里,你说烦吧?她妈妈要是给她灌输不好的东西,我就白辛苦了!"(A8,20170812)

我国近年来已经开始重新审视儿童的监护权问题,对剥夺监护权的适用情形规定逐渐细化。但是,法律规定都是事后处置,且要求具有相当程度的伤害后果,即只有当对儿童的危害已经成为事实后,才能做出剥夺监护权的法律判决。这显然不能减轻本研究中法律孤儿的抚养人们的担忧。目前还没有政策法律对如何评估刑释人员或戒毒期满人员的监护资格、如何监督和支持他们履行监护责任等问题做出具体规定。服刑人员和戒毒人员释放后,无须经过任何法定程序就自然重新成为子女的合法监护人,这极易对法律孤儿的家庭生活带来新的风险。

五、法律孤儿救助政策的不足与优化路径

(一)现有救助政策的不足

1. 缺乏儿童家庭生活风险的调查评估制度

现有法律孤儿救助政策是以儿童监护缺失的身份认定为基础,儿童只能在父母服刑/戒毒期间才能得到监护安排和经济保障。本文的分析却表明,法律孤儿家庭生活的不同阶段(父母离家前、离家期间、返家之后)持续地面对多重风险,多重风险的累积增加了法律孤儿生活的不确定性,部分儿童随时可能陷入生活困境或生活困境进一步恶化。根据《关于进一步加强事实无人抚养儿童保障工作的意见》,民政部门的主管职责是资格确认、生活补贴发放、综合协调和监督管理等工作,没有提及对儿童风险的调查评估。当民政部门或公安机关接到发现法律孤儿的报告时,是否需要对该名儿童的风险进行专业的评估?委托谁来进行调查和评估?如何保证这一调查评估符合儿童保护的专业性要求?这些都是基层工作所遇到的现实问题。仅靠街镇儿童督导员的调查走访,难以保证调查评估的专业性,国家也没有指定专门行政机构或第三方机构去评估儿童风险问题。我们的访谈也发现,不同法律孤儿所面临的风险程度有很大差别,但他们从政府得到的救助帮扶却大致相同。可见,儿童风险调查评估制度的缺失,使得政府只能为法律孤儿提供整齐划一的基本保障,却难以根据儿童不同的风险程度制定有针对性的服务。

2. 对祖辈担任委托监护人缺乏必要的抚育支持服务

现有救助政策将法律孤儿的祖父母、外祖父母作为首要的委托监护人,但并没有考虑祖辈的抚养能力,对祖辈给予必要支持。就儿童身心发展而言,祖辈为失去父母的儿童提供替代性养护通常比机构照料要好。[①]但法律孤儿的祖辈往往年龄偏大、身体健康状况不佳,缺乏家庭教育的知识和技巧,还承受着一定程度的照料压力和心理压力,这些因素都影响了他们的抚育能力。对于这部分祖辈抚养人,现

---

① 尚晓援、伍晓明:《中国农村孤儿保护体制的个案研究》,《中国青年研究》2006年第12期。

有政策只明确了他们的监护责任,却没有为他们提供诸如健康随访、家庭教育指导、心理疏导等相应的支持和帮助,由此带来的风险是双重的:一方面,祖辈承受巨大的抚养压力,容易发生风险;另一方面,一旦祖辈出现突发疾病、丧失抚养能力、去世等情况,法律孤儿就会重新面临失去监护的风险。

3. 对刑释人员和戒毒期满人员担任监护人缺乏评估、监督和支持制度

首先,现行法律体系未对服刑人员和戒毒人员不适宜担任监护人的情形做出明确界定。根据2021年正式实施的《民法典》,只有当监护人在抚养子女的过程中"实施严重损害被监护人身心健康行为或怠于履行监护职责或者无法履行监护职责且拒绝将监护职责部分或者全部委托给他人,导致被监护人处于危困状态",才可能被剥夺监护权。对于因服刑或戒毒而无法履行监护职责的情况,目前还没有法律条文或政策文件予以明确规定。其结果是,即使法律孤儿的父母是屡犯、累犯,造成儿童生活的反复动荡和心理伤害,他们也仍然是儿童的合法监护人。

其次,现有救助政策中缺乏对刑释人员和戒毒期满人员的监护评估、监护监督和监护支持。虽然《民法典》《未成年人保护法》和《反家庭暴力法》均对监护权撤销做了进一步细化,但在撤销和恢复监护资格的程序、监护资格和监护能力的评估、监护监督和监护支持等方面都缺乏必要的辅助条款保障其实施。本研究发现,刑释人员和戒毒期满人员一旦回家,无须经过任何程序就自然重新成为子女的合法监护人。一些刑释人员出狱后,既没有必要的养育知识和技能,也缺乏养育意识和责任心,孩子回到他们身边反而得不到适当的照顾,这给法律孤儿的监护埋下极大隐患。

(二)以家庭为中心的救助政策优化路径

上文的分析表明,家庭是法律孤儿的主要风险源,法律孤儿的生活困境往往是其家庭困境的具体表现。要解决法律孤儿的困难,不能仅仅关注法律孤儿个体的需求,还应从儿童与家庭一体的角度来看待家庭整体需求。同时,法律孤儿并非"问题"儿童。对法律孤儿开展救助,应尽量避免专门针对法律孤儿这一群体,以免助长社会对法律孤儿的"标签化",使得法律孤儿在同龄人中被"隔离"出来,这不利于他们的健康成长。因此,本研究提出对法律孤儿的救助保护工作要围绕其家庭开展,建立包括家庭监护监督、家庭支持服务、服刑/戒毒人员重返家庭服务的三重服务体系。

1. 家庭监护监督

依法对家庭监护儿童的情况予以制度化监督,这是从源头上预防、及时发现并应对法律孤儿家庭监护缺失风险的治本之策。对家庭监护情况的监督，重点要做好以下三方面的工作：(1)加强家庭监护责任法治宣传，强化未成年人监护人责任意识，营造家庭监护情况要受到国家监督的社会氛围。(2)在社区建立以家庭为单位的儿童档案，重点关注非婚生育家庭、单亲家庭、隔代抚养家庭等存在较高监护风险的家庭，动态了解儿童及其家庭的需要，督促监护人妥善照顾好儿童。(3)研究制定儿童风险分级标准和处置办法，将儿童年龄、家庭环境、家庭成员的监护能力和监护意愿等因素作为重要衡量指标，为法律孤儿分类救助保护工作提供依据。例如，年龄在8周岁以下的儿童面临的风险较高，而16周岁以上儿童面临的风险则相对较低；因父母被捕而即刻失去监护的儿童应被判定为高风险儿童，父母被捕后仍有祖辈或其他亲属监护的儿童可依调查结果划分为中等风险或低风险儿童。根据不同的风险等级，民政部门和社会福利机构可对法律孤儿开展不同程度的干预和救助。

2. 家庭支持服务

我国目前已经建立起遍及城乡的家长学校和家庭教育指导服务站点，初步形成了家庭教育指导网络。对法律孤儿家庭提供养育支持，可依托现有家庭教育指导网络，将其功能从家庭教育指导拓展为家庭支持服务，帮助有需要的家庭妥善养育儿童。鉴于法律孤儿的实际抚养人往往因自身健康问题、育儿知识与技能缺乏、羞于寻求帮助等原因遭遇养育困境，家庭支持服务的内容应包括：(1)对隔代抚养家庭中老人进行定期健康访视。(2)开展儿童心理和亲子关系的教育培训，帮助抚养人掌握正确的育儿态度、知识和技能。(3)提供儿童临时看护与照料服务，为因突发疾病、意外事件等原因暂时无法照顾孩子的家庭提供协助。(4)充分发动志愿者资源，推动家庭支持服务成为联结社区内各个家庭的平台，促进家庭互助网络的生成，最终形成社区互帮互助的文化氛围。

3. 服刑/戒毒人员重返家庭服务

我国现有的刑释人员帮教措施主要着眼于刑释人员"回归社会"而非"回归家庭"，尤其对有未成年子女的刑释人员的监护人角色缺乏支持。重返家庭服务旨在帮助服刑人员和戒毒人员维系稳定的家庭关系、树立正确的养育态度和价值观、学习掌握必要的育儿知识和技能，促进他们在刑满释放和戒毒期满后承担监护责任。针对服刑/戒毒人员的重返家庭服务应涵盖如下内容：(1)监狱和戒毒所应建立服刑/戒毒人员的家庭资料档案，详细记录服刑/戒毒人员的工作经历、经济状况、子女数量和年龄、家庭犯罪史、家庭关系、扩大家庭的支持状况等资料，为重返家庭服务提供参考;(2)在监狱和戒毒所开设家庭教育课程,开展养育观念和态度、育儿知识和技能、亲子关系、婚姻情感、情绪管理、人际交往等方面的教育;(3)民政部门应对有未成年子女的刑释人员和戒毒期满人员进行监护能力评估,对不能通过该项评估者,为其未成年子女寻找替代监护方案;通过监护能力评估者,返家后还要继续接受相应的家庭监护监督和家庭支持服务。

(何　芳)

隐蔽虐童:幼师虐童的发生机制研究[①]

——基于35个案例的发现

幼师虐童已经引发中国社会强烈关注,并形成了个体归因的师德缺失论、能力缺失论以及社会归因的法律规制缺失论等三种主要解释,但这三种解释均没有充分的实证研究支撑。本文从微观的个体层面,采用互动视角解释"幼师虐童是怎么发生的"这一问题。在中国裁判文书网进行判例检索并筛选后,本研究获得了35个幼师虐童案例。通过对案例的分类统计和质性主题分析发现:幼师虐童的本质是幼师在以教师为中心的教育理念下,追求"控制""秩序",教育规训不当,形成虐待。这些施虐者年龄、学历相对较低,针扎是相对普遍的虐待手段。幼师虐童之所以发生,从教师一方看,她们通过虐待工具隐蔽(如针、水、芥末)和虐待场所隐蔽(如午休室、厕所、储物间、监控死角处等)两种策略突破了幼儿园的监控;从儿童一方看,幼儿教师使用的语词替换(如用"打针"替换"针扎",用"洗澡"替换"泼水")和"转嫁责任式话术"使儿童难以识别相关行为的本质并产生内疚心理,从而不愿意告知家长。以工具隐蔽、地点隐蔽和话语隐蔽合成的隐蔽虐童是此类虐童事件的核心发生机制。

一、问题的提出

2021年6月1日,我国新修订的《未成年人保护法》正式施行,未成年人保护议

[①] 本文的英文版已发表,此文在英文稿件基础上有所改动,感兴趣的读者可参考 Huang, G., Qiao, D. P., Lu, M., & Lian, T. T.(2022). How Child Abuse by Kindergarten Teachers(CAKT) Happens in a Chinese Context: Findings Based on 35 Cases of CAKT, *Children and Youth Services Review*, Vol.141.

题再次引发学术界和公众的关注和讨论。相较于"未成年人保护","儿童保护"(child protection)是一个更具国际影响力的概念,通常指针对儿童虐待、忽视等不正当对待行为的预防和社会政策干预。①不管是国内更为流行的"未成年人保护",还是国际学术界更常使用的"儿童保护"话语,近年来被频繁曝光的幼师虐童事件都引发了广泛的舆论关注。

2017年,中国两个最大的城市——上海、北京几乎前后发生的两起幼师虐童事件引发了汹涌的舆情。11月初,上海携程亲子园被曝出不同班级的8名教师对儿童实施殴打、涂抹芥末等行为高达数百次,对儿童及其家庭造成了重大心理创伤。由于涉事亲子园的母公司携程集团在中国社会有较高知名度,且虐童事件中教师使用芥末涂抹儿童进行管教的手段极其罕见、残忍,一经曝出即成为当年重大的舆情事件。②相比这起事件,2017年底发生的北京红黄蓝幼儿园幼师虐童案引发的舆情更加凶猛。2017年11月22日晚,社交媒体上传出北京红黄蓝幼儿园某园所发生幼儿教师针扎儿童、喂药事件,家长将涉事儿童疑似被针扎留下的针眼照片上传网络,一经传播,公众对此事件表示极大的震惊、愤怒。事件继续发酵,有网友编造"幼儿园老师集体猥亵儿童"的谣言,进一步引爆舆论,增加了公众对此事件的讨论。有研究机构对舆情的监测统计显示,自11月22日该事件被曝出至12月3日,不到两周,相关媒体报道超过5 000条(含转载),微博超过380万条(不含评论),这一事件也被评为2017年的一号舆情事件。③

幼师虐童事件并非个案,陈伟、熊波④对2011—2017年媒体报道的幼师虐童事件进行的不完全统计发现,7年间有768⑤起相关案件,其中不乏针扎、喂药、暴打等行为。以北京红黄蓝幼儿园虐童案和上海携程亲子园虐童案为代表的恶性案件引发了全国讨论和网络震怒,网友们将这些幼师称为"容嬷嬷",社交媒体上相关案件报道下方评论最高的通常是"不配为师""一针一针还回去",表达了舆论的

---

① 程福财:《中国儿童保护制度建设论纲》,《当代青年研究》2014年第5期。
② 有关携程亲子园虐童事件的概况参见:《携程亲子园虐童事件始末》,https://www.sohu.com/a/203249876_114837。
③ 参见源清智库:《2017年"一号舆情"事件分析:透过"红黄蓝事件"反思社会类舆情的处理方式》,https://www.ixueshu.com/document/a1a89c49bc6bff80bbb077393edd24af318947a18e7f9386.html。
④ 陈伟、熊波:《幼师虐童的生发机理与犯罪防控模式——基于264起幼师虐童案的实证分析》,《山东大学学报(哲学社会科学版)》2019年第1期。
⑤ 这项研究中研究者实际用来做实证分析的案例有264起,但他们也指出,实际检索到的案例有768起,从中筛选的密切相关案例有264起。

愤怒。

舆情的发酵很容易抛出这样一个结论：幼师虐童的发生是幼师职业道德差造成的。这样的结论似乎是不容置疑的，因为那些披露出来的针扎、喂药、涂抹芥末等虐童情节远超基本的道德规范。问题是，如果将幼师虐童的发生机制界定为师德缺失，如何验证并对"道德"进行针对性的治理呢？有研究者从认识论角度给出了道德行为的哲学思考：人们很容易混淆道德行为中行动的逻辑与解释的逻辑——行动的逻辑是情境中的、当下的逻辑，是当事人的视角；解释的逻辑则是事后的，回溯性的逻辑，是旁观者的视角，这两者并非完全统一。①"师德缺失"作为一种事后评价的逻辑是适用的——作为局外人，我们可以评价那些虐待儿童的幼师，因为他们做了这件事，所以他们没有达到师德的规范要求，但是如何把"道德"作为一个变量，认为是"道德"有缺失才实施了虐童行为，从实证研究上，这极具挑战性：如何对"道德"进行操作化的设定后进行这种先后顺序的因果解释呢？如果从行为来界定道德，这就陷入一种循环往复的死循环。

如何以实证研究去探索幼师虐童的发生机制？发生在幼儿园的虐童事件让人非常困惑：第一，和家庭不同，托幼机构是一个公共场所，且普遍安装了监控设备，在这种环境下，幼儿教师如何敢于并"成功"实施了虐待行为；第二，从儿童这一侧，他们不会将此报告给家长吗？或者说，当幼师对儿童进行虐待之后，她们如何确信儿童不会将情况报告给家长从而确保自己不会被发现？虽然托幼机构内的虐童事件已引发公众的广泛讨论，但相关研究对这些问题的回答非常有限。本研究尝试弥补这个知识鸿沟。

二、文献回顾

（一）中国情境下幼师虐童的三种解释逻辑

中国学术界主要基于制度逻辑和能力逻辑理解幼师虐童现象，社会舆论则倾向从道德上谴责幼师。持制度逻辑的学者还可以进一步分为社会监管的解释视角（惩罚性的视角）和公共物品供给（供给端的视角）的解释视角。前一种视角主要来

---

① 郭晓：《行动的逻辑与解释的逻辑——道德行为的原因、理由与解释》，《浙江学刊》2020年第2期。

自法学学科,他们认为幼师虐童的根本原因是外部监管环境不足,惩戒手段不足,这是社会归因的认识逻辑,对应的治理策略是事后的惩戒,他们建议在针对家庭成员的虐待罪外新增虐童罪或将当前的虐待罪的适用对象进行扩容。① 后一种公共物品供给视角认为,幼师虐童的根本原因在于学前教育服务供给端的合约失灵,资源配置失衡,竞争机制失效,服务提供者以次充好,导致服务质量偏低,出现虐童,对应的策略是学前教育供给端的资源充分、合理配置。②

持能力逻辑的学者主要来自教育学和心理学学科,他们认为幼师虐童主要是由于幼儿教师在个性特征方面存在缺陷,情绪处理、专业胜任力等方面的能力不足,这是个体归因的解释逻辑,对应的治理策略是事前的专业能力提升、情绪调节和入职前的人格心理筛查。③ 在这方面,一些研究者提供了相对深刻的理论框架。如挫折-侵犯理论下,幼儿教师如果遭遇挫折,在对挫折理解偏差的情况下,极有可能将处于弱者地位的幼儿作为出气筒,实施侵犯;④ 还有研究者发现了幼儿教师的"情绪劳动"的特征,即幼师劳动区别脑力和体力劳动,需要投入情绪进行深层或浅层表演以激发幼儿参与教育活动,这种高强度的情绪投入对幼师是一种较大的负荷,情绪处理不当就会诱发虐童行为。⑤

社会公众则持"师德缺失论"对幼师进行道德谴责。一些传播学、管理学学者对中国公众有关幼师虐童事件的网络讨论进行研究后发现,公众对相关案件有着极其消极的情感表达,并最终形成舆论失控,幼师在公众心目中的道德形象趋

---

① 具体可参考何剑:《论"虐童"行为的刑法规制》,《中国刑事法杂志》2013 年第 2 期;姚建龙:《防治儿童虐待的立法不足与完善》,《中国青年政治学院学报》2014 年第 1 期;姚建龙、林需需:《托幼机构虐童案司法疑难分析与对策建议——以虐待被看护人罪的司法适用为分析视角》,《中国青年社会科学》2018 年第 2 期。

② 可参考金锦萍:《为什么非得非营利组织——论合约失灵场合中社会公共服务的提供》,《社会保障评论》2018 年第 1 期;简凌云:《民办幼儿园虐童风险的政府管理研究》,华侨大学硕士学位论文,2020 年;雒春生、苏欣:《虐童案背后的反思:我国学前教育的危机与对策》,《当代教育论坛》2018 年第 1 期。

③ 具体可参考陈丹、蔡樟清:《幼儿园教师情绪困境与求解》,《中国教育学刊》2013 年第 7 期;孙彩霞、王丽媛:《虐童事件的心理学反思》,《中国青年社会科学》2018 年第 2 期;冯婉桢:《从"虐童事件"看幼儿园教师专业伦理建设的重要性》,《河北师范大学学报(教育科学版)》2014 年第 1 期;洪秀敏、张明珠:《幼儿园教师情绪劳动类型及其对工作满意度的影响——基于六省市幼儿园教师的潜在剖面分析》,《教师教育研究》2021 年第 1 期。

④ 王丹艺:《挫折——侵犯理论视野下的幼儿教师虐童事件》,《科教导刊(中旬刊)》2014 年第 16 期。

⑤ 可参考洪秀敏、张明珠:《幼儿园教师情绪劳动类型及其对工作满意度的影响——基于六省市幼儿园教师的潜在剖面分析》,《教师教育研究》2021 年第 1 期;陈玉佩:《建构亲密与控制情绪:幼儿教师的情感劳动研究——以北京市 3 所幼儿园的田野调查为例》,《妇女研究论丛》2020 年第 2 期。

于污名化。①"师德缺失"的认识很大程度上影响了托幼机构的管理,视频监控、师德考核成为托幼机构规避虐童事件的重要手段。②但"师德缺失论"有认识论上颠倒因果顺序的嫌疑,它到底是作为幼师虐童的原因解释还是作为事后对幼师虐童事件的评价阐释?如果作为原因阐释,它有可能混淆了"事后解释性阐释"与"情境中行动阐释",③其治理策略也很有可能是偏差的。

从国内学术界对此问题的讨论看,上述三种解释逻辑并没有充分的实证研究作为支撑,它们是通过一种规范研究的范式被提出来的。刘莉、李祥通过对幼师虐童的判决文书的扎根理论分析,得出了从幼师虐童发生到法律介入的理论模型,这是当前中国学者所做出的关于幼师虐童的相对深入的实证研究。④研究表明:教育方式偏失、寻求生活刺激、转移不良情绪是幼师虐童的三种主要动机。虐童行为则包括责骂、拉拽、恐吓等一般性惩罚和针扎、喂药、粘生殖器等残忍行为,儿童的年龄小表达能力不足、教师的恐吓、家长与幼师的信任关系阻碍了虐童行为的发现。但是这项研究还存在至少三项不足:第一,在案例选择上,作者使用的10个案例中,7个为名誉权纠纷和民事赔偿责任的案件,并不就幼师是否虐童进行裁定,相关资料并不充分。第二,作者使用的是扎根理论的分析方法,并没有将幼师虐童的发生情境揭示出来,而情境的揭示并不适合简化、提纯、编码,原汁原味地呈现更为恰当。第三,一份裁判文书中,除法院裁决外,通常还会呈现检察官、被告、证人的证词、证言,这些陈述同样可以获得幼师虐童发生机制的理解,尤其是一些案例中还呈现了儿童的证词证言,分析这些内容可以让幼师虐童的发生机制更清晰地呈现出来,但他们的研究并未充分重视这些方面。

(二)国外对幼师虐童的关注重点及解释

国外有关幼儿园情境下的儿童虐待研究更多是关注幼儿教师的"保护者"角色

---

① 可参考姜金贵、闫思琦:《基于主题和情绪相互作用的微博舆情演化研究——以"红黄蓝虐童事件"为例》,《情报杂志》2018年第12期;朱代琼、王国华:《基于社会情绪"扩音"机制的网络舆情传播分析——以"红黄蓝幼儿园虐童事件"为例》,《西南民族大学学报(人文社科版)》2019年第3期;张丽敏、叶平枝、李观丽:《公共话语中的幼儿园教师形象——基于网络媒体新闻的内容分析与话语分析》,《学前教育研究》2020年第3期。
② 陈媛嫄、陈强:《幼儿园监控开放与幼儿教师:矛盾与共生》,《湖北师范大学学报(哲学社会科学版)》2018年第4期。
③ 郭晓:《行动的逻辑与解释的逻辑——道德行为的原因、理由与解释》,《浙江学刊》2020年第2期。
④ 刘莉、李祥:《幼儿园虐童行为生成与法律介入研究——基于判决文书的扎根理论分析》,《社会发展研究》2019年第3期。

而非"施虐人"角色。①在少量有关幼儿教师作为施虐者的研究中,关注的焦点是如何防止幼儿园内的儿童性虐待发生。这些策略包括通过开门、开窗、视频监控等制度规定确保托幼机构的透明度,对照顾人员与幼儿之间的身体接触做出严格的技术上的要求,记录日常工作中的细节并及时与家长反馈、对男性照顾人员与儿童的接触做出严格的约束等。②

只有很少的研究回答了为什么儿童虐待会在幼儿园发生。布里格斯(Briggs)③提到,幼儿园里的儿童并非独立、成熟的目击证人,且没有复杂的沟通技巧表达所见所闻,这让幼儿园成为一个理想的性犯罪场所,但是他的研究没有给出证据。一项文献评述性研究表明,由于施虐者与儿童及其家人建立了信任关系,且施虐者会使用威胁、利诱以及选择特定目标儿童等策略,这会影响儿童自我披露的动机。④从幼师和照料者这一侧看,马戈林(Margolin)的研究发现,儿童虐待与照料者的性别和年龄有关,男性、年龄较低的照料者更容易实施儿童虐待。⑤不同于以上仅从儿童照料者或儿童一侧讨论虐待原因,Margolin 基于生态系统的互动视角给出了一个非家庭成员照料者实施身体虐待的解释框架,即不能从儿童或照料者一方来解释儿童虐待的发生机制,而要从两者、甚至包括家庭成员在内的多方互动来进行解释。他认为保姆的虐待行为通常是情绪化、表达性、非理性的,当照料者实施照料行为并意识到儿童不配合时,他们开始感到沮丧,儿童开始哭闹时,沮丧进一步加重,而当保姆意识到儿童故意为之时,他们就会使用身体上的强制手段来获得胜利。⑥

中国幼儿园内被曝光的虐童事件以身体虐待为主,虽然上述少量文献给出了

---

① 相关文献可参考 Bergström, H., Eidevald, C., & Westberg-Broström, A. (2016). Child Sexual Abuse at Preschools—A Research Review of a Complex Issue for Preschool Professionals, *Early Child Development and Care*, Vol.9。

② Duncan, J.(1999). New Zealand Kindergarten Teachers and Sexual Abuse Protection Policies, *Teaching and Teacher Education*, Vol.9; Leander, E. M. B., Munk, K. P., & Larsen, P. L.(2019). Guidelines for Preventing Child Sexual Abuse and Wrongful Allegations against Staff at Danish Childcare Facilities, *Societies*, Vol.2.

③ Briggs, F.(2014). Child Sexual Abuse in Early-Childhood Care and Education Settings, *Early Child Development and Care*, Vol.9—10.

④ Paine, M. L., & Hansen, D. J.(2002). Factors Influencing Children to Self-Disclose Sexual Abuse, *Clinical Psychology Review*, Vol.2.

⑤ Margolin, L.(1991). Abuse and Neglect in Nonparental Child Care: A Risk Assessment, *Journal of Marriage and Family*, Vol.3.

⑥ Margolin, L.(1990). Child Abuse by Baby-Sitters: An Ecological-Interactional Interpretation, *Journal of Family Violence*, Vol.5.

幼儿园内儿童虐待发生原因的解释,但这些研究主要是针对儿童性虐待而言,相对而言,Margolin 的研究对本文具有直接的启发,他使用的基于案例记录的内容分析方法对开启较为敏感的幼师虐童实证研究有借鉴意义,他提出的从互动的视角而非单一的照顾者或儿童视角理解儿童虐待具有启发意义。①但是这项 30 年前的研究关注的是美国保姆的虐待行为,与保姆主要从事生活照顾相比,中国情境下,幼儿教师主要工作内容是幼儿教育,而且中国的幼儿园内普遍安装了视频监控设备,在这样的环境下,幼师虐童如何发生,还需要进一步深入地解释。

三、研究方法

(一)研究路径选择

幼师虐童涉及犯罪,直接访问幼师是否曾经实施过虐待行为显得非常敏感。以往有关幼师虐童的实证研究有 3 种范式:一是采取受虐者回溯式的自我报告进行问卷调查,通常用以测量虐待发生率,②但这种方法不适合对"当下"儿童遭受虐待情境的深度揭示;二是采取对虐童相关方的访谈(如家长、儿童社会工作者)了解幼师虐童的具体情境,③但是这种方法未获取幼师、儿童这两个直接当事人的相关资料,失之偏颇;三是对有关幼师虐童案件的相关文书进行研究,④由于这些文件会详细记录不同当事人的行动、解释和具体情境,可以获得对幼师虐童情境相对全面的了解。本研究将借鉴这种基于裁判文书进行实证研究的方法。由于民事案件不涉及幼师是否虐童的犯罪事实的调查和裁定,所以本研究以分析刑事案件为主,

---

① Margolin, L.(1990). Child Abuse by Baby-Sitters: An Ecological-Interactional Interpretation, *Journal of Family Violence*, Vol.5.

② Clemens, V., Hoffmann, U., König, E., Sachser, C., Brähler, E., & Fegert, J. M.(2019). Child Maltreatment by Nursing Staff and Caregivers in German Institutions: A population-Representative Analysis, *Child Abuse & Neglect*, Vol.95.

③ Margolin, L.(1991). Abuse and Neglect in Nonparental Child Care: A Risk Assessment, *Journal of Marriage and Family*, Vol.3; Cheit, R.(2014). *The Witch-Hunt Narrative: Politics, Psychology, and the Sexual Abuse of Children*. New York: Oxford University Press.

④ Margolin, L.(1990). Child Abuse by Baby-Sitters: An Ecological-Interactional Interpretation, *Journal of Family Violence*, Vol.5; Cheit, R.(2014). *The Witch-Hunt Narrative: Politics, Psychology, and the Sexual Abuse of Children*. New York: Oxford University Press, 2014;刘莉、李祥:《幼儿园虐童行为生成与法律介入研究——基于判决文书的扎根理论分析》,《社会发展研究》2019 年第 3 期。

并基于生态互动视角注重从不同主体的陈述和分析中将虐童事件的发生情境和机制揭示出来。

(二) 资料收集

在中国,除了涉及国家机密、个人隐私的案件外,审理完成的案件一般都会公布在中国裁判文书网(https://wenshu.court.gov.cn/)上。2015 年之前,中国的虐待罪仅适用于家庭成员之间,对于幼师虐童并没有明确的法律规制,2015 年《刑法修正案(九)》新增了虐待被监护人、被看护人罪,家庭外的儿童虐待才有了相应的法律遵循,幼师虐童是其中的一类情境。本文在中国裁判文书网分别以"虐待被监护人""虐待被看护人"检索 2015 年以来的相关法律文书,截至 2020 年 11 月 3 日,分别检索到 83 篇和 84 篇裁判文书,考虑到部分文书记录不完整,可能达不到研究使用的标准,本文设置了用以案例分析的判决书 4 项标准:(1)判决发生在《刑法修正案(九)》实施之后;(2)属于刑事案件;(3)案件的情境是幼师虐童;(4)案件信息充分,除判决结果外,案件应至少包括受害人信息、施虐人信息、虐待形式、虐待地点、虐待情境中的两项信息。本文第一作者和另一位研究助理分别阅读这些判决书,确定其是否入选,意见不一致时进行讨论直至意见统一。最终,共产生 35 个幼师虐童的案件作为本文的研究案例。

(三) 资料分析

本文第一作者首先逐一对裁判文书进行整体阅读,逐步形成了从施虐者人口学信息、受虐者人口学信息、虐待动机/原因、虐待形式、虐待场所、儿童受伤害情况六个方面进行编码的框架,从而将中国幼师虐童的基本情况进行量化数据呈现。随后,第一作者和研究助理分别对 35 个案例进行详细阅读,依据法院裁定的事实,将相关信息按六个方面进行提取录入,除了此六个方面,两位人员录入过程中如果更多的信息发现,则单独列出,对录入有差异的信息双方进行讨论并最终取得一致意见。此外,本文采用归纳性的主题分析,通过阅读父母、儿童、目击证人、检察官的陈述以及法庭最终的裁决,挖掘幼师虐童的发生机制。本研究的所有作者对这些主题均表示认同。最终,幼师虐童的发生机制被建构起来。

四、研究发现

(一) 幼师虐童的基本情况

35 个虐童案件共涉及 48 名幼儿教师(保育员)和大约 220 名幼儿。从教师的工作角色看,负责生活照顾的保育员13人(27.1%),负责教学活动组织实施的教师33人(68.8%),管理人员2人(4.2%);披露年龄的45名被告的平均年龄为30.5岁,其中保育员平均年龄40.3岁,教师平均年龄25.8岁;明确披露学历的36名教师中,初中学历6人(16.7%),高中学历2人(5.6%),中专学历11人(30.6%),大专学历15人(41.7%),本科学历2人(5.6%)。案件并未过多披露幼儿的性别信息,这些儿童的年龄在2—6岁,除了两名4岁和5岁的自闭症儿童外,共有193名儿童所在阶段的信息被披露,其中处于托班的51人(26.4%),小班53人(27.5%),中班47人(24.4%),大班42人(21.8%)。

从幼儿教师使用的虐待手段来看,通常使用了不止一种虐待方式,其中针扎是最常见的虐待方式,15个案件(42.9%)中曾出现这种虐待方式,通常与恐吓联系在一起,所使用的针包括注射器、缝纫针、订书针、牙签、大头针、扫帚杆等;拖拽及按压身体(12,34.3%)、掌掴(11,31.4%)也是常用的虐待方式。在这些案件中,C11中有幼儿教师使用芥末对儿童进行长期多达数百次的虐待,是一种特殊、性质恶劣的虐待形式。

从26个披露儿童虐待发生的情境看,所有案例都是发生在上课、午休、吃饭、做操、集体活动时儿童吵闹、不遵守秩序、不服从教师的指令,儿童和教师及照料者发生冲突的情况下。

从虐待产生的后果来看,多数幼儿因教师的虐待行为出现身体上轻微伤程度的损伤,还伴随精神上的恐惧、对幼儿园排斥等心理行为。

(二)幼师虐童成因:追求"控制""秩序"下的教育失败

35个案件中,有26个案件披露了幼师虐童的直接原因,集中表现为"儿童调皮""不听话""不听指挥""吵闹"。这些话语主要由公诉机关、幼师表达,并被法院裁定,显示虐童的发生是幼师在面对儿童的"不当行为"进行的规训失败。

> 上舞蹈课的时候,刘某带动别的小朋友捣乱,我就上去推了他,推倒后用手拍了他后背。……还有一次中午睡觉的时候,刘某不睡觉,骑在别的小朋友头上,我生气了,我就撩起被子打他屁股。(案例C1 被告刘某陈述)

> 2019年6月20日10时许,被告人方海宁在福州某幼儿园形体教室内,因被害人陈某1、林某1和邱某等人在队列中不听指挥,遂对被害人陈某1等人实施甩巴掌的掌掴行为……(案例C33 公诉机关控诉,被告方某承认上述事实)

以上案例比较典型地呈现了虐童行为的逻辑:幼儿教师基于以教师为中心的

教育理念,寻求对儿童的控制,对秩序有绝对要求。这种教育理念与儿童的认知心理发展特征、个性化的表现形成了冲突,她们否认儿童特有的阶段性发展特征,将儿童调皮、不遵守秩序视为一种需要教育和规训的行为,要求儿童必须服从自己,因此在应对儿童哭闹、上课时不符合"秩序"要求的行为时,他们就开展了所谓的"教育"。但是前文分析表明,幼儿教师的学历相对较低,并没有接受充分的教育训练,在能力上不具备以一种有效的教育手段来规训幼儿,只能通过权力地位和身体优势去"控制"幼儿,于是,教育行为失败,虐待儿童产生。

(三)幼师如何获得虐童的机会空间:工具隐蔽和地点隐蔽

上述分析并不能充分解释幼师虐童发生的机制,因为虽然教师会利用身体优势去控制幼儿,但他们也会意识到如果对儿童的身体造成明显伤害的话,家长会很快发现,他们将会接受调查和惩罚。本研究发现他们会使用工具隐蔽和场所隐蔽两种常用的策略实施虐童。

1. 工具隐蔽

案例分析表明,15 个案例中(42.9%)出现了针扎的行为,相较于殴打、掌掴等常见的中国教师在特定情境下实施"教育"的手段,针扎显得相对特别,它听起来是一种非常残忍的行为,但却被反复使用,因为它的隐蔽性很好。首先,针在幼儿园的生活、教育活动中经常使用,通常并不会被视为实施虐童的工具。案例 C4 中,教师使用的是家长留给幼儿教师给孩子喂药的注射器,案例 C2、C22、C24 中,缝纫针是保育员给孩子缝衣服使用的针,C22 中的大头针则是平时在幼儿园展示幼儿作品时粘贴画作的常用工具,C25 中的注射器则是幼儿园给班级配备来消毒使用的工具。因为针在幼儿园有广泛的用处,使用这种生活化的工具,具有隐蔽性。此外,从针扎的结果看,伤口很小,通常难以辨别。在明确披露儿童伤害情况的 C2、C8、C22、C24、C31 中,9 名儿童(27.3%)经鉴定后,伤害程度为轻微伤,24 名儿童(72.7%)经鉴定未达到轻微伤标准。所以在实施针扎这种虐待后,家长通常难以发现儿童身体上的变化,这进一步增加了虐待的隐蔽性。除了针扎,C11 中,幼儿教师使用给幼儿涂抹芥末进行多达数百次的虐待,C35 中,幼儿教师使用给幼儿脱掉衣服泼冷水的方式进行虐待,这种虐待行为很难发现它对儿童身体上的伤害,隐蔽性也很强。

2. 场所隐蔽

在中国,几乎所有的幼儿园都安装了监控设备,一方面,为了保护儿童免受教师的侵害,另一方面,也是为了在家长质疑教师伤害儿童时,作为证据来保护幼师。但是幼儿教师会选择躲避摄像头的角落来实施虐待行为,案例 C2、C3、C6、C11、C25、C27、C35 显示教室角落、睡眠室、卫生间、储物间、开水房成为隐蔽性较好的虐待场所。以下案例中的记录,呈现了幼师在选择虐童场所的具体情境。

> 班级里面有监控,但教室里换衣服的衣服架、教室门口及卫生间都没有监控……监控录像里有一次是上课的时候陈某某捣乱,我就抱他到教室门口,正好是没有监控的地方……。(案例 C2 被告人王某)

> 被告人郑燕明……多次要求其他被告人对幼儿"做规矩",并提醒"做规矩"时注意回避摄像头。(案例 C11 公诉机关指控,法院认定)

> 储物间没有窗户,门后房间里很黑……有时其把孩子拉到储物间吓唬着要打针。(案例 C25 中幼师陈述)

对虐待行为本身进行分析后发现,虐待手段和虐待场所的隐蔽性,使得幼师虐童的机理获得了从教师这一侧的解释,但是这还不够充分,因为它并没有解释一个同样重要的问题:为什么受害儿童没有及时将情况报告给家长?除了以往研究提到的儿童缺乏交流能力外,对 35 个幼师虐童案例分析后,本研究发现了一个被忽略掉的原因:幼师在实施虐待的同时,使用了一种特殊的"话术",儿童主动或被动接受了这套话语,不愿意披露相关行为。

(四)幼师如何阻止儿童披露虐童事件:话语替换、"转嫁责任式虐待话术"

对幼儿园儿童的身体虐待是一种可见的手段,与之配合的是幼儿教师一套特殊的话术。这套话术的特点表现为两个方面:一是将虐待行为用其他话语进行替换包装,使得其他人难以通过这套话语了解它真实的内涵;二是将虐待的使用与儿童自身的错误加工成一套因果逻辑的"责任转嫁式虐待话术",使得幼儿有内疚感而不愿意向父母表露。

1. 话语替换

在第一种话语策略中,幼儿教师最常使用的针扎这一行为,会被她们用"打针"替换掉,案例 C25、C2 均有这样的案例资料呈现,尤其是 C25 中,"听话针""吃饭针""坐立针"这套话语从儿童口中说出,背后反映的是老师在实施针扎、恐吓时使用的是这样一套话语。案例 C35 中,幼师脱掉儿童的衣服泼冷水,被儿童加工成"洗澡"。这套话语更像是儿童自己的加工,因为当时的情境下,儿童还在"嘻嘻哈哈",这个情境很难与虐待联系在一起,更像是一场愉快的"洗澡"。

老师把他们关到黑房子里打听话针、吃饭针、坐立针,他们到小黑屋就哭了。(案例 C25 中的幼儿张某 3)

因为其没有听王老师的话,王老师在厕所内,将其衣服脱掉,并让其坐在地上,用桶朝其头上泼凉水……班内的刘某某、赵某某、刁某某等人也被王老师"洗澡"了。(案例 C35 中受害儿童张某)

2. 转嫁责任式话术

第二种话语策略,可以通过幼儿的话语表达侧面展示出来:幼儿会首先将被虐待归因为自己的过错,再陈述幼师对自己的虐待方式,这从侧面反映出教师在施加虐待行为时会指出这是因为儿童做得不够好,这是一种转移责任式的虐待话术。在幼儿期的儿童会将教师视为权威,这种解释很容易被儿童接受,他们会产生内疚,不愿意向家长表达到底发生了什么。以下案例呈现了这套因果解释的话术以及对儿童产生的影响。

你们再不听话,就用针管在你们屁股上扎一针。(案例 C25 被告孙某陈述)

因为中午穿衣服慢了,就被××老师用针扎了,扎的屁股。(案例 C3 中儿童张某)

孩子说这是她和刘老师的秘密不能说,苏某做了很多工作后,孩子说是刘老师用针扎的。(案例 C24 中受害儿童夏某母亲)

从这套话术可以发现,从幼儿这一侧解释了教师实施虐待行为后为什么不会告知家长,至此幼师虐童的发生机制被揭示了出来。结合上述第二、三、四点的发现,可以将幼师虐童的发生机制用图 1 表示出来。

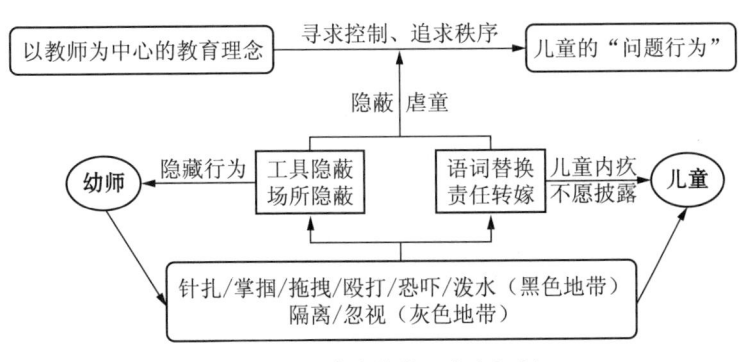

图 1　幼师虐童的微观发生机制

五、结论与讨论

(一) 幼师虐童的微观成因:追求秩序与控制下的教育失败

一些研究认为托幼机构内性虐待犯罪者故意寻找作为"完美场所"的托幼机构,获得机会实施性虐待。[1]但是就身体虐待而言,施虐者并不会从中获得直接利益,反而有被检控的风险。从实证研究的结果来看,幼师虐童多是一种激情状态下的教育失败结果,"能力缺失"是更具证据支撑的一种解释。与西方世界中追求个体主义和自由主义的文化传统相比,集体主义是中国传统文化的重要内容之一,它追求统一的秩序,贬抑个体的个性,这与现代儿童教育理念和儿童的天性形成重大冲突。本研究发现当儿童出现一些需要管教的行为或不合作时,幼师在教师为中心的教育理念下,追求秩序和儿童的服从,尝试通过身体优势和权力地位控制儿童,最终造成教育失败,这和 Margolin[2] 研究发现的保姆在儿童照顾过程中追求个人积极形象的目标下,过度管教造成虐待的结论有一致性。

(二) 幼师虐童的动态机制

具体而言,中国情境下,幼儿教师的虐童行为可以从两个方面得以揭示:

首先,从教师这一侧,中国的幼儿园几乎全部安装了监控设备,但是幼师会通过工具、场所获得隐蔽空间实施对儿童的身体虐待行为。在工具上,针扎成为幼师虐童的主要形式,他们会选择幼儿园生活照顾、教学活动中常用的针作为工具,对儿童的身体伤害常常难以察觉,这和刘莉、李祥[3]的研究发现是一致的;在场所上,即使有视频监控存在,幼儿教师会根据空间特征选择教室角落、厕所、储物间等监控死角处实施儿童虐待,这和一些研究发现的托幼机构内性虐待主要发生在隐私

---

[1] Briggs, F.(2014). Child Sexual Abuse in Early-Childhood Care and Education Settings, *Early Child Development and Care*, Vol.9—10; Moulden, H. M., Firestone, P., & Wexler, A. F.(2007). Child Care Providers Who Commit Sexual Offences: A Description of Offender, Offence, and Victim Characteristics, *International Journal of Offender Therapy and Comparative Criminology*, Vol.4.

[2] Margolin, L.(1990). Child Abuse by Baby-Sitters: An Ecological-Interactional Interpretation, *Journal of Family Violence*, Vol.5.

[3] 刘莉、李祥:《幼儿园虐童行为生成与法律介入研究——基于判决文书的扎根理论分析》,《社会发展研究》2019 年第 3 期。

区域的结论基本一致。①

从幼儿一侧看,他们缺乏披露虐待行为的能力和意愿,这造成了幼师虐童难以被及时发现,从而给幼师虐童的犯罪行为提供了可能。由于年龄小,认知发展水平有限,儿童缺乏披露虐待经历的能力,这在一些关于性虐待的研究中被广泛提及。②托幼机构内发生的身体虐待案件中,儿童同样缺乏这样的能力。当幼儿教师使用话语替代的话术,用"打针"指称他们对儿童施加的行为时,受虐儿童并不能真的理解所谓的"打针"意味着什么,还有的案例中,当他们被脱下衣服泼冷水的时候,他们还会嬉笑并向家长描述,这是老师在为他们"洗澡"。此外,幼师使用的"转嫁责任式虐待话术"让儿童将虐待的发生归因于自身过错,产生内疚而不愿意将虐待行为报告给父母。这种话语的基本逻辑有两种使用情境,一种是使用恐吓对儿童进行情感虐待时使用,基本表达结构是"如果你们不听话/不睡觉/不吃饭,我就会给你打针/关进小黑屋",另一种真正实施身体虐待时使用,基本表达结构是"你被打针/关进小黑屋,是因为你不听话/不睡觉/不吃饭"。多名儿童的陈述集中反映了这些话语特征,影响了他们的披露意愿。

(三)为何针扎是最普遍的虐待手段

本研究发现针扎是相对普遍的虐待手段,它是一种"中国特色"的虐童方式。本研究发现幼儿教师会使用缝纫针、注射器、大头针、牙签等尖锐的器物对儿童进行虐待,由于针扎的伤口很小难以发现,且幼儿从小对打针的恐惧,使得"针扎"在规训幼儿时会有很好的"效果"。因此,这种手段可能会被幼儿教师偏爱。与被殴儿童综合征(battered-child syndrome)③的医学发现类似,当前研究中对"针扎"这种相对少见的虐待手段的研究也多呈现在一些医学文献中,部分医生对被针扎儿童的临床特征进行医学描述。④与这些研究不同,本文发现针扎是幼儿教师最常用

---

① Bybee, D., & Mowbray, C. T.(1993). An Analysis of Allegations of Sexual Abuse in a Multiple-Victim Day-Care Center Case, *Child Abuse & Neglect*, Vol.18; Finkelhor, D., Williams, L. M., & Burns, N.(1988). *Nursery Crimes*: *Sexual abuse in Daycare*, Newbury Park: Sage Publications.

② Briggs, F.(2014). Child Sexual Abuse in Early-Childhood Care and Education Settings, *Early Child Development and Care*, Vol. 9—10; Briggs, F., & Potter, G. K. (2004). Singaporean Early Childhood Teachers' Responses to Myths about Child Abuse, *Early Child Development and Care*, Vol.4.

③ Kempe, C. H., Silverman, F. N., Steele, B. F., Droegemueller, W., & Silver, H. K.(1962). The Battered-Child Syndrome, *JAMA*, Vol.1.

④ Gupta, A., Purbey, O., Sunil, K., Pandey, A., & Kureel, S.(2018). Needle Insertion in a Child: A Rare form of Child Abuse, *Journal of Indian Association of Pediatric Surgeons*, Vol. 3; Deng, X. C., Huang, P., Wang, J. H., Yi, L. W., Liu, J., & Yang, G. X.(2019). Sewing Needles in the Lungs of Children: Two Case Reports, *Medicine*(*Baltimore*), Vol.15.

的虐待手段,并对其进行了社会意义的解释。针扎过于挑战人们的容忍底线,所以这种虐待手段可能更容易被起诉,因此针扎案例偏高可能有选择偏倚的情况存在。同时,犯罪心理学家指出,犯罪手段是可能被模仿的,在案例11中不同班级的幼师通过学习和模仿获得了使用芥末虐童的手段,目前尚不清楚针扎虐童是不是也被不同的施虐者模仿,如果存在这种机制的话,媒体过多披露相关针扎虐童的案例,对潜在的虐童者可能是一种"教育",这需要进一步的研究。

(四)研究局限及进一步研究方向

本研究采用了基于裁判文书的研究方法,这种方法可能有两个局限:第一,本研究只分析了35个幼师虐童的案例,只占陈伟、熊波[①]研究案例的5%。但是陈伟、熊波的研究分析的是新闻报道的案例,本研究认为裁判文书的可信度更高,相关信息的披露更完整,更适合研究使用。这35个案例是本研究当前掌握到的有关幼师虐童的全部案例,而且虽然样本量少,但本研究的一些基本结论与陈伟、熊波一致,比如针扎都是相对普遍的虐待手段。第二,本研究采用了被告的一些陈述,从逻辑上讲,施虐者有为自己辩护的动机,但是研究过程中,我们对此高度谨慎,不单独使用施虐人的陈述,而是综合各方陈述后,对虐童的情境做出完整的揭示。

本研究使用的裁判文书中对儿童的人口学信息披露较少,尚不足以分析幼师虐童是否与儿童的年龄和性别有关联。考虑到托幼机构内虐童行为是幼儿教师与儿童不良行为互动的结果,而社会性别中,男孩可能会产生更多不规范行为被寄予更高的期待,所以更可能成为受虐对象,但这尚需更多统计资料去验证。此外,针扎为何如此普遍?目前的研究还是以医学研究为主,将这个问题引进社会科学领域,揭示其社会意义,是需要进一步探索的方向。

(黄　冠　乔东平　陆梦瑶)

[①] 陈伟、熊波:《幼师虐童的生发机理与犯罪防控模式——基于264起幼师虐童案的实证分析》,《山东大学学报》(哲学社会科学版)2019年第1期。

国际儿童寄养政策与服务的发展趋向研究

在原生家庭中得不到适当监护的儿童,通常需要作家外安置。现代社会的最初做法是将儿童放到儿童福利机构集中供养。机构集中养育,在操作上较为易行,也容易保障儿童的基本安全,但也伴有难以照顾儿童个性化发展的需要、难以为儿童提供家庭般成长氛围、难以促进儿童的社会融入等难题。因此,从19世纪后半叶开始,儿童的家庭寄养政策开始在发达国家率先发展起来。在一个多世纪的发展历程中,在全球范围内,儿童家庭寄养政策与服务出现了一些新的发展趋向。

一、家庭寄养对象从孤儿拓展至遭遇虐待的孩童

家庭寄养是相对于传统的机构养育而言的,它旨在为失去家庭(父母)依靠的儿童提供替代性家庭照顾。现代国家儿童家庭寄养的对象,不仅包含失去父母的孤弃儿童,也包括有亲生父母但原生家庭无法给予适当照顾的儿童,亦即被家庭忽视或虐待的儿童。例如,美国儿童福利联盟(Child Welfare League of America)将寄养明确界定为:当儿童亲生家庭暂时或长时间无法给予儿童所需的照顾,且儿童不愿意或不可能被领养时,儿童福利系统在一定时间内给儿童提供一种替代性家庭照顾。

儿童的家庭寄养是一项过渡性养育安置措施。它旨在为儿童重归其原生家庭或实现收养等永久性安置提供准备和过渡。从法律上说,寄养父母没有监护权。他们需要在法院或儿童福利机构的督导下,照顾养育孩子,并为其回归家庭、实现永久安置做好准备。根据美国政府部门的统计,全美每年生活于其寄养体系中的儿童总数在65万—70万。这些孩子大多因为父母的忽视、虐待而被家外安置。经

过儿童福利机构的专业服务,一半左右的寄养孩童能够回归原生家庭,其余的儿童则不幸无缘回家而需在家外做永久性安置。据统计,2018年,全美有71 254名孩童的父母被剥夺监护权(详见表1)。从这个角度看,美国儿童寄养服务的主要对象,已经是得不到家庭适当养育的困境儿童,而非孤儿。实际上,在很多发达国家与地区,所有的孤儿从一开始就会走正式的送养收养程序,他们在寄养体系中停留的时间通常很短暂。

将暂时得不到家庭适当养育的孩子放在寄养家庭中养育,也是中国香港、台湾地区以及澳大利亚、英国、日本等多数发达国家的通行做法。这些相对发达的地区,都建立了较为健全的儿童保护制度。一旦发现有孩童在家遭遇忽视或虐待,儿童福利机构就会积极干预,并在专业评估的基础上决定是否对孩子做家外安置,以避免进一步的伤害。家外安置的办法则主要是寄养。基于对机构养育本身局限性的顾虑,它们极少长时间将孩童寄养在机构之中。因此,招募、培训、指导、协助和监督寄养父母做好寄养儿童的养育工作,成为这些地区政府相关部门的常规性工作。这一点和我国家庭寄养福利服务具有显著的不同。

表1 美国2014—2018年新进、退出及在寄养体系内儿童数量(单位:人)

	2014年	2015年	2016年	2017年	2018年
新进儿童	264 531	269 091	272 995	269 799	262 956
退出儿童	235 843	242 250	249 027	246 964	250 103
系统内儿童	650 007	669 557	682 956	687 959	687 345
父母被剥夺监护权儿童	61 198	62 399	65 474	69 716	71 254

数据来源:https://www.acf.hhs.gov/sites/default/files/cb/afcars_state_data_tables_09thru18.xlsx。

二、非正式亲属照顾的正式化安排

作为一种自然支持(Natural support),亲属照顾是儿童家外安置的重要渠道。在现代儿童福利制度未建立、不健全的历史长河中,亲属、大家庭在抚养得不到亲生父母养育的儿童方面,始终以非正式体系的角色,在国家干预监管之外,发挥着重要作用。对于亲属照顾,大多数政府都选择任由其自然发生,并不愿介入监管,不愿意将其纳入正式的儿童福利制度体系之内。

20世纪80年代后期开始,上述情况发生了明显变化。以美国为代表的现代国家开始率先介入亲属照顾这个非正式体系的运作。这个改变主要基于三种原因:一是国家需要对儿童公民权进行更充分保障,儿童权利的倡导者向政府施压,认为得不到亲生父母适当养育孩子的"自然支持"不能脱离国家的监管。二是一部分非正式亲属体系在养育大家庭孩子的过程中出现了功能失调的倾向,在得不到正式支持的情况下,"自然支持"的能力和意愿开始削弱。三是作为现代儿童福利制度的正式寄养制度实践遭遇了招募不到足够合格寄养家庭的困难。为此,在20世纪80年代中后期,美国部分儿童福利机构开始正式委托儿童的亲属来提供家庭寄养服务,一方面为这些亲属提供必要的育儿培训与经济支持;另一方面也正式对其予以监督规范。1996年,美国通过《个人责任与工作机会协调法》(*Personal Responsibility and Work Opportunity Reconciliation Act of 1996*),要求各州在招募聘用寄养家庭时,应该在同等条件下优先考虑由亲属为儿童提供寄养服务。这是现代政府介入非正式亲属照顾体系的划时代变化。

在中国台湾地区,非正式的亲属照顾,在很长时间里也是被当作"社会资源形态"被地区政府大量使用。儿童福利专责机构在安置得不到父母适当养育的孩子时,会主动探寻孩童的亲属与大家庭是否有代为养育的意愿和能力。一旦发现其扩大家庭愿意养育孩子,通常会正式结案,让其亲属家人将孩子领回,既不提供督导,也没有经费支持。在这样的架构之中,公共部门的人力与财政负担相对较轻。但是,对于是否要将亲属照顾服务纳入正式的福利体系之中,台湾地区也存激烈争议,原因与美国社会将亲属照顾正式化的努力相差无几。2001年开始,台湾地区有关部门将是否督导、监管、支持亲属照顾的权责分派给基层政府。基层政府可以独立决定是否要干预非正式的亲属照顾体系。不少地方的儿童福利机构始终保持较为矛盾的心态:一方面想要充分利用亲属体系解决儿童的家外安置;另一方面又怕亲属照顾的监管督导难以施行;一方面想要支持干预亲属照顾;另一方面又怕亲属养育的传统被这种正式干预侵蚀。从实际操作看,不少地方选择用其他形式的经济资助来帮助寄养家庭或其中的孩子,绝口不提是对亲属寄养本身的支持,不愿意轻易启动亲属养育的正式化进程。

亲属养育的正式化,涉及公权力与私领域的互动,涉及现代社会与传统家庭在育儿过程中职责分工。因为这样的关系,无论是美国还是中国台湾地区,其正式化过程本身都充满了文化层面的张力,以致相关的制度实践出现彷徨犹豫。但毋庸置疑的是,在可资利用的资源框架之下,最大程度地保障需要家外安置儿童的利益,是处理这个张力的基本原则。中国大陆对亲属养育的干预和支持,始于2011年。从那一年开始,中央与地方政府开始联合实施孤儿基本生活保障制度,按月为散居孤儿提供生活费补助,并且建立了逐年增长机制。尽管国务院的文件强调要全方位关心支持散居孤儿的成长,但在政策实践中,多数地区为散居孤儿家庭提供的干预还是停留在发放基本生活费层面。对作为实际养育者的扩大家庭没有经济补助、亲职指导,也没有监督和规范。各地政府显然乐见扩大家庭在事实上承担起寄养的责任,并不积极推动这种非正式支持的正式化。从统计数据看,截至2018年5月底,我国全国共有孤儿29.8万人,其中社会散居孤儿23万人,占总数的77.2%,儿童福利机构内集中养育孤儿6.8万人,占22.8%。散居孤儿的日常养育,概由其大家庭承担。对散居孤儿的事实亲属寄养,政府在实践中应该如何督导、规范和进一步支持,是未来我国儿童家庭寄养制度发展面临的重要议题。此外,随着我国儿童保护制度的完善和实践,越来越多被原生家庭忽视虐待并可能因此带有身心创伤的孩童,是否可以做以及该如何做亲属寄养,也值得系统思考。

三、寄养与收养的联动一体化发展

在发达国家和地区,由于儿童保护制度的健全和严格实施,遭遇或疑似遭遇忽视、虐待、遗弃的儿童都需要做家外安置。如表1所示,近6年来,美国每年都有27万人左右的孩童,被带离其原生家庭,需要做家外安置。基于对机构养育自身局限性的警惕,美国儿童局每年要招募大批寄养家庭来养护这些孩童。由于这类孩童普遍遭遇身心创伤,其实际养育困难重重。在现代儿童保护制度下,有意担任遭遇虐待孩童的寄养父母的,都需要接受一系列的培训指导、家庭视察和来自儿童福利机构的督导。加之寄养儿童多少都有心理创伤,亲子沟通时遇障碍,因此即使意愿强烈,做好寄养父母亦非易事。因为这些原因,长期以来,儿童寄养服务体系的运转常常遭遇寄养家庭招募不足的困境。

为了破解上述困境,不少发达国家一面积极倡导,一面着手制度创新,推动寄养与收养服务的联动发展。其主要做法包括两点:一是儿童福利体系内的孩童需要送养时,优先考虑其亲属与寄养家庭。二是但凡想要从儿童福利系统收养孩子的家庭,都需要接受有关儿童寄养方面的培训,了解寄养服务的运转,了解寄养儿童的状况。寄养家庭接受过有关儿童成长规律、受虐儿童创伤及其疗育等方面的系统培训,有与孩童生活相处的经验,相互熟识,是长期永久安置被寄养儿童的良好选择。另一方面,多数寄养家庭有长期育儿偏好和较强收养意愿。由此,不少寄养家庭实际上兼具收养的意愿和能力,是永久安置孩童的佳选。这是包括美国、意大利等国明确规定将寄养家庭作为送养家庭优先选择的原因。

从理论上说,寄养与收养是两类不同的儿童福利服务,曾经长期独立并行。现代儿童福利服务发展中出现的寄养与收养联动一体发展的趋向,不仅高度切合保障儿童最佳利益的儿童工作原则,对于缓解寄养家庭招募不足、收养家庭收养难的问题亦有其积极意义。美国联邦政府每年划拨专款,额外资助寄养收养一体化发展工作做得好的州,以期发挥引导激励作用。

四、寄养服务的永久安置导向

如上所述,寄养是过渡性服务。被寄养孩童的监护权,有的在国家(如孤弃儿童、父母被剥夺监护权的儿童等),有的还在其亲生父母(如服刑人员子女、因遭遇虐待而临时被做家外安置的儿童)。寄养父母与寄养儿童之间既没有血缘的联系,也没有法律上的完全监护关系。对孩童来说,一个永久的温暖的家,是其基本需要,也是保障其最佳利益的需要。境外的儿童寄养服务,从其一开始,就与结束寄养服务、实现儿童永久安置的努力相伴随。从这个意义上说,困境儿童寄养服务始终是朝实现孩童的永久安置目标进发。实现寄养儿童的快速退出,是儿童家庭寄养服务的题中应有之义。近年来,美国每年新进儿童寄养体系的孩童数量和退出该体系的孩童数量都在20多万人,前者比后者每年多1万—3万人(详见表1)。

对寄养儿童的永久安置通常有两种途径:一是回归原生家庭;二是送养。在发达国家和地区的儿童福利体系之中,实现寄养儿童对原生家庭的回归,是儿童福利机构的首要目标。无论是从历史文化的角度看,还是从经济成本的角度看,由亲生父母养育孩童都是最好的制度安排。但是,现代儿童福利制度为这种回归设立了必要的前提条件,即亲生父母须要有足够的养育能力和充分的养育意愿。这一点,对于有忽视、虐待或遗弃儿童嫌疑或历史的父母而言,十分重要。儿童福利机构大多已经有严格而科学的工作体系,去审慎测量评估原生父母的养育意愿与养护能力。没有充分的经验证据,孩童不会被返还原生家庭。

孩童在被寄养期间,儿童福利机构也会采取系统的办法对其原生父母和家庭进行干预,以图改变其育儿意愿与能力。亲职指导、经济资助、照顾服务、社会服务令以及必要的惩戒,是常用的政策工具。儿童保护社工亦会用专业的个案管理方法予以积极而系统的介入。大多数现代儿童福利制度明确要求寄养父母、寄养家庭必须配合儿童福利机构对原生家庭的介入干预,必须明确配合一切旨在促进寄养儿童回归原生家庭的政策与服务努力。违反者,其寄养关系会被终止。

原生家庭一旦被评估认定重新具有养育孩童的意愿和能力,儿童福利机构就会终止寄养关系,并让孩子回归原生家庭。对寄养儿童和寄养家庭的分别可能产生的分离焦虑、和原生家庭的重合可能产生的心理紧张与适应不良,儿童福利体系中的专业力量会制定并实施相应的工作计划进行处置,以促进孩童的家庭回归。原生家庭被评估认定失去监护意愿或能力的,其监护权会被剥夺,孩子将正式进入送养程序,走进收养家庭,实现永久安置。在这里,儿童寄养服务作为过渡性福利服务的特性彰显无遗。

五、政策建议

儿童的家庭寄养是现代儿童福利服务体系的重要组成部分。和我国的家庭寄养服务不同,发达国家和地区寄养服务的主要对象并不是孤弃儿童,而是遭遇忽视、虐待和遗弃的儿童。孩童一旦发现遭遇家内虐待,就可能会被社工、警察等带离原生家庭。这时,寄养是确保其人身安全、基本生活的重要家外安置办法。大多数国家和地区都没有如我国儿童福利院这样的大型儿童福利服务机构,也不主张将儿童安置在机构之中。然而,大规模的寄养服务,需要有大规模的寄养家庭参与。由于寄养儿童大多带有身心创伤,寄养家庭的招募并不容易。为此,正式支持作为非正式力量的亲属寄养、推动寄养与收养服务的联动一体化发展,成为发达国家和地区的重要选择。不过,寄养服务终究只是过渡性的家外安置服务。从其启动开始,儿童福利机构就会努力寻找永久安置孩童的办法。国际范围内儿童家庭寄养政策与服务的上述发展趋向对我国儿童福利制度建设具有一定的参考价值。

首先,寄养服务是困境儿童保障体系的重要组成部分。发达国家和地区因遭遇虐待而需要做家外安置的孩童,主要是被安置在寄养家庭之中。没有寄养家庭的充分参与,其儿童保护制度断然难以有效运作。当前,我国正在积极推进现代儿童保护制度建设,积极发现并安置遭遇虐待的孩童。随着制度的不断健全和严格实施,因遭遇虐待而需要做家外安置的孩童数量将会不断增加。现有的依靠儿童福利与保护机构安置的办法的不足与弊端会日益凸显。将儿童家庭寄养服务的对象从孤弃儿童拓展至有需要的困境儿童,稳步有序发展儿童家庭寄养服务,是推进困境儿童保障工作、建立健全现代儿童保护体系的需要。

其次,适度开启亲属养育的正式化进程。当前,我国有超过70%的孤儿是由其扩大家庭进行事实上的寄养,但中央与地方政府都有意无意地任由其自然发展,甚少干预(2011年之后的基本生活费保障制度是新近开启的唯一例外)。大多数得不到父母适当养育的困境儿童,实际上也由其亲属养育,政府的支持、督导和规范有待加强。这种安排,具有一定的历史文化基础。但是,在扩大家庭的总数减少、互助功能日趋减弱的今天,国家公开并适度监督、指导和支持亲属养育有其必要性和紧迫性。

再次,要推进寄养与收养服务的联动发展。美国等发达国家推进的寄养与收养联动一体化发展,是现代寄养服务的一个重要发展方向,对于寄养家庭招募、收养家庭的收养、儿童最佳利益的保护等而言是一个三赢的政策选择。当前,面向困境儿童的寄养服务尚待正式开启,大量有收养意向的家庭在排队等候适合的送养孩童,一些需要做家外安置的孩童面临安置困境。在此背景之下,推进寄养与收养服务的联动发展,或许是一项良好的政策选择。

(程福财)

三、城市建设与儿童友好

宜居社区：社会变迁下的儿童友好社区建设

一、研究缘起

人的一生受其早期成长经验的影响极为深远，发展心理学理论甚至认为"3岁定终生"或者"6岁定终生"，无论是3岁前或6岁前的儿童发展影响，表达的都是幼儿时期成长经验的重要性。早年的成长经验除了来自家庭教养因素，外在环境的因素也扮演极为重要的角色，社会学研究中关于区位的研究是主流议题之一。本研究以成都市作为研究场域，主要因为我国改革开放以来，国内经济以惊人的速度向前急迈，在很短的时间即已成为全球第二大经济体，奇迹式的经济发展的同时却也意外造成社会发展的失衡，表现于区位的问题是，因为东西部地区经济速度的不平衡，产生青壮劳动人口由西往东流动的倾斜，具体显现的社会问题即是流动儿童、留守儿童、困境儿童的大量存在现象。成都作为西南片区最繁荣的城市之一，上述社会变迁的问题特征显见于城乡落差的社区与农村之中。

为探索当代变迁社会过程儿童的生活环境是否对成长需求友好，本研究以"儿童友好社区"概念作为研究视角，对成都市郫都区的人口移入新兴社区，以及紧邻成都市的仁寿县农村社区进行调研，探究值此社会快速变迁的过程中，社区建设是否符合儿童迎接当代生活的需求。在这一过程中，以儿童需求发展为主体，政府为主导，社会工作为专业担当，整合家庭、学校等多方资源，为后续专业儿童需求服务提供精准的需求把握，形成可持续发展的专业儿童需求服务新体系，推动国家儿童福利政策完善。

二、研究方法与过程

社会调查的两种方法:定量研究和定性研究各有其优点,定量研究方法主要使用问卷调查,研究更具有客观性;定性研究主要采取深度访谈及焦点团体方法收集研究资料,虽然容易受到访谈者主观因素的影响,相较定量资料,定性研可以挖掘事物的深层次问题及原因。本研究采定性研究与定量研究相结合,搜集较为完整、客观具分析价值的资料。

(一) 文献资料分析法

研究展开之初,本研究搜集大量相关资料,包括:儿童福利政策方面相关的文件政策文件、报刊、书籍、座谈访谈纸质、录音、录像等资料,并对这些文献进行了充分的整理。同时,也搜集政府出台的文件、政策、讲话稿、活动方案等,以便在政策上细致的对福利传输方式展开分析。研究过程中也对当地的经济发展状况、收入来源、人口分布、地理位置优势等相关统计性资料进行搜集。

(二) 深度访谈及焦点团体

本研究运用个别深度访谈,以及焦点团体两种定性研究资料搜集方法。访谈对象包括儿童、家长、未成年关爱工作相关部门人员,以及社会组织工作人员分别进行深度访谈与焦点团体搜集研究资料。对政府官员和社区工作者对现有的社会福利政策、政策的具体内容与适用性、目前遇到的具体问题和政策走向的解释和评价,以便从宏观上把握他们对于福利供应问题的认知。

对家长访谈主要目的是调查村、社区、学校有关政策、儿童学习生活状态等,具体了解当前政策的执行和了解留守儿童的现状;对儿童本人进行访谈主要是观察儿童在福利服务获取上的真实状态。对社会组织的访谈主要是了解福利服务提供的内容和服务过程中有哪些难题及需要改进的地方。

在访谈过程中,采取录音记录为主、笔记记录为辅的方式进行访谈的记录。所有访谈均遵守相关科研伦理规范。

(三) 问卷法

本次研究使用的问卷根据《儿童友好社区建设指标(讨论稿)》研发制作,儿童友好指标讨论稿是中国社区发展协会于 2018 年前后研制的指标初稿,本研究征求指标编写组的同意,参考研制本研究问卷。问卷设计遵行合理性、逻辑性、指向性和便于整理统计分析的原则,做到主题明确、结构合理、逻辑性强、通俗易懂。在问卷调查过程中,研究者严格遵循调查的基本原则,同时在获得被调查者同意的情况下,对整个过程进行录音,以备后期对于资料存在疑问的时候,方便再次核对和检查。

(四)研究过程

本研究具体的实施过程分为 5 个步骤。第一,文献梳理工作。项目组成员利用网络资源和图书资料,对过往儿童需求、儿童福利内容、儿童福利体系等各个方面进行研读和梳理。第二,将指标整合成家长、儿童、工作人员等 3 个不同主体的问卷。通过初步测试,确定最终版本。第三,前往学校、社区发放问卷,并且统一收回。第四,将收回的问卷整理编号,通过 SPSS 完成数据录入。第五,开展质性培训会,针对"云质析"软件和 SPSS 进行集体学习为之后数据分析打下基础。最后,对于过译完成的逐字稿进行整理。数据收集的阶段基本就告一段落。

通过对 820 多份问卷的数据进行整理、分析。对文字资料进行研读分析,其中不仅涉及特殊儿童的需求如困境、留守、流动、残疾儿童等。还包括普通儿童在社会变迁中自身需求的提升与转变。对比发现不同区域儿童的需求差异化明显,所需要的帮助也各不相同,并且不同类型的儿童需求层次呈现由物质到精神层面的变化,而且各有侧重。根据埃里克森人格发展八阶段论,不同的年龄发展阶段对应不同类型的需求,包括由环境因素推出的客观需求,如空间、游戏、开放、绿色、空间等,也包含由社会变迁导致客观环境的变化所衍生出的主观需求。主观需求包含文化、教育、服务、安全、心理发展等具体需要。

三、社会变迁背景下儿童的需求分析

随着社会的进步和发展,儿童社会福利的专业化需求日益突出。[①]自 2017 年郫县撤县立区,仁寿县则将成为成都市天府新区,在短时间内整个城市区域进入快速城镇化的进程中。在城镇化飞速发展的时代背景下,时代变迁对每个人的影响都是巨大的。其中儿童以及老年人作为整个社会环境中的弱势群体,在时代变迁中受到的影响更甚。儿童的需求往往从外部支持中获得,了解儿童的多样化需求,

---

① 陆士桢:《中国儿童社会福利需求探析》,《中国青年政治学院学报》2001 年第 6 期。

有助于针对性提供服务,完善儿童福利体系,推动建设儿童友好社区。

(一)空间需求

公共空间作为社区居民联系的场域,起到了重要的作用,同样,儿童的人际交往需求也需要通过公共空间的基本设施作为介质来满足。在问卷调查数据中,对于"社区内是否有适合你年龄的活动场所"这个问题,25%的儿童表示没有适合年龄的活动场所;22.1%的儿童表示不清楚是否有适合年龄的活动场所。对于"社区学校的运动场地是在非上学时间对外开放"的问题中,27.4%的儿童表示社区学校的运动场地不是在非上学时间对外开放;19.8%的儿童表示不清楚社区学校的运动场地是否在非上学时间对外开放。而对于儿童生活附近是否设置了分年龄段的合适器械和活动场所,有33.6%表示没有,有34.0%表示不清楚。从空间友好概念硬件的设施来看,目前社区对于儿童的活动场所具备一定基础,但是缺少全年龄段覆盖,设施和场地设置比较单一,在满足多样性需求上有欠缺。对于儿童阅览室、活动室、托管室的需求较大。对于室外活动场地,不同年龄段的儿童需求不一样,在场地和器械布置上需要区分。

(二)文化需求

从问卷数据来看,有78%的儿童表示经常被通知参加社区内的各种活动并且十分乐意参与到社区组织的常态化活动中去。在关注儿童自身成长和精神方面,有43.8%的儿童表示所在的辖区有开展培养学习习惯、道德素养等内容的主题活动,综合家长问卷数据可以看出,儿童在早期的自我意识形成和习惯养成方面有相当需求。因为儿童还需要相继接受基础教育,课余则需要安全、便捷、高环境品质的社区游乐空间,对于知识性、科普性也会有更多需求,如动植物园、图书馆、科技馆、博物馆、少年文化宫、剧院等能增加知识、培养兴趣爱好的公共设施会更加受到偏爱。

(三)经济需求

近年来社会结构变化巨大,社区形式多样,包括城市社区、城乡接合部社区和农村社区,对于城乡结合部社区和农村社区,存在留守儿童、流动儿童和困境儿童,他们对于物质经济方面有着客观的需求。流动儿童家庭的收入水平是反映流动儿童对经济需求程度的客观评价外,随着社会的发展,多数人选择去经济较为发达的城市打工,因此观念也会发生一些变化,在本研究中也有较大比重的流动儿童父母都为商贩,以做零散的工作为主,没有固定稳定的工资收入从而也会影响流动儿童对经济观念的影响,大部分的流动儿童都会受到来自家庭、父母,甚至同辈群体的影响,将"挣钱"作为自己的理想。对于金钱观建立还不够成熟的儿童来讲,会造成教育的困境。

(四)其他方面需求

在城市规划和空间安全角度,需要在小区和马路等危险区域设置隔离带,保障儿童的生命安全需求。在医疗设施方面,增补城市的儿童专科医院建设,形成从综合医院、专科医院到社区儿童专科门诊的综合医疗体系,在政策及宣传方面向社区倾斜。由于受到生活环境、生活习惯、生活条件等因素的影响,流动儿童对生活照料的内容需求可能呈现出自身的特点,总结起来核心是父母陪伴需求较为迫切,对当地社区资源的运用较为困难。①受到流动家庭的生活方式的影响,在社区中,流动儿童特别是年级稍微大一些的流动儿童往往需要承担照顾弟弟妹妹的任务,不仅如此随着年龄的增加,流动儿童在家庭中逐渐承担起零碎而繁杂的家务活,而生理和身体处于成长的流动儿童,往往因为缺少父母的照料而变得营养不良或其他一些问题。由此日常生活照料在流动儿童的生活中显得相当重要。

四、社区环境的儿童友好现状

新型城镇化的重要目标之一是让"城市生活更宜人",儿童作为城市未来的主人,其进行户外活动的基本诉求理应得到满足。现实的育儿压力和城镇化的健康发展都要求城市提升友好性,为儿童提供健康成长的环境。研究分析发现,本文针对创建社区儿童友好环境方面达到的效果分为空间、服务以及儿童参与三个点进行描述,现状如下。

(一)儿童友好型社区空间

"儿童友好型"的定义是:为了满足儿童的福利,通过完善儿童的生活环境,实现儿童在身体、心理、认知、社会和经济上的需求和权利。儿童友好倡导重视人本关怀,强调"儿童立场优先",旨在加强孩子与孩子、孩子与成人、成人与成人之间的沟通。②儿童"友好"的社区空间应该能够满足儿童身体发育、心理成长、社会地位、

---

① 任洁璐、李燕冰、梁宁卫:《社会工作补位流动儿童科学养育》,《中国社会工作》2019年第24期。
② 朱卫健:《打造"儿童友好社区"的成华样本》,《中国民政》2021年第2期。

经济要素等多方面的需求,同时也必须具备安全性、可达性、舒适性、趣味性、功能性、自然性这五个空间特征。

安全性:由于儿童生理发育的不成熟,对危险的预防能力、抵御能力都低于成人,儿童友好型社区空间要提供安全的儿童活动场地。在社区空间中威胁儿童安全的因素主要包括社会犯罪、交通事故、城市污染、游戏意外受伤等。为成年人设计的社区活动空间不一定适合儿童使用,有可能对游戏中的儿童造成意外伤害。调查中有52.9%的儿童表示有适合年龄的活动场所,25%的儿童表示没有适合年龄的活动场所,22.1%的儿童表示不清楚是否有适合年龄的活动场所。同时,社区道路规划中缺乏减少人车混行道路的措施,容易导致交通事故的频发。在社区规划布局上,儿童活动密集的区域也应避免与城市主要交通道路的穿插。关于社区的车辆和摩托是否和公共活动区域之间有安全的距离的问题,47.9%的儿童表示所在社区的车辆和摩托没有和公共活动区域之间有安全的距离,53.8%的儿童表示不清楚所在社区的车辆和摩托是否和公共活动区域之间有安全的距离。

可及性:可及性指的是空间的阻隔程度,空间阻隔程度越低可及性就越强。在儿童友好型社区空间中,可及性可从宏观、中观、微观等三个层次上进行分类。宏观的可及性主要指儿童在社区中的活动范围。中观层次的可及性指儿童从住处到社区中重要节点的空间阻隔程度。在儿童友好型社区空间设计中,儿童活动空间、主要开敞空间、学校、开放的自然环境、安全的交通网络和无障碍设计等应当尽量保持在儿童的活动范围内,还应当注意儿童的活动能力会随着年龄的增加而增加,不同年龄阶段的儿童的活动能力不同,社区空间应考虑各个年龄阶段儿童的活动能力,提高重要节点的可及性。①微观层次的可及性指儿童在社区中与社区空间、社区设施的互动能力。

根据资料分析显示,还需加强社区空间的可及性,32.4%的儿童表示辖区内的儿童居所和附近的公共活动空间,有规划布置各年龄阶段儿童的教育设施和游戏空间;33.6%的儿童表示在辖区内的儿童居所和附近的公共活动空间,没有规划布置各年龄阶段儿童的教育设施和游戏空间;34.0%的儿童表示不清楚是否辖区内的儿童居所和附近的公共活动空间,布置了各年龄阶段儿童的教育设施和游戏空间。关于社区内的户外活动场所是否能够符合不同年龄段儿童的需求的问题,

---

① 黄晓春:《中国社会组织成长条件的再思考——一个总体性理论视角》,《社会学研究》2017年第1期。

46.7%的儿童表示社区内的户外活动场所能够符合不同年龄段儿童的需求;而52.0%的儿童表示社区内的户外活动场所不能够符合不同年龄段儿童的需求。

舒适性:空间的舒适性包括物理舒适性和心理上的舒适性。在社区规划布局上,应减少建筑体量对儿童活动频繁空间的光线遮挡,保持足够的日照时间,注重对自然通风的疏导,为社区提供舒适的环境。同时,社区空间还应当营造归属感、私密性、交往需要等符合儿童心理需求的空间,促进儿童与社区空间进行良好互动。

趣味性与自然性:社区空间的趣味性具有吸引儿童的功能,唤起儿童参与的欲望,发掘儿童的潜在思维,使儿童在游戏的同时了解社区环境,增长知识,在游戏中智力得到开发,得到锻炼,释放感情,有利于儿童的身心发展。建设与自然紧密结合的游戏空间也是增强社区空间趣味性的关键。在游戏空间设计方面,要求游戏空间具有开放性、连续性、无障碍、宽敞性、共享性和多样性。游戏空间应能让儿童自由、无障碍地玩耍,充分满足儿童社交、运动、个人游戏的需求,因此除正式的游戏空间外,应尽可能多地利用周边资源,形成游戏空间网络,同时,提供让儿童与自然充分接触的空间。在游戏设施方面,着重强调游戏设施的全龄共享性,能够为儿童提供冒险的机会,并能激发想象力、创造力,促进相互交流。数据显示,57.1%的儿童表示在儿童辖区内有1处(以上)儿童可及的公共活动空间(如儿童之家或者儿童活动中心,儿童图书室等);26.5%的儿童表示在儿童辖区内没有儿童可及的公共活动空间;16.4%的儿童表示不清楚。

(二)儿童友好型社区服务

开展儿童福利性服务活动是评估一个社区儿童友好程度的重要指标,调查情况如下:关于所在的社区会定期开展家庭教育的主题活动,并且邀请和父母一起参加的问题,40.4%的儿童表示经常被通知参加社区内的各种活动,36.3%的儿童表示没有经常被通知参加社区内的各种活动,23.3%的儿童表示不清楚是否经常被通知参加社区内的各种活动。关于所在的辖区是否有开展培养学习习惯、道德素养等内容的主题活动的问题,43.8%的儿童表示所在的辖区有开展培养学习习惯、道德素养等内容的主题活动,28.3%的儿童表示没有,27.9%的儿童表示不清楚。关于你所在的辖区是否会定期开展讲座等形式的活动,帮助你提升防治儿童伤害,进行自我保护的意识的问题,50.6%的儿童表示所在的辖区会定期开展讲座等形式的活动,帮助提升防治儿童伤害,进行自我保护的意识,20.3%的儿童表示不会,29.1%的儿童表示不清楚。所在的辖区是否有成立社区志愿者服务队,特别是家长志愿服务队,通过家长之间的互动为儿童提供服务的问题,33.9%的儿童表示有,34.3%的儿童表示没有;31.8%的儿童表示不清楚。关于是否收到儿童友好社区建设的宣传册,并带回家的问题,41.4%的儿童表示有收到,40.5%的儿童表示没有收到;18.1%的儿童表示不清楚是否收到。关于社区是否成立由社区工作人员,家长志愿者以老师组成的儿童委员会或者家长委员会,共同关心儿童的社区生活的问题,41.6%的儿童表示社区成立了由社区工作人员,家长志愿者以老师组成的儿童委员会或者家长委员会,共同关心儿童的社区生活,18.5%的儿童表示社区没有成立,39.9%的儿童表示不清楚社区是否成立了。

(三) 儿童参与

儿童参与是儿童友好城市建设的核心方法。儿童参与应理解为:儿童作为与之相关的政策、空间的直接受众,应能够参与部分公共空间的"生产";在此过程中,以儿童为纽带建立联系,带动居民的持续参与和城市、社区融合,从而推动儿童友好社区的全面建设。参与权将成为民主和包容的公众关系的一种基础,[①]国际有关儿童参与的定义是"充分考虑儿童年龄及成熟程度,儿童和成人在相互尊重的基础上分享信息和进行对话,表达自己的意见和积极参与各级决策",在规划领域,主要是指儿童就规划设计、实施、维护及运营等发表自己的意见,参与规划相关的活动。调查数据显示,关于儿童室内外活动(游戏)场地的设计是否听了你的意见的问题,仅10.5%的儿童表示儿童室内外活动(游戏)场地的设计听了自己的意见的,67.4%的儿童表示没有听自己的意见,22.2%的儿童则表示不清楚儿童室内外活动(游戏)场地的设计是否听了自己的意见。可以看出,在进行社区建设时,缺乏对儿童友好型参与的重视。

五、社区环境中儿童友好发展困境及原因分析

(一) 社区环境的儿童友好发展困境

首先是专业因素。社区主要通过"儿童之家""社区儿童活动中心"等服务设施作为基础,进行政府、社会组织、市场组织与家庭之间有机连接。儿童问卷调查样

---

① Hugh Matthews etc.(1999). Young People's Participation and Representation in Society. *Geoforum*. (2), 25—43.

本统计结果所示,53.4%的儿童表示所在社区设立了"儿童之家"或"社区儿童活动中心",40.5%的儿童表示没有收到儿童友好社区建设的宣传册;18.1%的儿童表示不清楚是否收到儿童友好社区建设的宣传册。根据调查数据不难发现,目前社区儿童友好环境所面临的困境不仅仅是社区宣传力度较弱、服务水平较低、儿童友好社区的覆盖面不全、社区的作用并没有完全有效发挥。同时还缺少政府对于社区活动与工作的正向引导,社区工作人员专业水平不足,社区居民的信任度较低进而导致社区居民的参与度较低。

其次是持续因素。目前社区主要通过购买服务来引入社会组织来提供服务。所购服务受资金、政策以及市场的共同调节。所提供服务常因后续资金不到位而被迫中断或草草结束。与此同时,社区培养社区专业人才,自组织孵化能力较弱。儿童调查表统计结果所示,仅有41.6%的儿童表示社区成立了由社区工作人员,家长志愿者以老师组成的儿童委员会或者家长委员会,共同关心儿童的社区生活。社区儿童友好环境不能只靠外界力量,还应鼓励社区成员共同参与和创造来维持儿童友好社区环境的发展。

再次是适配因素。社区所提供的儿童服务不够贴切儿童真正需求,并且针对不同年龄段的儿童需求的提供划分不够细致,在听取以及采纳儿童意见与建议上明显不足。根据埃里克森八阶段理论,每个儿童在不同的时期有不同的需求,所以针对不同年龄段的儿童教育资源的需求是不同的,社区应做到各个年龄阶段和教育资源的全覆盖以及增加活动场所的功能性。根据儿童问卷调查样本发现,社区或者政府在提供了一些针对儿童的服务过程中,较少的听取儿童的意见或者想法,仅有10.5%的儿童表示儿童室内外活动(游戏)场地的设计听了自己的意见,52.0%的儿童表示社区内的户外活动场所不能够符合不同年龄阶段儿童的需求。

最后是环境影响因素。特定的区域文化和社会政策条件镶嵌于社会转型的总体脉络之中。[1]社区环境中的儿童友好性主要体现在物理性环境以及社会性环境两个主要方面。物理性环境主要包括房屋建筑、交通、设施、儿童活动空间等。在大力发展经济的过程中,挤压了儿童活动空间。根据儿童问卷调查样本分析可得,针对各个年龄阶段儿童的教育设施和游戏空间较小,分类不够细致与完善,常去室外活动的儿童年龄主要集中在7—12岁。"儿童之家"等活动场所开放时长较短,

---

[1] 黄晓春:《中国社会组织成长条件的再思考——一个总体性理论视角》,《社会学研究》2017年第1期。

基础设施不完善。在安全方面,42.1%的儿童表示在社区的公共活动区域和一些公共服务实施之间没有一条慢行通道,53.8%的儿童不清楚所在社区的车辆等交通工具与活动区域之间是否有安全距离,儿童安全意识不足;社会性环境方面主要包括社交、教育、参与兴趣活动等。根据儿童问卷调查样本统计结果所示,社区所举办的主题教育活动较少,儿童生活所在社区或者辖区缺少适合儿童阅读的图书馆和图书室相关活动场所等资源,同时宣传力度、宣传效果不强,利用率低。

(二)社区环境的儿童友好发展困境原因分析

一是儿童自身需求方面,儿童自身的需求会随之年龄的增长发生改变。埃里克森认为,人要经历8个阶段的心理社会演变,其中儿童阶段分为婴儿期、儿童期、学龄前期和学龄期。每个时期的需求不尽相同,社区需从儿童基本的生活质量、身心健康、安全、教育、兴趣爱好、良好的环境为出发点来构建儿童友好社区。在社会变迁下,儿童的需求也逐渐发生了改变,儿童成长过程中的陪伴与心理健康问题也逐渐受到国家和社会的重视,对教育资源与兴趣爱好培养的需求也在逐渐扩大,构建儿童友好社区环境应立足于社区儿童各个方面的需求,目前针对儿童和家庭开展福利性服务活动明显不足、参与度不高、专业性不高也是影响社区环境的儿童友好发展的原因之一。

二是儿童所处社会社区环境方面,儿童在成长的过程中,所处的环境以及生存质量会对未来的生活质量以及品质产生一定的影响。儿童的成长是与环境互动的一个过程,同时儿童较容易受到环境因素的影响。在促进发展经济的过程中,造成了一定程度的人员流动。据调查,目前郫都区流动儿童以及留守儿童不断增加。与此同时家庭的教养功能不断减弱,父母教养意识不强,隔代教养问题日渐严重,需要外界的力量给予支持,而社区正是政府与家庭之间的链接点。社区教育作为学校教育与家庭教育的延伸,目前并没有做到很好的补位以及衔接工作。而构建儿童友好社区是通过社区层面来构建利于或者助于儿童成长的社区环境,使得儿童能够安全且自由的活动、游戏、学习及成长。促进儿童友好发展环境不仅需要社区基层人员的努力,更加需要社区儿童及家长的积极参与,根据儿童问卷调查样本统计数据发现,51.6%的儿童表示没有经常被通知参加社区内的各种活动,15.8%的儿童表示不清楚是否经常被通知参加社区内的各种活动。目前社区所能提供以及开展的主题教育活动较少,仅有50.6%的儿童表示所在的辖区会定期开展讲座等形式的活动,帮助提升防治儿童伤害,进行自我保护的意识。社区的物理环境的不足也会阻碍社区环境的友好发展,需对社区环境在有限的条件下进行合理规划以及使用,增加社区空间的安全性和趣味性。

三是公益生态环境方面,大力发展和促进儿童友好社区公益生态圈,促进儿童友好社区的发展,不仅需要基层人员的努力、儿童的参与、家长的支持,更需要顶层设计、国家政策的支持、立法的保护、财政的保障以及社会媒体的关注,多元文化的参与共同营造友好儿童社区环境,来撬动社会资源,增强社区造血功能、挖掘社区资源并进行整合,共同构建儿童友好社区公益生态环境。目前各个社区中居民动员不足,大多仅靠所购服务来进行有限的社区营造,缺乏专业的共治平台来进行多元合作。

六、研究发现与儿童友好社区建设的建议

(一)研究发现

本研究发现当前的社区在制度、空间、服务、文化的儿童友好程度存在一定的差异。根据不同地域的数据分析显示,随着中国的快速城市化,国家对于社区建设十分重视,城市社区有关儿童的制度和人员配备基本符合要求。但是作为社区活动主体的儿童而言,对于环境的适宜性提出了更高的要求,公共空间的合理性和安全性是居民和儿童所关心的。在客观环境上的硬件配备比较齐全,如图书室、活动室、运动器械齐全,并且根据不同年龄段儿童的需求,配备不同的额外设施。在主观活动需求、公共空间主观评价、公共空间环境友好方面还需进一步加强,软件设施有待跟进。社区的宣传和知识性倡导齐全,并且定期有专题讲座、配备亲子活动、小组活动等满足儿童人际交往的基本需求。农村社区在制度层面表现出空缺和不完善的福利体系。基本的公共空间缺乏,儿童主要的活动场所是学校,但学校的开放时间有限,所以池塘、马路、河边等危险的地方多成为儿童课后的娱乐场所。

农村儿童多呈现隔代教养、留守的状况,父母双亲照顾得为之甚少,儿童的亲情需求无法得到满足。农村居民居住分散,儿童除在校时间外,其余时间人际交往少,人际沟通的需求无法得到满足。乡村教师的专业性不强是教育文化需求无法满足的一个重要因素。总而言之,农村儿童的主观和客观环境需求都不能得到较好的满足,安全问题和心理问题是儿童成长中需加以重视的。采用封闭公共空间开放化的方式,能一定程度上缓解空间不足的问题。同时,也增强了同辈群体的交往,填补亲情缺失,有助于缓解由于亲情缺失带来的心理问题。

本调查对于城乡接合部的调查发现,这里流动人口达到90%以上,大部分儿童属于随父母来此地生活的流动儿童,如此大数量的流动儿童明显将城乡结合部儿童需求的特点反映出来。受到城市政策的辐射,城乡结合部的儿童相关政策基本完备,但是当地儿童友好的相关活动处于概念层面,表现在虽然硬件设施按照基本的政策要求加以建设,但是空置的时间长于使用的时间,没有得到充分的利用,并且形式单一,缺乏创新性和独特性。知识的宣传倡导方面,定期有专题讲座,进行相关知识的普及。但是强度还应进一步提高。城乡接合部在儿童需求的满足方面,应根据自身的特殊性相应的变通,模式化的操作,不痛不痒,效果难以达到。

除此之外,研究也发现,尽管区域相同,不同类型的儿童需求也存在明显差异。贫困家庭的儿童需求主要表现在营养、照顾、健康、教育、发展等方面,主观性需求不明显,需求的满足呈现层次化的规律,越高级的需求,越难以得到满足,所需要付出的努力和动用的资源更多。对于低年龄段的儿童父母缺乏正确的育儿经验看护的责任缺乏。儿童在关爱和独立性、充分活动和交往能力的培养上欠缺。育儿方式偏于保守,存在对早期教育普遍重视,认识肤浅的问题。在专业性育儿咨询与知识指导方面需进一步提高,需开辟综合措施普及现代育儿理念和知识,提供多元化育儿服务,特别注重对隔辈养育人的支持。农村留守儿童的需求主要体现在服务和文化方面,具体表现为亲情缺失、关爱不足,教育状况不佳、身心健康等方面的偏差。残疾儿童表现为医疗康复、社交网络、亲子关系调试、性宣传教育、儿童营养知识和健康教育、残疾儿童随班就读服务、普惠性学前教育等方面的需求均无法得到满足严重。流动儿童虽然随父母来到城市生活,教育水平得到一定提升,但是其受教育、娱乐等状况还有一定的差距,无法享受正常城市孩子的服务权利和服务。

(二) 研究建议

一是完善政策和制度。政策和制度是宏观体系建立的前提和保障,关于儿童需求和发展的相关制度应当结合目前的实际现状不断更新和颁布。习近平总书记强调"培养好少年儿童是一项战略任务,事关长远,各级党委和政府、社会各界都需要重视培育未来、创造未来的工作"。由政府支持、社会组织参与而建成儿童照顾机构是当前最为迫切的需求。

二是打造友好生活空间。联合国1996年提出"儿童友好城市"的打造,现代城市是由汽车、房屋、经济建构起来的,是一个冷冰冰的城市,友好无从谈起,而我们所称的友好更强调环境、健康以及生活质量。儿童友好型城市建设与新时代人民美好生活需要及城市发展公平公正的价值理念相契合。普惠型儿童福利强调不仅仅是特殊儿童或者困境儿童属于提供服务的对象，一般儿童的需求也是关注的重点，要满足其更深层次的需求。它涵盖政策、空间、游戏、公平、教育、安全、开放、绿色、洁净、包容等各个方面。例如社区活动设施的打造，就需要体现一种"友好"的理念，在外形和功能上符合不同年龄儿童的需求，低年龄段的儿童添加一些卡通、动画、色彩的元素。而对于高年龄段儿童在安全范围内可以适当地冒险和刺激，这对于激发儿童的内在潜质发挥着十分重要的作用。深圳、长沙已将儿童友好城市创建工作纳入"十三五"规划，北京、上海、南京等地陆续开展相关工作。"儿童友好型城市"创建成为我国城市国际化的重要标志，是大势所趋。

三是促进服务多元化。服务的多元化强调服务内容和服务主体两个方面。服务内容涉及内容本身，还包括内容的展现形式。例如，随着媒体曝出的儿童侵害事件越来越多，目前儿童性教育普及力度低。受到传统观念的约束，羞于说出口，孩子这个模块的知识属于空白，社会层面的支持系统缺乏，多种因素导致悲剧的发生。因此，采取多元化的形式将这些内容灌输到儿童的观念中，展现方式的创新是促进服务形式创新的基础。服务内容则涉及教养知识、相关政策、法律、医疗康复等各个领域。服务主体的多元化，不仅以儿童作为直接的服务接受者，也可以是间接的服务影响者。比如，通过对于家长的宣传教育，给予儿童保健知识的培训、提供有效的社会支持，从侧面也可以满足儿童照顾和健康成长的需求。

（萧琮琦　韦丽明）

儿童议事会的现状、影响因素与积极作用研究

一、问题的提出

1989年联合国《儿童权利公约》确定"参与权"是儿童四项基本权利之一,即儿童有权就影响到他们的所有事务发表意见,并根据其年龄和成熟度得到适当的重视。此后儿童"参与权"概念也逐渐出现在我国重要政策、法律中,2021年9月我国国务院颁布的《中国儿童发展纲要(2021—2030年)》将"儿童参与"作为儿童工作的基本原则之一;2021年10月国家发展和改革委员会印发的《关于推进儿童友好城市建设的指导意见》明确提出要"推动儿童全方位参与融入城市社会生活";上海市人民政府办公厅发布的《上海市儿童友好城市建设实施方案》提出到2025年基本实现儿童友好城市建设的上海样本、上海路径,强调要"深化儿童友好社区建设",且已取得了阶段性的成果。儿童的参与权利,是儿童友好城市、社区建设的重要内涵。为了实现这一重要目标,上海市各街镇社区试行了如儿童议事会、社区儿童规划师、小小领航员等一系列促进儿童社区参与的项目与系列活动。随着全社会对儿童参与的重视,如何保障、提升儿童的参与也成为学者和公众热议的话题。

儿童议事会是推动儿童社区参与的重要形式和特殊机制。儿童议事会在世界各地都被证实能够充分发挥促进儿童参与、提升儿童对社区的融入感和归属感、发挥儿童作为积极公民的主体性等作用。关于其成立动机、组织运营机制、成员准入资格和人员构成、活动内容形式、成人支持和角色责任等方面也有众多学者开展研究。[①]在我国本土实践中,儿童议事会通常由街道妇联牵头发起,或由非营利性组

---

① Wyness, M. (2009). Children Representing Children: Participation and the Problem of Diversity in UK Youth Councils. *Childhood*, 16(4), 535—552.

织运营,可以由家长志愿者和社区儿童工作者共同参与管理,本质是一个由儿童参与、儿童协商、儿童决策的儿童议事平台。设立儿童议事会的初衷是希望儿童能够充分思考、表达自我,在社区中充分发挥自身主体作用。但儿童议事会作为一个仍在探索中的新形式,目前仍面临公众知晓度不高、儿童决策影响力有限、可持续运营缺乏支持等问题,需要系统研究加以辅证这一新形式促进儿童参与的重要潜力。

本研究及时回应现实需求,以嘉定区儿童议事会为例,通过问卷调查,回应以下问题:哪些因素影响儿童加入儿童议事会?加入儿童议事会,对儿童有何积极作用?本文首先对既有理论与研究作一个简要回顾。

二、文献回顾

(一)儿童议事会:促进儿童的"实质参与"

最早进行儿童参与研究的学者之一哈特提出儿童参与阶梯理论,[1][2]认为儿童从"非参与"到"实质参与"有程度的递进。"非参与"阶段,儿童只是遵从成人的指挥行动,甚至被成人利用或操控,儿童变为成人达到一定目的的工具,并不能算是真正的参与。儿童的"实质参与"分为8个阶梯,随着成人主导权降低、儿童主动性提升,依次为"成人为儿童指派任务、但告知儿童信息""成人与儿童商议、并告知儿童信息""成人提议、并与儿童共同决策""儿童提议、并由成人指导""儿童提议、并与成人共同决策"。特别需要注意的是,在促进儿童参与的项目中,多种参与程度可能同时并存,也并不是一定要达到最高程度的参与才是对儿童发展最优的选择。

从哈特的理论出发反思上海市嘉定区儿童议事会的开展,可以看到其中既有成人发挥主导、支持、促使儿童理解参与内涵、真正参与到社区生活中的努力;也有为儿童赋权、赋能,让儿童提出意见、自由表述,但由成人判断决定是否采纳;也有成人与儿童共同协商、探讨,加深互相之间的理解,合作推进活动进程;更有儿童充分发挥自主性,从活动本身计划、执行、宣传乃至最后的评估都由儿童自主进行,在

---

[1] Hart, A.(1992). *Children's participation*:*From tokenism to citizenship*(No. inness92/6).

[2] Hart, A.(1998). Children's Right to Participate:Some Tools to Stimulate Discussion on the Issue in Different Cultures, 227, in *Understanding Children's Rights*, *Collected Papers Presented at the First International Interdisciplinary Course on Children's Rights*(Eugeen Verhellen, ed.).

过程中由儿童自主判断是否需要成人的援助,是否需要赋予成年人一定职责共同参与到儿童提议的活动中等。从哈特的儿童参与阶梯理论我们可以理解,确保儿童表达意见、参与讨论、做出决策的权利是我们推行儿童议事会等儿童社区参与项目的目标之一,且在符合儿童年龄和成熟程度的情况下,尽量促进儿童的"实质参与"。

这也让我们进一步思考,儿童为什么要实现"实质参与"？实质参与对儿童的发展有何积极作用？儿童加入儿童议事会能促进其哪些能力的发展？

(二) 儿童参与对儿童发展的积极作用

社区心理学认为,参与是促进社会变革、改善社区的社会、经济、政治和环境条件、加强公民之间的社会联系和他们对社区的归属感以及增进个人和集体福祉的关键过程[1]。儿童积极发展心理学的相关研究证实,参与有组织的课外活动对于儿童的发展结果和心理社会功能有利,如能增加儿童心理调适能力、提高学业成绩、减少其问题行为发生等。[2][3][4]儿童参与社区组织和社区决策,可以增强其信心、主体性能力和批判意识;[5]可以发展儿童个人资源和能力,培养公民素养,为成年后公民参与做准备;[6][7][8][9][10]可以拓展儿童社会关系;[11]可以通过沟通和人际网

---

[1] Wandersman, A., & Florin, P.(2000). Citizen Participation and Community Organizations. In J. Rappaport & E. Seidman(Eds.), *Handbook of Community Psychology*. New York: Plenum.

[2] Feldman, A. F., & Matjasko, J. L. (2005). The Role of School-Based Extracurricular Activities in Adolescent Development: A Comprehensive Review and Future Directions. *Review of Educational Research*, 75(2), 159—210.

[3] Mahoney, J. L., Schweder, A. E., & Stattin, H.(2002). Structured After-School Activities as a Moderator of Depressed Mood for Adolescents with Detached Relations to Their Parents. *Journal of Community Psychology*, 30, 69—86.

[4] Eccles, J., & Barber, B. (1999). Student Council, Volunteering, Basketball, or Marching-Band: What Kind of Extracurricular Involvement Matters? *Journal of Adolescent Research*, 14, 10—43.

[5] Krauss, S. E., Collura, J., Zeldin, S., Ortega, A., Abdullah, H., & Sulaiman, A. H. (2013). Youth-Adult Partnership: Exploring Contributions to Empowerment, Agency and Community Connections in Malaysian Youth Programs. *Journal of Youth and Adolescence*.

[6] Fayoyin, A.(2016). Prospects of Multilevel Communication by Children and Young People in Africa: A Case Study of the South African Children's Parliament. *International Journal of Media, Journalism and Mass Communications* (IJMJMC).Vol.2, (3), 7—16.

[7] O'Malley, K.(2004). *Children and Young People Participating in PRSP Processes: Lessons from Save the Children's Experiences*, London: Save the Children, 9.

[8] Sherrod, L. R., Flanagan, C., & Jouniss, J.(2002). Dimensions of Citizenship and Opportunities for Youth involvement: The What, Why, When, Where and Who of Citizenship Development. *Applied Developmental Science*, 6(4), 264—272.(转下页)

络获得看待社会问题的新视角和信息,促进儿童对社会问题的关注与投入,收获并在实践中练习如协商、公共演讲、表达观点、团队合作等新技能。①②同时,参与社区和社区组织可以增加儿童与社区的联系,③④促进包容和人际信任,提升归属感、对社区的投入程度和赋权;⑤⑥⑦还可以提升其对社会制度规则的信任。当然,因参与组织类型的不同和参与活动和经验感受的不同,给儿童带来的预期益处也是不同的。⑧儿童参与社区、社会生活,丰富了课余时间分配,在参与过程中,投入时间与精力学习、锻炼了更多的知识、技能,对儿童健康成长也是至关重要的。

基于以上文献,我们提出以下假设:1.儿童议事会成员课余时间分配更丰富合理;2.儿童议事会成员学业表现较其他儿童更好;3.儿童议事会成员通过参与各方

(接上页)⑨ Lansdown, G. (2001). *Promoting Children's Participation in Democratic Decision Making*, UNICEF International Child Development Centre(now Innnocenti Research Centre) in Innocenti Insight, 6, 12(Florence: UNICEF).

⑩ Flanagan, C. A., Bowes, J. M., Jonsson, B., Csapo, B., & Sheblanova, E. (1998). Ties That Bind: Correlates of Adolescents' Civic Commitments in Seven Countries. *Journal of Social Issues*, 54, 457—475.

⑪ Teney, C., & Hanquinet, L. (2012). High Political Participation, High Social Capital? A Relational Analysis of Youth Social Capital and Political Participation. *Social Science Research*, 41(5), 1213—1226.

① Cicognani, E., Mazzoni, D., Albanesi, C., & Zani, B. (2015). Sense of Community and Empowerment Among Young People: Understanding Pathways from Civic Participation to Social Well-Being. *Voluntas: International Journal of Voluntary and Nonprofit Organizations*, 26(1), 24—44.

② Checkoway, B., Allison, T., & Montoya, C. (2005). Youth Participation in Public Policy at the Municipal Level. *Children and Youth Services Review*, 27, 1149—1162.

③ Albanesi, C., Cicognani, E., & Zani, B. (2007). Sense of Community, Civic Engagement and Social Well-Being in Italian Adolescents. *Journal of Community & Applied Social Psychology*, 17, 387—406.

④ Poudyal, R. (2003). *Children and Young People as Citizens: Partners for Social Change*, Nepal: Save the Children, 6.

⑤ Flanagan, C. A. (2004). Volunteerism, Leadership, Political Socialization, and Civic Engagement. In R. M. Lerner & L. Steinberg(Eds.), *Handbook of Adolescent Psychology* (pp. 721—746). New York: Wiley.

⑥ Flanagan, C. A., Bowes, J. M., Jonsson, B., Csapo, B., & Sheblanova, E. (1998). Ties That Bind: Correlates of Adolescents' Civic Commitments in Seven Countries. *Journal of Social Issues*, 54, 457—475.

⑦ Zimmerman, M., & Rappaport, J. (1988). Citizen Participation, Perceived Control and Psychological Empowerment. *American Journal of Community Psychology*, 5, 725—750.

⑧ Hansen, D. M., Larson, R. W., & Dworkin, J. B. (2003). What Adolescents Learn in Organized Youth Activities: A Survey of Self-Reported Developmental Experiences. *Journal of Research on Adolescence*, 13(1), 25—55.

面能力都得到了提升。

(三) 儿童参与的影响因素

童年社会学学者库沃特普和科萨罗认为,作为一种社会类型、社会结构性要素的童年,和其他社会结构要素(如阶级阶层、性别、年龄、家庭背景等)总是相互关联、相互影响。①也因此,对于儿童和童年的研究,要将其放置、还原到其所在的社会结构中进行考察。科萨罗在布迪厄等人的理论基础上指出,儿童社会化水平的差异可以看作是重构或维持社会不平等的社会控制机制,享有更多文化资源的家庭中的儿童拥有更多的发展优势。②儿童参与影响因素研究深受布迪厄文化资本视角的影响,英美及北欧学者认为,经济水平和教育程度较高的中产阶级家庭更倾向于让儿童参与有组织的公共活动,让儿童积累知识、技能,以获得更好的学业成就,积累文化资本;③④⑤⑥⑦⑧⑨受过良好教育的母亲更经常带孩子参与有组织的公共活动;⑩父母受过良好教育且富裕家庭的儿童也更愿意通过竞选加入一些社会组织。⑪研究显示,因母亲受教育程度不同,儿童发展也可能呈现"梯度",受教育程度更高的母亲,在分配家庭资源时拥有更多话语权,也会更积极创造健康的家庭养育环境,如对儿童更多经济、人力资本投入,更积极的养育态度和行为,从而促进

---

①② 威廉·A.科萨罗:《童年社会学》(第2版),程福财等译,上海社会科学院出版社2014年版。

③ Kiili, J.(2013). "It's Almost Like Official"—Children's Participation as a Relational and Spatial Question. *Qualitative Studies*, 4(1), 56—71.

④ Kiili, J.(2014). Children's Public Participation, Middle-Class Families and Emotions. *Children & Society*. Vol.30, 25—35.

⑤ Kiili, J. & Larkins, C.(2018). Invited to Labour or Participate: Intra- and Inter-Generational Distinctions and the Role of Capital in Children's Invited Participation. *Discourse Studies in the Cultural Politics of Education*.

⑥ Lackey, L. M., & Murphy, D. G.(2011). Parents, Middle-Class-Ness, and Out-of-School Art Education. *Journal of Social Theory in Art Education*, 31(6), 50—76.

⑦ Lareau, A., & Weininger, E. B.(2003). Cultural Capital in Educational Research: A Critical Assessment. *Theory and Society*, 32(5), 567—606.

⑧ Vincent, C., & Ball, S. J.(2007). Making up the Middle-Class Child: Families, Activities and Class Dispositions. *Sociology*, 41(6), 1061—1077.

⑨ Bæck, U. D. K.(2010). "We are the Professionals": A Study of Teachers' Views on Parental Involvement in School. *British Journal of Sociology of Education*, 31(3), 323—335.

⑩ 安妮特·拉鲁:《不平等的童年:阶级、种族与家庭生活》(第2版),宋爽、张旭译,北京大学出版社2018年版,第386—393页。

⑪ Wyness, M.(2009). Children Representing Children: Participation and the Problem of Diversity in UK Youth Councils. *Childhood*, 16(4), 535—552.

儿童学业表现、健康行为和能力发展。①②③④相对于父亲的教育程度来说,母亲的教育程度与儿童的非认知能力和健康呈现积极正相关。⑤⑥

从杜威对学校德育教育对儿童社会化重要作用论述出发,学校作为儿童社会化的重要场所,理应教授儿童参与社会所需的重要知识与技能,培养儿童规则意识与价值规范,帮助儿童承担社会角色与责任,这也是"中国学生发展核心素养"的基本要求。既有研究认为,儿童的社会参与跟儿童的在校表现有正向相关关系。⑦因此,在校表现更佳的儿童,如学习成绩更好、学习态度更积极主动、担任学生干部,可能规则意识与责任意识更强,也更愿意参与社区、社会活动。

基于以上文献,我们提出假设:1.家庭社会经济条件更好的儿童,更可能加入儿童议事会;2.父母自身参与信心与行为较高的儿童,更可能加入儿童议事会;3.儿童学校表现越好,越可能加入儿童议事会。

三、研究方法

(一)研究工具

基于文献和研究假设设计了"儿童社区参与"调查问卷,分为儿童问卷和父母问卷。问卷包括:(1)基本人口学信息:儿童年龄、性别、年级;(2)家庭社会经济条件:父母受教育水平、职业、家庭月总收入;(3)父母自身社区参与信心及行为;(4)儿童学校表现情况:儿童学习成绩、学习投入程度、是否为班干部;(5)儿童综合

---

① Wang, W., Dong, Y., Liu, X., Bai, Y., & Zhang, L.(2020). The Effect of Parents' Education on the Academic and Non-Cognitive Outcomes of Their Children: Evidence from China. *Children and Youth Services Review*, 117, 105307.

② Leight, J., & Liu, E. M.(2020). Maternal Education, Parental Investment, and Noncognitive Characteristics in Rural China. *Economic Development and Cultural Change*, 69(1), 213—251.

③ Ying, Cui, Hong, Liu, Liqiu, & Zhao.(2019). Mother's Education and Child Development: Evidence from the Compulsory School Reform in China-Sciencedirect. *Journal of Comparative Economics*, 47(3), 669—692.

④ 黄超:《家长教养方式的阶层差异及其对子女非认知能力的影响》,《社会》2018年第6期。

⑤ Kalil, A., Ryan, R., & Corey, M.(2012). Diverging Destinies: Maternal Education and the Developmental Gradient in Time with Children. *Demography*, 49(4), 1361—1383.

⑥ Jerrim, J., & Micklewright, J.(2011). *Children's Cognitive Ability and Parents' Education: Distinguishing the Impact of Mothers and Fathers*. Institute of Education, University of London, UK.

⑦ 周金燕、冯思澈:《儿童参与和学校表现之间关系的实证分析》,《中国校外教育》2018年第12期。

能力;(6)儿童课余时间分配情况(儿童参加课业补习班时长①、参加兴趣爱好班时长、参加有组织的公共活动时长,以及看电视、玩电子设备时长)。

(二)研究样本

研究选择的样本是上海嘉定区各个街镇参加儿童议事会一学期以上的全部儿童及其家长,共回收问卷138份,保留有效问卷127份;同时在该区各个街镇简单随机抽取未参加任何儿童组织的6—18岁儿童及其家长,共回收394份,保留有效问卷366份,组成对照样本;总计共保留493份有效问卷。

本研究总样本493对儿童及其父/母,其中男生267名(54.16%),女生226名(45.84%);儿童平均年龄11.27岁,标准差2.43,就读于小学一年级至高中三年级。127位儿童议事会成员平均年龄10.32岁,366位其他儿童平均年龄11.60岁。127位儿童议事会成员男女比例均衡(1:1),具体如表1所示。

表1 样本基本情况

变量		参加儿童议事会的儿童 N=127 (只参加了儿童议事会)					其他儿童 N=366 (未参加任何儿童组织)				
		频数	平均值/百分比	标准差	最小值	最大值	频数	平均值/百分比	标准差	最小值	最大值
性别	男	64	50.39%				203	55.46%			
	女	63	49.61%				163	44.54%			
年龄			10.31	2.32	6	16		11.60	2.39	6	18
学段	小学	81	63.78%				132	36.07%			
	初中	40	31.5%				197	53.82%			
	高中	6	4.72%				37	10.11%			

(三)数据分析

研究首先探索加入儿童议事会对儿童发展的作用,对儿童议事会成员(N=127)和未参加任何儿童组织的儿童(N=366)在"儿童学业表现""儿童综合能力""儿童课余时间分配"方面得分情况作描述性统计分析、T检验及卡方检验,并比较儿童议事会成员及父母对于其综合能力提升感受的差异。

再探索儿童加入儿童议事会的影响因素,以"加入儿童议事会"为因变量(1=

---

① 研究的数据收集与分析是在双减政策推行前进行的,因此询问了儿童参加课业补习班的时间。

加入),控制儿童年龄、性别(男生=1),以未参加任何儿童组织的儿童为参照组(N=366),以家庭社会经济条件因素、父母自身公共参与信心及行为、儿童学校表现情况为自变量,运用Logistic模型进行分析。

四、研究结果

(一)加入儿童议事会的积极作用

1. 儿童议事会成员课余时间分配更丰富合理

如表2所示,从儿童课余时间分配来看,儿童议事会成员与其他儿童在课余时间的分配上有所不同。首先,儿童议事会成员在课业补习班上所用时间,与其他儿童没有显著差异(研究开展之时,"双减"政策尚未出台,儿童大多还"奔波"在课业补习之路上)。其次,儿童议事会成员在参加兴趣班和有组织的公共活动时间方面显著多于其他儿童;更重要的是,儿童议事会成员看电视及玩电子设备时间显著少于其他儿童,且69%的儿童议事会成员看电视、玩电子设备时间仅占课余时间的10%或以下。可见,电视、电子设备固然吸引儿童,但是如果能有吸引孩子、组织良好的社区活动机会提供给儿童,儿童也是愿意放下电子设备积极参与的。

表2 儿童议事会成员和未参加任何儿童组织的儿童在课余时间分配方面的差异

	儿童议事会成员 (N=127)		其他儿童 (N=366)		t 值	$Pr(T<t)$	$Pr(T>t)$
	均值	标准差	均值	标准差			
儿童参加课业补习班时长①	2.19	1.02	2.12	1.11	−0.66	0.25	0.75
儿童参加兴趣爱好班时长	2.28	0.98	1.98	0.92	−3.01	0.00***	1.00
儿童参加有组织的社区活动时长	1.84	0.90	1.62	0.84	−2.46	0.01***	1.00
儿童看电视和玩电子设备时间	1.50	0.86	1.69	0.92	2.10	0.98	0.02**

① 儿童课余时间分配编码赋值:占课余时间的10%以下=1,占课余时间的10%—30%=2,占课余时间的30%—50%=3,占课余时间的50%—70%=4,占课余时间的70%以上=5。

研究也进一步比较了不同学段儿童议事会成员和其他儿童在课余时间分配方面的差异。首先,参加课业补习班时长,小学、初中、高中阶段的儿童议事会成员和其他儿童都没有显著差异;其次,参加兴趣爱好班时长,初中阶段没有显著差异,小学阶段($Pr(T<t)=0.00<0.01$, $t=-2.8306$)和高中阶段($Pr(T<t)=0.00<0.01$, $t=-4.3027$)儿童议事会成员显著高于其他儿童;再次,参加有组织的社区活动时长,小学和初中阶段没有显著差异,高中阶段儿童议事会成员显著高于其他儿童($Pr(T<t)=0.02<0.05$, $t=-2.44$);最后,看电视和玩电子设备时长,小学阶段和高中阶段没有显著差异,初中阶段儿童议事会成员显著低于其他儿童($Pr(T>t)=0.02<0.05$, $t=2.18$)。

2. 儿童议事会成员学业表现更佳

加入儿童议事会对儿童学业表现也有积极影响。如表3所示,56%的家长和65%的儿童都认为加入儿童议事会后,学业成绩有了一些很大提升。表4的T检验结果也显示,儿童议事会成员和其他儿童在学业表现方面存在显著差异,儿童议事会成员学业成绩更好($Pr(T<t)=0.00<0.01$),学习态度也更为积极($Pr(T<t)=0.00<0.01$)。

表3 加入儿童议事会后儿童学习成绩提升:家长与儿童的观点比较

学习成绩提升程度	家长评价(N=127)		儿童自评(N=127)	
	频数	百分比	频数	百分比
有很大提升	27	21%	33	26%
有一些提升	44	35%	49	39%
变化不大	56	44%	45	35%
没有提升,反而下降	0	0%	1	0%

表4 儿童议事会成员和未参加任何儿童组织的儿童在学业表现方面的差异

儿童学业表现	儿童议事会成员(N=127)		未参加任何儿童组织的儿童(N=366)		t值	$Pr(T<t)$	$Pr(T>t)$
	均值	标准差	均值	标准差			
儿童学习成绩①	3.24	0.71	2.88	0.87	-4.56	0.00***	1.00
儿童学习态度②	4.00	0.80	3.73	0.92	-3.14	0.00***	1.00

① 儿童学习成绩编码赋值:班级前十名=4,班级中上等=3,班级中下等=2,班级排名靠后=1。
② 儿童学习态度编码赋值:非常积极主动=5,比较积极主动=4,一般=3,比较不积极不主动=2,非常不积极不主动=1。

3. 儿童议事会成员各方面能力得到提升

如表5所示,儿童和家长都认为,加入儿童议事会后,儿童的多项能力都得到了提升。其中,超过60%的家长和儿童认为加入儿童议事会后,儿童的语言表达能力、人际交往能力和自信心得到提升,且家长和儿童对于儿童能力提升的感受一致程度很高;超过一半的儿童认为自己加入儿童议事会后,发现问题、解决问题的能力,参与意识与能力、责任感、课外知识的储备和独立思考能力都有了提升,而这些其实是课堂知识之外,对于儿童全面健康成长来说所本应具备的重要能力。

表5 加入儿童议事会后儿童能力提升:家长和儿童的观点比较

能 力	家长评价(N=127)		儿童自评(N=127)	
	频数	百分比	频数	百分比
语言表达能力	89	70%	91	72%
人际交往能力	98	77%	90	71%
自信心	78	61%	85	67%
发现问题、解决问题的能力	61	48%	64	50%
参与意识与能力	59	46%	65	51%
责任感	59	46%	64	50%
课堂外知识储备	54	43%	65	51%
独立思考能力	54	43%	64	50%
学习主动性、自律性	40	31%	44	35%

加入议事会后,儿童更清晰地认识并践行了儿童的参与权利,其参与权利意识与未参加任何儿童组织的儿童比起来有较大提升。如表6所示,议事会成员持有"儿童在家庭、学校、社会各个领域都有参与决策的权利"理念的比例(72%的儿童)远高于未参加任何儿童组织的儿童(47%),方差分析也显示,两组儿童的观点存在较大差异($Pr=0.00<0.01$)。

表6 儿童参与权利意识

儿童参与程度	儿童议事会成员自评(N=127)		未参加任何儿童组织的儿童自评(N=366)	
	频数	百分比	频数	百分比
儿童没有必要进行参与	2	0.02%	14	3.83%
成人只需倾听儿童的需求、意见,不需要将其纳入决策	6	4.72%	24	6.56%

续 表

儿童参与程度	儿童议事会成员自评(N=127)		未参加任何儿童组织的儿童自评(N=366)	
	频数	百分比	频数	百分比
成人在决策时应考虑儿童的需求、意见	30	23.62%	154	42.08%
儿童在家庭、学校、社会各个领域有参与决策的权利	89	70.08%	174	47.54%

(二) 儿童加入儿童议事会的影响因素

Logistic模型运行结果如表2所示。模型一只放入了控制变量儿童的性别和年龄,模型二加入了家庭社会经济条件变量(父母教育程度、职业、家庭月总收入),模型三加入了父母自身公共参与信心和行为变量,模型四加入了儿童学校表现情况变量。4个模型均以未参加任何儿童组织的儿童为参照组。表2列出了每个变量的系数(B)、概率比(Exp(B))和标准误差(SE)。从模型系数的综合检验结果来看,4个模型卡方检验都是显著的($p=0.00<0.05$),说明自变量对因变量有显著影响,模型四的-2Log likelihood 为458.28为4个模型中最小的,模型契合度最好。

1. 儿童随年龄增长加入儿童议事会概率下降,性别影响不显著

如表7模型四所示,以未参加任何儿童组织的儿童为参照组,儿童年龄每增加1岁,加入儿童议事会的概率会降低18%,而性别影响不显著,男女生加入儿童议事会的概率相差不大,在图1上图中也有较为直观的显示。

2. 母亲受教育程度对儿童加入儿童议事会影响显著

如表7模型四所示,家庭月总收入的影响并不显著。相比之下,母亲的受教育程度对于儿童加入儿童议事会影响显著,母亲受教育程度每提升一个单位,儿童加入议事会的概率会增加1.32倍。父亲受教育程度对于儿童加入儿童议事会影响并不显著,这也证实了前文提到的母亲受教育程度对儿童参与的显著作用。

3. 父母自身公共参与行为对儿童加入儿童议事会的积极作用

从表7模型四可以看出,父母自身参与社区公共事务行为频率每增加一个单位,儿童加入儿童议事会的概率会增加46%。

表 7 影响儿童加入儿童议事会的因素：Logistic 模型结果

影响因素	模型一			模型二			模型三			模型四		
	B	Exp(B)	SE	B	Exp(B)	SE	B	Exp(B)	SE	B	Exp(B)	SE
儿童性别	−0.23	0.79	0.21									
儿童年龄	−0.24***	0.79	0.05	−0.19***	0.83	0.05	−0.19***	0.83	0.05	−0.20***	0.82	0.05
家庭月总收入				0.07	1.08	0.09						
父亲职业①				0.07	1.07	0.26						
母亲职业				0.19	1.20	0.28						
父亲受教育程度②				0.10								
母亲受教育程度				0.89***	2.43	0.24	0.81**	2.25	0.25	0.84**	2.32	0.26
父母参与社区公共事务信心③							0.32	1.38	0.18			
父母参与社区公共事务频率④							0.40***	1.49	0.10	0.38***	1.46	0.10
儿童学习成绩										0.21	1.23	0.20
儿童学习态度										−0.05	0.96	0.17
儿童是否担任班干部（是=1）										0.58*	1.78	0.27
常数项	1.64**		0.53	−2.85**		1.04	−5.08***		1.27	−5.29***		1.40
	Pseudo R^2=0.05			Pseudo R^2=0.12			Pseudo R^2=0.17			Pseudo R^2=0.19		
	−2LL=534.00			−2LL=493.78			−2LL=468.00			−2LL=458.28		

注：*** 表示 $p<0.001$，** 表示 $p<0.01$，* 表示 $p<0.05$。

① 父母职业编码赋值："国家机关、党群组织、企业、事业单位管理人员以及专业技术人员"=1，其他=0。
② 父母受教育程度编码赋值：小学及以下=1，初中=2，高中（包括普通高中、职高、中专）=3，本科（包括本科、大专）=4，硕士及以上=5。
③ 父母参与社区公共事务信心编码赋值：完全相信=4，比较相信=3，不太相信=2，完全不相信=1。
④ 父母参与社区公共事务频率编码赋值：经常参与=5，有时参与=4，偶尔参与=3，很少参与，一年能有1—2次=2，完全没参与过=1。

4. 班干部加入儿童议事会概率更高

如表7模型四所示,班干部加入儿童议事会的概率为非班干部的1.78倍。在6—18岁阶段,对于同年龄的儿童来说,班干部加入儿童议事会的概率比非班干部的概率高,但随着年龄增长,这一差距在逐渐缩小,如图1所示。

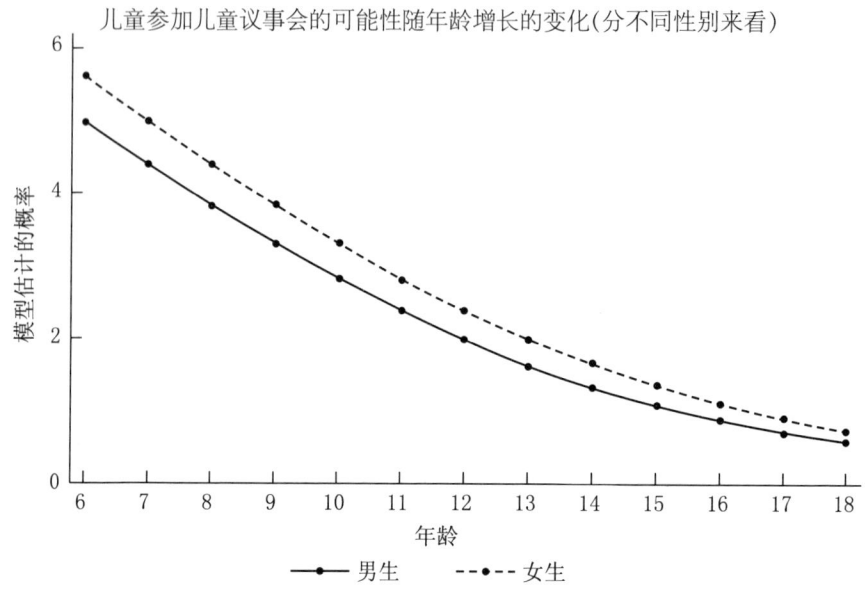

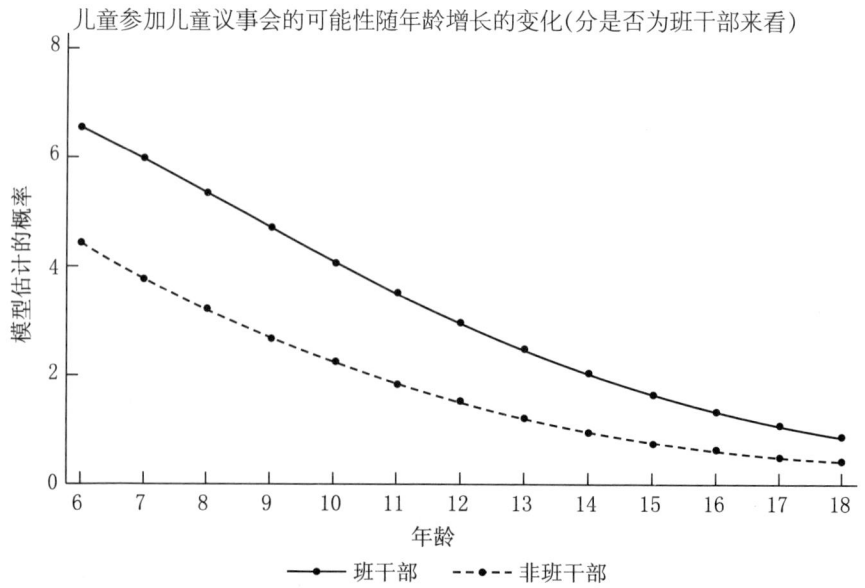

图1 儿童随年龄增长加入儿童议事会的概率变化

五、总结与讨论

(一)加入儿童议事会对儿童的健康成长有正向的积极作用

关注儿童发展的心理学家皮亚杰认为,儿童参与集体策略活动,会促使其个体社会与心理发展,儿童与他人互动、实践性活动会让儿童更新技能与知识;儿童会在和同伴和实际的互动中逐渐形成规则意识。①维果斯基认为,儿童在参与过程中既形成了自己群体独特的语言文化,也习得了成人社会的语言文化,在此基础上发展自己群体的规则、策略;个体所有的心理与社会技能(包括认知的、社交的与情绪的)都是在与他人互动的过程中获得、运用、内化的。②因此,从长远来看,儿童健康成长应建立在儿童跟自己、跟重要他人、跟社会更多联结基础上。参与有意义的、有组织的社区活动是儿童建立与自己、他人和社会联结的重要途径。加入儿童议事会后,儿童通过参加技能培训,与朋辈及成人互动、合作、协商,意见表达,制定规则,参与决策等过程,实现了对于成人社会文化的适应与内化,也实现了个人的成长以及儿童同辈文化的创造。我们的研究也验证了儿童加入儿童议事会对于儿童的健康成长有积极的作用。

儿童加入儿童议事会后,课余时间分配更为丰富合理,减少了看电视及玩电子设备的时间,这是一个积极的现象,毕竟,沉迷电子设备是困扰现代父母、影响儿童发展的重要问题之一。研究表明,学生花在积极休闲活动上的时间越多,课业补习班上的时间越少,感受到的负面情绪越低,抑郁风险也就越低。③④⑤随着现代科技的发展,已有研究表明儿童电子设备娱乐使用时间对儿童的认知发展和学业成绩有负面影响,会降低儿童解决问题的能力、语言表达能力和阅读理解能力,对儿童体育活动、睡眠质量、规律饮食、自尊和生活满意

---

①② 威廉·A.科萨罗:《童年社会学》(第2版),程福财等译,上海社会科学院出版社2014年版。

③ Shu, H., & Zheng, M. (2020). Some Time is Better Spent than Other Time: Chinese Adolescents' Time Use and Developmental Outcomes. *Child Indicators Research*, 13(5).

④ Chen, S. Y., & Lu, L. (2009). After-School Time Use in Taiwan: Effects on Educational Achievement and Well-Being. *Adolescence*, 44(176), 891—909.

⑤ Lee, M., & Larson, R. W. (2000). The Korean "Examination Hell": Long Hours of Studying, Distress, and Depression. *Journal of Youth and Adolescence*, 29(2), 249—271.

度产生负面影响。①②③④⑤⑥

在双减政策大力推行的形势下,如若能让儿童参与更多有意义的社区公共活动中,减少其对电子设备的过度沉迷,对于儿童、家长来说都是一件好事。除了减少儿童看电视和电子设备的时间,儿童参与还能够对儿童的学业成绩产生积极影响,帮助儿童形成更积极的学习态度,提升儿童的多项能力以及权利意识。

(二)儿童参与应尽早、全面,发挥同辈促进作用

研究发现,性别对儿童加入儿童议事会影响并不显著,但儿童随年龄增长加入儿童议事会可能性降低,因此,儿童参与是有"窗口期"的。推动儿童参与要在儿童低年级时开始,鼓励所有儿童参与,以推动儿童参与更好的发展。《中国儿童参与状况报告》也提及,随着儿童年龄增长,儿童参与意识与行为在降低。⑦科萨罗在《童年社会学》中认为儿童在青春前期(7—13岁儿童)面临个人自主、身份形成、承担责任、创造同辈文化、社会参与等的重大转变,在这个时期培养其参与意识与能力,对于其人格的形成非常重要,因此,儿童参与研究者与实践者应抓住这一"窗口期",有效、全面、多样化地推动儿童参与的发展。

本研究还发现,班干部加入儿童议事会概率更高,根据班杜拉的社会学习理论,可以充分发挥班干部的模范带头作用,借助于儿童群体之间的相互影响,带动更多儿童更积极参与。

(三)父母了解、陪伴、支持、以身作则对儿童参与意义重大

本研究发现,家庭收入并不是一个重要的影响因素,这与前文所提及的英美及

---

① Shu, H., & Zheng, M. (2020). Some Time is Better Spent than Other Time: Chinese Adolescents' Time Use and Developmental Outcomes. *Child Indicators Research*, 13(5).

② Yan, H., Zhang, R., Oniffrey, T. M., et al. (2017). Associations among Screen Time and Unhealthy Behaviors, Academic Performance, and Well-Being in Chinese Adolescents. *International Journal of Environmental Research and Public Health*, 14(6), 596.

③ Hofferth, S. L., & Moon, U. J. (2012). Electronic Play, Study, Communication, and Adolescent Achievement, 2003—2008. *Journal of Research on Adolescence*, 22(2), 215—224.

④ Hofferth, S. L. (2010). Home Media and Children's Achievement and Behavior. *Child Development*, 81(5), 1598—1619.

⑤ Hofferth, S. L., & Curtin, S. C. (2005). Leisure Time Activities in Middle Childhood. In K. A. Moore & L. Lippman (Eds.), *What Do Children Need to Flourish? Conceptualizing and Measuring Indicators of Positive Development* (pp.95—110). New York: Springer.

⑥ Fuligni, A. J., & Stevenson, H. W. (1995). Time Use and Mathematics Achievement among American, Chinese, and Japanese High School Students. *Child Development*, 66(3), 830—842.

⑦ 苑立新、霍雨佳、丁道勇、中国儿童中心:《中国儿童参与状况报告》,2017年。

北欧的研究发现略有不同。一直以来,中国传统的家庭分工使得母亲在儿童养育过程中扮演更重要的角色,陪伴儿童时间更长,与儿童交流更多。本研究显示,母亲受教育程度对于儿童参与有显著的积极影响。受教育程度较高的母亲,在规划儿童的课余时间时,更倾向于促进儿童参与社区社会活动,并在陪伴儿童的过程中,投入更多经济、人力资本,期待儿童在过程中积累更多知识、技能和资本。受教育程度较高的母亲也会更认同儿童参与的权利理念,支持儿童参与的行为,更有预见性地意识到了儿童参与对于儿童健康发展的积极作用,也更愿意付出时间陪同孩子参与,因而在各方面帮助儿童克服或多或少存在的影响参与的阻碍性因素,以便儿童更好地参与。

研究还发现父母自身参与行为也会对儿童参与产生积极影响。一方面,父母积极投身社区社会的行为为儿童树立了榜样;另一方面,自身参与较多的父母,更能理解参与的积极意义,并能更多地接触到儿童参与的信息与渠道,因此儿童参与也就更顺利。从对社区、社会发展的作用角度来看,父母参与和儿童参与是相辅相成、互相促进的,通过打造更多的、更完善的儿童参与机制与途径,也可以带动其父母更热心社区,更积极参与社会事务。

研究的数据收集与分析是在"双减"政策推行前一年进行的,当时儿童和家长提及阻碍儿童参与的主要因素较多的是时间困难,因为儿童需要分配大量课余时间参加课外补习班、兴趣爱好班。在"双减"政策推行后,这个障碍得到了较大的解决。但除了时间障碍以外,儿童参与机会不足、范围较窄仍然是重要的阻碍因素。因此,在回应国家发展改革委联合22部门印发《关于推进儿童友好城市建设的指导意见》,在建设儿童友好城市过程中,应意识到儿童参与的重要作用,广泛宣传儿童参与的理念,建立制度,完善机制,提升儿童参与机会,优化儿童参与的环境和方式,促进儿童参与。

(张 舒)

基于儿童友好空间营造的城市规划建设探索

——以上海松江新城为例

一、引言

2021年9月30日,经国务院批准,国家发展改革委等23部门联合印发《关于推进儿童友好城市建设的指导意见》,阐明了"建设儿童友好城市,寄托着人民对美好生活的向往,事关广大儿童成长发展和美好未来",并明确了指导思想、基本原则和建设目标。在该意见的社会政策友好章节中提出,城市规划要体现儿童视角,要以"1米高度看城市",制定城市各类儿童友好空间与设施规划建设标准,完善城市功能布局和优化公共空间设计。此外还提出推进儿童友好城市建设的相关措施。在《中国儿童发展纲要(2021—2030年)》中也涉及儿童健康、安全、教育等方面内容,并明确提出要建设一批国家儿童友好城市。由此可见对于儿童的重视、培养与关爱,正在成为国家和社会关注的热点。

国际上第一部有关保障儿童权利的、具有法律约束力的约定是1989年的《儿童权利公约》,规定了儿童有权利生活在一个卫生、安全的环境中,并提出儿童权利应该作为城市发展的核心要素。1996年首次提出"儿童友好城市"(Child Friendly City)的概念,其内涵为听到儿童心声,并将实现儿童需求、优先权和权利纳入城市治理体系。2004年联合国儿童基金会发布儿童友好城市的行动框架,提出在城市建设中维护儿童诸如在街道独自安全行走、与朋友见面玩耍和生活在不受污染的绿色环境中等12项权利。①至于儿童友好城市的建设,则是要求在城市和社区建

---

① 杨郑鑫:《多维视角下儿童友好型城市规划的初探》,《共享与品质——2018中国城市规划年会论文集》,中国建筑工业出版社2018年版,第5—15页。

成环境设计中增加儿童视角,对城市道路、公共空间、活动设施等进行设计,在城市建设中兼顾儿童利益和使用需求。①

2019年上海市启动部署儿童友好社区试点工作,提出要坚持儿童视角,以儿童优先为原则,重点优化配置、整合统筹社区内的儿童活动场所和服务项目。并提出到2020年底,上海拟建成50个以上具有示范效应的儿童友好社区示范点,②进而在全市推广。自2019年起,松江新城内的方松、岳阳、中山、广富林等4个街道成功创建上海市儿童友好社区示范点,增强了新城儿童的幸福感和满意度。儿童友好型城市建设涉及儿童方面的政策、社会服务、文化建设等内涵,社区则是城市的基本单元。③本文基于"儿童成长 空间友好"的命题,从城市规划建设视角,在"十四五"期间上海加强新城建设的背景下,以松江新城为例,探索儿童友好社区建设的对策,旨在为上海建设儿童友好社区提供参考。

二、现状概况

(一)率先建成儿童服务中心,创新工作机制和政策措施

2019年,松江区妇儿工委制定了《关于开展松江区城乡社区"儿童之家"规范化建设的实施意见》,明确了工作目标、原则、项目功能等内容,并将其纳入政府的发展规划和年度区级实事项目,落实年度专项经费予以实施推进。同时,成立了松江区"儿童之家"建设工作联席会议,几个成员单位协同推进儿童友好社区创建工作。实事项目在全市儿童友好社区率先启动建设,在全区先行先试,同时为儿童友好创建积累了先期经验。

(二)尊重儿童权益,启动儿童参与和宣传活动

松江区开展了"萌童乐园·儿童之家"LOGO征集活动,以儿童视角选定儿童之家的卡通人物,区妇联选取文翔、白云等4所幼儿园中班、大班的孩子,以儿童投票的方式选出代言人"萌萌""童童"的形象,并制作宣传品发放推广,包括孩子们所

---

① 刘堃、魏子珺:《成长视角下社区街道对儿童街道活动的支持研究》,《城市发展研究》2019年第8期。
② 上海市妇女儿童工作委员会:《关于上海市开展儿童友好社区创建试点工作的指导意见》,2019年。
③ 王梓茜、武凤文:《儿童安全视角下的社区公共空间设计策略》,《北京规划建设》2020年第3期。

喜爱的贴纸、小书包、运动器材、益智玩具、绘本图书等宣传品,凸显"儿童优先""儿童利益最大化"的城市发展理念和价值观。

(三)实现资源共享互助,协同共建儿童友好社区

松江新城在儿童友好社区工作创建中,发挥区、镇、居村3级妇儿工委的分工协同作用,研究确定"儿童之家"点位,先后完成区级妇儿发展中心"小豆豆成长乐园",居委会级如方松街道翔弘邻里中心、中山街道同济雅筑、广富林街道上林社区、三湘四季托育园、岳阳街道方舟园等儿童之家的建设。松江区妇联与团工委、教委、服务办等各条线资源共享,协同组织开展儿童活动并建立活动品牌。对于0—3岁幼儿及其家庭,充分利用优生优育服务指导中心资源,各街道各中心开展公益性亲子活动和家庭指导类活动,挖掘利用其他活动阵地及资源,纳入儿童服务中心和站点,实现资源共享共建。

(四)"15分钟社区生活圈"建设引入儿童友好主题

在松江区"15分钟社区生活圈"的推进建设中,"儿童友好"主题得到广泛的社会认同,"小小规划师"活动则体现了儿童参与城市规划。老旧小区开展的社区微更新既极大的提升居民的幸福感和满意度,也为儿童成长友好空间建设拓展了新的思路和途径。

三、存在问题与挑战

站在儿童视角来看社区友好度,包括理念、空间、服务和文化等方面,[①]从空间友好角度分析松江新城,包括儿童视角下的活动阵地、活动轨迹、活动区域和儿童独立活动性等方面内容。

(一)实施目标和措施上,与"卓越的全球城市"尚存在差距

从松江新城4个街道成功创建为首批上海市儿童友好社区示范点的配置标准上看,仅局限于街镇层面的儿童服务中心和社区层面的儿童之家,如"萌童乐园""儿童之家"等示范场所,街镇级儿童服务中心面积不少于300平方米(含室内外),居村儿童之家面积不少于50平方米(含室内外)。可见,新城儿童友好社区的创建

---

① 王方、林芳菲:《儿童友好社区在地化实践探索——以景龙社区为例》,《活力城乡美好人居——2019中国城市规划年会论文集》,中国建筑工业出版社2019年版,第687—697页。

还停留在儿童之家的设施上,并未普及学校、街道、公园和公共开放空间等区域。而国内一些城市,如深圳市提出"建设中国首个儿童友好型城市""从1米的高度看城市"的建设目标,长沙市发布建设"爱心斑马线交通工程"等措施并已取得显著成效。

(二)城市规划管理上,缺少相关技术标准和指引

在当前国土空间规划体系下,缺少专门针对儿童空间友好方面的规划内容或指标体系。在总体规划层面,缺少与儿童生活紧密相关的基础教育、道路交通、休闲娱乐等关爱型指引与说明;在详细规划层面,对于儿童活动场地、居住小区儿童活动空间、儿童友好型街道设计等刚性管控要求不明确,涉及儿童友好空间的社区设施,如儿童活动空间、场地等设施缺少规模要求、详细布局等规划指引;①在建筑管理层面,除类似基础教育专业的建筑设计规范外,还需进一步增加在公共建筑区域中儿童友好空间和设施布局的相关规范。

(三)城市环境建设在"儿童优先和儿童视角"方面有待加强

1. 城市邻里关系陌生化

随着松江新城城镇化快速发展,传统的村庄、院落、街巷关系的改变,社区内人群的生活环境和交往方式发生显著改变,城市以多层、高层建筑为主的住宅区增多,居住建筑逐渐呈现高密度紧凑型发展模式。家长和孩子与同社区人群的交流机会和场地的缺少,造成新城内儿童交往、聚会和活动场地氛围的变化。

2. 儿童独立活动性不高

调查数据显示,松江新城内约有51.2%的儿童乘坐私家车上学,不足29.4%的儿童步行上学,10.3%的儿童乘坐公共交通工具上学。②但儿童所拥有的"独立活动性",其实是"依赖成人的活动性"或者"依赖汽车的活动性"。儿童独立探索自己所处环境的自由受到限制,路径友好的功能缺失。

3. 学习时间长,活动轨迹单一

对松江新城的调查数据显示,③儿童活动的大致轨迹是兴趣辅导班、社区和家庭。在工作日,儿童的时间大多被作业所占据,社区内外的活动较少,活动主要场所是在家里;在双休日,儿童上兴趣辅导班或在家做作业,社区内外的活动有所增

---

① 王方、林芳菲:《儿童友好社区在地化实践探索——以景龙社区为例》,《活力城乡美好人居——2019中国城市规划年会论文集》,中国建筑工业出版社2019年版,第687—697页。
②③ 上海市松江区妇儿工委:《松江区儿童友好社区创建问题与思路探索》,2020年。

加,但是活动的主要场所仍在家里。

4. 儿童之家等活动空间配置有限

松江新城对创建儿童友好社区的调查显示,在创建中完成了区级、居委会级等9家儿童之家的建设,0—18岁儿童在方松街道有2.2万人、广富林街道有1.6万人、岳阳街道有1.5万人、中山街道有2万人,儿童之家的场地面积分别是800平方米、255平方米、50平方米和150平方米,合计建筑面积约为1 255平方米(见图1)。这对于构建百万人口规模的松江新城、打造长三角独立的综合性节点城市,在儿童空间友好的方式和目标上稍显逊色。调查显示,松江新城在服务儿童基本需求的公益性设施如婴幼儿培育中心、幼托机构、社区幼儿保健中心等方面的建设不充分、分布不平衡问题,在新城几个街道都较为常见。特别在老旧地区,针对儿童的教育、医疗、娱乐设施等资源配置均有较大缺口,无法满足该地域内儿童的需求。

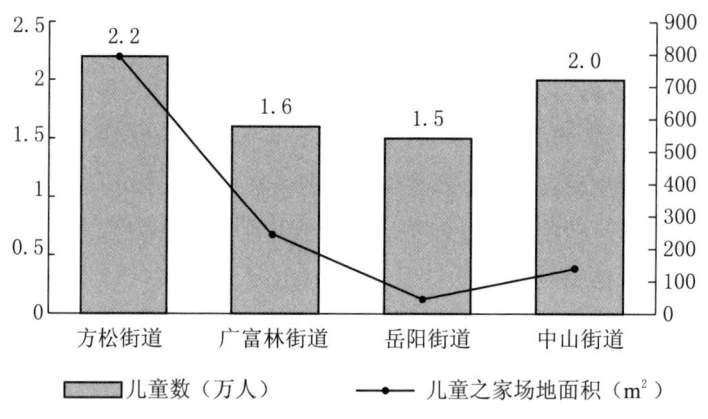

图1 松江新城儿童之家创建情况(2020年)

5. 儿童参与有待升级

调研显示,松江新城儿童友好社区建设中未能充分地凸显儿童作为主体的参与性,儿童之家和少儿图书馆等活动场所是基于服务儿童青少年及其家庭,由政府主导推进,表现为成人的认知和认同,同时在组织社区活动的策划、活动场馆的定位等方面大多是以成年人视角来设计与推动,缺少对儿童真实需求的重视,在儿童参与公共事务和城市发展建设上需要增强儿童的参与性。

四、国内外案例借鉴

(一)荷兰鹿特丹:塑造多样化儿童活动空间

荷兰鹿特丹市通过尊重儿童的好奇天性,增强儿童活动场地的自然性,营造非正式儿童活动空间,为儿童提供认知自然、熟悉自然的见学场所;公共空间模块不仅对儿童游戏区、室外活动区的尺度规模、服务半径提出配置标准,同时强调将绿色环境融入场地设计,增强场地的自然性,为儿童提供更多接触自然的机会。

1. 结合各年龄段儿童的使用需求和生活轨迹

规划设置儿童5—10分钟步行可达覆盖率,健全多类型儿童服务型设施配置。除此之外,还通过提供"儿童友好"型住房设计、营造儿童安全且充满乐趣的出行环境等策略,为儿童生活成长提供健康的环境。

2. 增强儿童活动场地的自然性

制定《鹿特丹标准户外游戏室建设规范》,为儿童提供认知自然、熟悉自然的见学场所。根据儿童不同年龄阶段的行为特征,场地提供多种活动的可能性,保留原生自然区域如沙土、石头等,使儿童们各得其乐。

3. 配置标准尊重儿童活动需求

配置标准上,大于15万平方米的居住区需设置不小于5 000平方米的运动和活动区,15万平方米的居住区需设置不小于1 000平方米的综合运动、活动区;并以大型运动和活动区为中心,300米半径范围内应设置不小于1 000平方米的第二处运动及活动区。

(二)日本流山市:建设"育儿友好型"服务设施

日本流山市位于东京都市圈千叶县,距离市中心的通勤时间仅需25分钟,是日本东京大都市圈的新城之一。由于面临东京少子化和老龄化的困境,流山市策划了亲子宜居型城市,重点吸引年轻的双职工家庭居住,营造儿童友好型城区环境。

流山市策划研究孕育、生产、哺育、培育等不同时期的育儿需求,营造多样化的育儿空间,包括母子保健中心、儿童支援中心、儿童图书馆、哺乳室等设施;提供活动支援类服务,包括家庭教育咨询、儿童参与活动、邻里互助活动等;同时结合各年龄段孩子的心理特点和活动场地需求,充分运用到儿童设施中,以保障使用的舒适度。

(三)深圳市景龙社区:打造儿童友好社区

深圳市景龙社区包括5个城中村、1个20世纪90年代建成的花园小区和1处建设中的楼盘,具有密度高、建成度高等特征,同时存在开放空间少、集中绿地少、儿童活动场地不足等问题。在社区微更新中提出建成儿童友好城市生态系统,并提出优化方案。

1. 社区微更新项目提升方案

美化建筑外墙,利用原有存量空间改造为儿童活动场地,租赁商铺改造为儿童活动室,增强社区内街道、公共通道的公共活动属性。

2. 注重共享、多元价值理念的提升

按照居住区域儿童的年龄构成特征,完善主题式的活动场地,根据婴儿期、幼儿期、儿童、青少年等活动特征来丰富社区儿童友好活动空间布局,并以运营管理、活动策划的方式全面提升品质,挖掘资源实现空间共享。

3. 探索布局儿童友好交通空间

以5—10分钟社区生活圈为尺度,改善提升儿童交通空间,对学校周边、幼儿园周边的道路断面和标识进行改造,以儿童尺度进行设计,并在河道水网绿道、水道实现交融,提升慢行系统儿童友好空间布局。

五、松江建设儿童友好新城的对策建议

上海主城区扮演着类似伦敦、纽约在各自城市群和都市圈中的角色,发挥着引领长三角世界级城市群和上海大都市圈发展的核心城市作用。原上海市委书记李强曾提出:推进"五个新城"建设,在新发展阶段有全新的实践要求,要践行最现代的理念、运用最前沿的技术、发展最先进的产业、打造最宜居的环境,为工作生活在这座城市的人们提供全新的生活方式选择。

"十四五"时期,松江新城将强化"人民向往"的根本追求,打造科创、人文、生态之城。建议坚持儿童优先和儿童利益最大化原则,保障儿童生存、发展、受保护和参与的权利,促进新城儿童的健康全面发展。在空间布局上,充分尊重儿童权益,加强对儿童群体的关注和投入,分析全年龄段儿童的不同年龄结构和心理、行为活

动等特征,增加儿童设施、活动场地、慢行系统等配置,①不断提升城市对于儿童群体的关爱度,营造最具国际化水准的儿童友好型城区。

(一)保障儿童合法权益,健全儿童友好社区建设的体制机制

一是市区两级政府部门加强组织领导,形成市区两级儿童友好型城市建设领导小组,全力推进儿童友好社区建设工作。二是空间规划布局和公共设施规划建设上,由妇联、民政、规划资源、交通、绿容、住建、环保等部门按照职责协同推进工作,统一部署、统一协调、统一建设。三是研究出台儿童友好型城市空间友好导则,明确儿童空间友好规划的建设目标和标准、指标参数等,指导各层级儿童友好空间规划布局,确保各类友好空间和设施按照15分钟社区生活圈布局和落地建设。

(二)增强规划引领作用,以法定规划落实儿童友好空间布局

1. 国土空间规划中增设儿童友好空间规划方案

建议在国土空间规划体系中,总体规划层面在公共设施配套章节增设儿童友好空间规划布局章节,确定目标要求和指标参数,在城市级、地区级、社区级等儿童活动场地的设置,设施的布局,慢行系统的规划布局等方面,提出不同层级的指导意见,以指导后续空间规划布局和项目实施。在详细规划层面,研究配置标准,并增加在基础教育、公共空间、交通线路、儿童活动设施、社区住房等方面对于儿童友好社区的空间关爱篇章。

2. 开展儿童友好社区布局专项规划

建议以街道或社区为单元开展儿童友好社区布局专项规划,摸清儿童人口数和各类儿童设施、空间规模底数,按照社区儿童的年龄结构和未来儿童规划发展趋势,以需求为导向,布局相关的设施、场地和场所,以便于科学合理地推进儿童友好社区创建工作。在现状评估、案例分析、儿童意见征询等专项规划环节后开展规划方案,提出儿童友好学校、友好街道、友好公共设施、友好公园等建设目标,制订基础教育设施提升、通学道路优化设计、学校周边交通管理要求、公共建筑儿童活动空间提升方案,增加各层级绿地公园儿童友好空间规模和涉及母婴休息室、婴幼儿保育、社区儿童活动中心等方面的需求规模内容。②在户外活动场地的布局上,研究在1 000米半径范围内居住社区配置青少年活动场地,500米半径范围布局一定

---

① 胡肖涵、马灿、李享:《基于儿童视角的社区空间环境研究与规划设计策略——以深圳市红荔社区为例》,《2019 中国城市发展与规划论文集》,中国城市出版社 2019 年版,第 1781—1788 页。

② 李树文、袁泉:《国外儿童友好社区建设经验对我国的借鉴》,《市场周刊》2019 年第 6 期。

规模的儿童活动场地,300 米半径范围内布局儿童活动区等。

3. 制订和实施儿童友好社区建设行动方案

为进一步加强儿童友好社区创建成效,建议开展行动方案编制工作,以目标和需求为导向,在专项规划的成果上制订 3 年或 5 年行动计划,明确任务和责任单位,落实资金投入,确保项目建设。可选择儿童友好空间在交通系统设计、绿化景观布局、环境营造、公共建筑规划建设等方面保障设施建设,包括推进路径友好项目,如在幼儿园、小学周边设置儿童专用步行道到达周边小区和启动学校周边高峰时段交通管制要求;或在学校、公园、图书馆、郊野公园等区域增加儿童活动区、婴幼儿活动室等。建议参考《深圳市建设儿童友好型城市行动计划(2021—2025 年)》在"十四五"时期打造儿童友好型城市的路径方法、具体任务及目标要求,要全域拓展儿童友好空间建设,并建设儿童友好医院和公共图书馆,建成若干儿童专类公园和儿童活动阵地。[①]

(三)以儿童优先和儿童利益最大化为指向,以"1+X"推进儿童友好空间项目规划建设

1. 开展儿童参与城市规划公众参与环节

"开门做规划""新城规划听您说"是近期新城规划推进中突出"人民城市人民建"的重要环节。建议启动开展儿童参与城市发展规划议题,探索建立儿童代表参与社区建设方案,对涉及儿童相关事务的问题提出建议和诉求,如组织儿童参与公共设施、学校、图书馆、医院等项目在设计方案阶段的意见征集活动等。

2. 推进形成"1+X"儿童友好空间规划建设体系

2006 年荷兰鹿特丹曾被投票选为儿童成长最不受欢迎的城市,随后鹿特丹共花费约 1 500 万欧元打造儿童友好型城市,创新提出"儿童友好"包括公共空间、交通路线、设施和住房 4 个模块,并对每个构成模块制定相应的技术要求,指导 11 个试点街区规划建设,通过后续的监测体系来评估"儿童友好"社区建设成效。在上海推进新城发力建设过程中,建议结合新城"十四五规划建设行动方案"推进形成"1+X"儿童友好空间建设体系。"1"即形成一份社区友好空间建设工作方案,"X"即分项完成的儿童友好空间类型,包括居住社区类、绿地系统类、道路交通类、基础教育类、公共设施类等各大类别。

(1) 居住社区类。主要包括育儿场所、儿童活动中心等,按照 0—18 岁各年龄

---

① 深圳市妇女儿童工作委员会:《深圳市建设儿童友好型城市行动计划(2021—2025 年)》,2021 年。

需求,围绕15分钟社区生活圈建设绿色低碳、功能复合的社区生活基本单元进行配置。在老旧小区改造中开展社区微更新,增设儿童托管中心、儿童活动场地,满足各年龄段儿童的需求。对于有新增育儿场所、儿童活动中心等需求的街区,在住宅小区和商业商务办公项目土地出让前开展评估工作,落实社区需求项目面积,并标注"需沿街面布局",方便幼儿使用在1—2楼布局等要求,土地出让后由开发单位建设完成后交付街镇政府使用。

(2) 绿地系统类。利用城市绿地系统布局增设儿童户外活动场地,如在城市中央公园、街头绿地、口袋公园和郊野公园增设儿童活动设施并鼓励儿童参与到方案布局设计中。梳理适合儿童活动的中心、站点、阵地和空间,按照1 000米、800米、500米和300米服务半径分布特征,结合城市绿地、广场形成安全的儿童游戏场地,幼儿和儿童游戏场地的位置宜尽可能方便家长进行及时、便捷的监护。增加亲子活动设施如沙坑、滑梯等,也宜考虑到成年人或老年人在监护、陪伴时相互交往的可能。青少年活动与运动场地宜设置在相对独立的地段,功能上包括球场、滑板场地等。利用郊野地区打造自然环境下的儿童科普活动环境,充分发挥美丽田园景观的功能价值,突出乡村文化传承体验。融入科普教育、文化体育等多元业态,使用包容的儿童活动空间,采用适合儿童使用、灵活多元的包容性设计。

(3) 道路交通类。儿童的成长和生活主要在社区,按照儿童步行范围,创造安全可达、标识清晰的交通条件,开展儿童安全出行系统规划,优化儿童上学路径,让儿童能独立安全地到达他们的活动目的地,提升儿童街道活动安全性,制定儿童安全出行系统指引,打造儿童友好型街道。[1]在路径设计上,参考长沙爱心斑马线交通工程和儿童友好型小区周边交通及公共空间改造指引,在建设层面全面落实儿童友好空间建设。

(4) 基础教育类。结合"十四五"期间新城新建的各类学校将儿童空间友好理念全面贯穿,强调儿童尺度、儿童环境的关注,突出儿童优先权,满足不同年龄段儿童的安全和活动需求。儿童友好活动空间中的每一个棱角和台阶的设计都应消除一切潜在危险。活动区需种植随季节性变化的树木,让儿童感知春夏秋冬、日月星辰的变化,也可以设计可供攀爬的空间、场地和树木,拓展孩子对于世界的探索;避免种植多刺的、有毒性的花卉和植物;同时在室外的硬质铺地、草地和生态活动区的比例设计上,充分尊重儿童群体行为习惯;在色彩和图形分布上,突出儿童的喜

---

[1] 董楠楠、伊娃、杨佳希:《基于儿童友好型社区的环境体系构建》,《城市建筑》2017年第29期。

好和心理特征,丰富基础教育场所的感染力和吸引力。

(5) 公共设施类。在新城的开放空间和公共设施规划建设中,合理布局儿童友好设施,将儿童的生活、学习和游憩空间融入其中,使得自然环境和社会文化密切关联。参考国际城市鹿特丹和新加坡的经验,在机场、博物馆、图书馆、医院、街道公共活动场所等公共空间增加儿童看护和活动设施,加强儿童尺度设施的设计。可以在新城的博物馆、图书馆等场馆增设母婴活动室、第三卫生间等场所。按照不同年龄阶段儿童对空间的需求差异,采用不同的设计策略:面向0—6岁婴幼儿打造"儿童之家",突出空间色彩及安全性;面向6—12岁儿童,打造户外自然科普类探究空间,增设羽毛球、篮球等运动场地;面向12—18岁孩子,设置社会实践基地,为他们提供沟通交流的平台。针对社区运动场地短缺的现状,建议在布局上可采用政府类投资和社会投资兼顾的方式,增设运动场地如羽毛球、篮球、网球场地等,也可利用社区活动场所和学校、存量工业设施等现有开放设施。

六、结语

在我国当前"双减"的背景下,儿童逐步摆脱了繁重的课业和补习班,可以有更多时间参与到社区活动中。国家发改委发布了《关于推进儿童友好城市建设的指导意见》,儿童成长友好空间的营造需要全社会更多的关注与思考。正值"十四五"开局之年,上海五个新城发力,一批具有集聚度、显示度和高等级的公共服务设施项目正在加快建设,建议以此为契机,植入儿童成长友好空间营造理念,同时在城市规划管理上制定相关导则与法定规划,做到有法可依、有章可循,并按照计划逐步落实到国土空间规划中,按照财政资金安排和开发进展逐步落实到项目建设中,确保儿童友好空间布局的预留和项目实施建设。除了成长空间布局和设施建设等"硬件"之外,在社会友好、公共服务友好、权利保障友好、发展环境友好等方面建设也需同步。①这是一个庞大的儿童友好城市生态系统,关乎新城发展中近期人口集聚、青年人才吸引力和城市公共服务水平的提升,更关乎城市发展的未来。

(黄　婧)

---

① 沈瑶、刘晓艳、云华杰等:《走向儿童友好的住区空间——中国城市化语境下儿童友好社区空间设计理论解析》,《城市建筑》2018年总第34期。

新城建设背景下的儿童友好社区建设
——以上海市奉贤区为例

一、引言

儿童是国家未来发展的主力军,这个群体的发展需求是城市规划建设的过程中必须重点予以关注和考虑的,也是建设人性化宜居城市的应有之义。1996年,联合国儿童基金会和联合国人类住区规划署联合发起建设儿童友好型城市的倡议(Child Friendly City Ini_tiative,简称 CFCI),宣布为儿童谋福祉和提升生活质量是健康社会和健康城市的最终目标,也是建设儿童友好型城市的最初追求。

我国作为世界人口大国,有庞大的儿童群体。孩子健康成长、快乐学习、幸福生活,关系到千家万户的和谐安康,关系到国家、民族的前途命运,关系到伟大中国梦的实现。习近平总书记高度关注儿童工作,多次作出重要指示和部署。为响应"儿童友好型城市"的倡议,我国颁布了《中国"儿童友好型城市"的创建目标和策略措施》,为创建儿童友好型城市提供了方向指引和行动指南。在此指引下,上海作为第一批先行先试城市,于 2019 年颁布了《关于上海市开展儿童友好社区创建试点工作的指导意见》(沪妇儿工委〔2019〕8 号)启动儿童友好社区建设,通过先社区后城市,自下而上的推进路径,在全市展开儿童友好社区的建设实践。奉贤区作为实施妇女儿童发展纲要的国家级示范区,在国家和市级文件精神的引导下,在城市发展的进程中,积极开展儿童友好社区创建的探索和实践。

二、奉贤区情况与问题

奉贤地处上海南部,东联自贸区新片区,西接长三角一体化示范区,南濒杭州湾辐射长三角,北枕虹桥国际开放枢纽,土地面积 733 万平方千米。实有人口 120 万人(户籍人口 55.82 万人,来奉人口 64.46 万人),其中儿童 13.3 万人。2001 年,奉贤区撤县建区,城市进入飞速发展阶段,发展之初,奉贤也确实存在着一些制约儿童工作问题:一是城市儿童服务设施不足。奉贤撤县建区仅有 20 年时间,发展之初服务儿童的设施建设严重不足,如学校、医院资源有限,博物馆、文化馆、图书馆等活动场馆短缺,母婴室、第三类卫生间等基础设施不足等。二是社区儿童服务功能短缺。建设儿童友好社区,家门口的活动空间的打造,"15 分钟生活圈"的构建是最为基本的,也是最为重要的。但是,之前大量居民区在这些方面往往缺乏考量,即使有场地,也存在活动安全性、服务人性化方面的问题。另外,在场地的管理方面,基层政府有限的人力、财力资源有限,人员专业培训的缺乏,难以保证场地实现专业有序管理。另一方面,由于知晓率不高,场地的利用率较低,服务儿童及家庭的数量也有限。三是城市精神和文化传承不足。相传 2 500 年前孔子唯一的南方弟子言偃来此讲学,形成了"敬奉贤人、见贤思齐"的文化底蕴,奉贤也因此而得名。以"贤"文化为代表的地方文化,是中华传统文化的继承和发扬。同时,奉贤还有地方特色文化基因,如江海文化、桥乡文化、农垦文化、红色文化、贤美文化等,以学校为主阵地的人才培养模式,往往忽略了对于孩子的文化教养,而这些文化应该被更多的孩子了解、记住、传承。四是儿童参与不足。儿童参与的理念不足,儿童在城市建设、社区治理方面,缺乏意见表达的渠道,儿童的需求往往被成人的需求所替代,儿童缺乏发声的平台。

三、主要措施

奉贤新城作为上海市重点打造的五大新城之一,将立足国内大循环中心节点、国内国际双循环战略链接的定位,立足"新片区西部门户、南上海城市中心、长三角活力新城",打造百万以上人口的独立综合节点城市。"十四五"期间,奉贤区将以奉贤新城为中心,辐射全区 11 个街镇,全城开展儿童友好社区建设。将解决好儿童问题、满足好儿童需求作为城市建设的重要奋斗目标和价值追求。面向"新时代、新片区、奉贤美、奉贤强"的目标,奉贤区将积极作为,着力四个"强化",实现儿童友好社区的"奉贤方案"。

(一)强化顶层制度设计

随着奉贤城市化进程的推进,对于城市意义的探索不断完善,对于儿童这一群体的关注也不断深化。奉贤区从顶层设计着手,强化制度设计,为儿童工作的有序推进保驾护航:一是建立汇报制度。在全市率先建立并实行每年将儿童发展规划情况向区委、区政府、区人大、区政协年度专题汇报制度,提升儿童工作的影响力和关注度。二是完善督查机制。将儿童实事项目列入区政府重点工作,将儿童发展规划的重难点指标纳入区政府年度督查及区精神文明百分考核,督查及考核结果直接和相关单位年度考核挂钩,增强儿童工作推进力度。三是构建目标责任制。实施目标责任制,区妇儿办对儿童发展规划指标任务进行逐条分解,明确牵头成员单位,并签订目标责任书,明确责任,督促履责。四是构建联动机制。根据每年儿童需求调研情况,排摸发展过程中的重点、难点、堵点,通过区"两会"平台,针对托育服务、"两病"筛查、儿童近视、儿童肥胖、家庭教育、儿童心理健康、母婴室建设、第三类卫生间、儿童参与社会治理等热点问题,提出大量提案、议案、社情民意,通过提案、意见联办,工作联手,合力破难。

(二)提升城市服务能级

作为实施妇女儿童发展纲要的国家级示范区,奉贤城市规划建设逐步回归儿童视角,"儿童优先"原则逐步贯穿经济社会发展总体布局。一是积极推进城市设施建设。推进"海之花"市民活动中心建设,2.5万平方米的青少年活动中心为儿童营造更加专业、更高层次的儿童活动平台。在九棵树未来艺术中心专设"儿童剧场",同时推出"艺青藤""艺启坛""艺趣多"三大特色板块,与王珮瑜工作室、东方梦工厂等多家教育机构建立合作关系,为儿童开创提升文化品位和艺术情操的专属空间。建立奉贤博物馆,与故宫博物院、国家博物馆等重量级场馆对接联系,引入"雍正故宫文物大展""追梦前行"共和国现代化之路展览、"古蜀之光"三星堆·金沙遗址出土文物大展、"纸尚视界"2019国际纸艺双年展等优质展览,为儿童提供高品质文化体验。推进"百座公园"建设,为儿童提供更多户外活动选择,并打造泡泡公园这一全区首家针对儿童户外游乐休闲的公园。奉贤区妇女儿童活动中心也将于2022年建成。二是提升公共服务质量。大力推进教育改革,幼儿园、中小学,开创集团化办学模式,组建教育联盟,促进资源共享,应对教育资源分布不均问题。打造上海市科技艺术教育中心南上海分中心、南上海学生科创教育基地、南上海青少年研学实践中心、"贤文化新成长"青少年校外教育基地,让孩子在走出课堂也能拥有多元化、专业化、体系化的自我提升选择。奉贤新城募集2亿多元资金,成立专项基金为全区有艺术爱好的儿童提供培训、演出、出国参观学习的机会。为实现"爱心暑托班"街镇开发区全覆盖,为更多家庭解决暑期托育需求。此外,奉贤区还实现了"儿童早期发展基地"投入运行、"母婴室"主要公共场所全覆盖等,极大提升了针对儿童的城市公共服务能级。

(三)强化儿童友好社区阵地打造

2018年,奉贤区提出"儿童生活在哪里,'儿童之家'就要建在哪里"创建目标,推进儿童之家创建。将儿童之家创建工作列入2019年、2020年连续两年的区政府实事项目,将建设成效纳入对各街镇(社区、开发区)的绩效考核,每所儿童之家的建设标准为不低于30万元,其中区财政按每所15万元标准给予补贴等强有力的措施推进儿童之家建设,为"儿童友好社区"建设打下良好基础。2019年,奉贤区以构建"制度友好、空间友好、服务友好、文化友好"的儿童社区生活环境为目标,立足奉贤区面积广阔,导入人口多,城乡二元结构明显,儿童分布不均等特点,推动儿童友好社区建设。2020年,奉贤区奉城镇、青村镇、海湾镇均完成创建,获评全市首批"儿童友好社区"。2021年,将实现全区街镇"儿童友好社区"创建全覆盖。

一是构建三级阵地。紧扣奉贤区域面积大的特点,在儿童服务中心+儿童之家的阵地构架基础上,延伸服务手臂,设置第三级服务阵地"儿童服务点"。其中,儿童服务中心主要在街镇层面发挥好业务指导、资源统筹、服务连接、信息管理、功能辐射的作用,同时兼具组织教育、生活保健、文体娱乐、社会实践、安全保护、法律维权、心理疏导、家庭支持等多项服务功能。儿童之家主要在村居层面建立,为辖区儿童提供组织教育、生活保健、文体娱乐、社会实践、安全保护、法律维权、心理疏导、家庭支持等服务。儿童服务点是各个区域内儿童服务的最微小、最末端阵地,奉贤区未对儿童服务点提出具体的建设标准,仅提出几个建设原则,即凸显儿童服务功能,具备儿童元素,有服务社区儿童或家庭的意愿。在三级阵地中,儿童服务点是自选动作,也是最大变量,实践证明,也正是百花齐放的儿童服务点的发掘建设,连点成面,突出了一个区域儿童友好社区建设的主要特色。二是引入专业管理。在日常管理方面,积极引导各镇按照实施意见要求,在儿童服务中心采用"专职社工+社会组织+儿童参与"的联合管理模式;儿童之家由所在村居委干部负责日常运作。在项目开展方面,儿童服务中心和儿童之家均采用"政府+社会"的模式,一方面,政府整合区域内幼儿园、学校、志愿服务团队等公共资源,直接送课、送服务;另一方面,依托第三方,通过购买服务,开展专业化儿童服务项目,实现项目内容紧扣需求,过程专业有效。

(四)注重地方优秀文化传承

一是以家庭为阵地,践行"三个注重"。因地制宜,把以"敬奉贤人、见贤思齐"

为主要内核的地方文化"贤文化"建设提升为地区发展战略。结合奉贤区有着传家训、重家风的传统,将"好家训好家风"培育工作作为落细、落小、落实社会主义核心价值观的有效抓手。以家庭为"支点",使更多的好家庭、好榜样、好事迹通过"最美家庭"评选等活动,让社会熟知,让儿童感知,让每一个小家成为孕育文明风尚的发源地,孩子的启蒙地。2014年由中央文明办、全国妇联联合举办的"传承好家风,奉敬贤德人"华东地区现场会在奉贤区召开,2017年习近平总书记在全国人大会议上的"奉贤之问",让"贤"文化在全国闻名。迄今为止,奉贤区获评"全国文明家庭"1户、"全国最美家庭"9户、"全国五好文明家庭"14户、"海上最美家庭"67户、上海市"五好文明家庭"71户。二是以历史为记忆,传承发展文明。奉贤区位于中国共产党诞生地上海的南部,历来就高度重视爱国主义教育基地建设,为推进爱国主义教育,全区深度打造了18个爱国主义教育基地,并运用GPS、AR等互联网新技术,对少年军校、女子民兵哨所、包婉蓉京剧服饰艺术馆、华亭东石塘等4个基地的闯关路线进行了全面的虚拟建设。让儿童"四史"学习能够走出课堂,走进生活,让儿童能够更充分体会红色文化的感召力。三是以美育工程为抓手,促进儿童发展。2018年以来,奉贤区在全国范围内率先探索实施全域"美育工程"。"美育工程"强调聚焦6个"美",精神之美是动力、家庭之美是单元、行为之美是基础、文化之美是内涵、产业之美是支撑、环境之美是前提。随着工程的推进,规划馆、"上报·传悦坊""世外桃源"吴房村等一批体现建筑美学的文化地标相继惊艳亮相,为儿童树立起鲜明的美育价值导向。通过打造1400多个美育修身阵地,构建"15分钟美育修身圈",推出"贤园""贤苑""清溪十二坊"、杨王家风家训馆、火车头广场城市书屋等一批市民家门口的美育修身"打卡地",丰富了儿童及家庭自我提升的选择。通过每年举办美育修身百场活动、"美育修身展示季"活动,为展示美育风采搭建活动载体,激发儿童尚美追求和参与美育的内在活力。此外,还组织开展了"我推荐·我评议身边好人"、道德模范评选活动,马利军、汤晓红等获评全国道德模范提名,顾春江、陈火培等荣登"中国好人榜",以典型示范引领文明风尚,用身边人、身边事,引领儿童人生价值选择。

(五)构建儿童参与渠道

打通"儿童参与"渠道,是儿童友好社区建设的重要内容,为了搭建好儿童议事平台,畅通参与渠道,在儿童友好社区创建过程中,奉贤区经过深入调研和充分研讨,最终构建起"三联三会""联名提案""列席询问"三项重要机制为主要内容的儿童参与机制,让儿童的意见被听到,需求被看到。一是"三联三会"机制,畅通议事渠道。各居民区公开选举儿童代表、家长代表各5—10名(确保每个小区至少各1名),负责联系各居民区的儿童及家庭,通过每月召开1次"居民区儿童(家长)议事会",对基层突出问题进行议事协商;在各居民区的儿童代表、家长代表中,选举产生镇级儿童代表、家长代表各10名,分别组成镇级儿童委员会、家长委员会,负责联系各居民区的儿童或家长代表,并每月举办1次"儿童友好公共客厅",讨论各居民区"儿童(家长)议事会"反映的突出问题及意见建议;区妇儿办召集儿童友好社区建设领导小组成员单位及各镇级儿童委员会、家长委员会负责人,每月召开1次"儿童友好社区建设联席会议",总结部署工作,解决全区性困难问题。二是"联名提案"机制,提高工作实效。3名基层儿童代表或家长代表,即可联名向"儿童友好社区联席会议"发起提案,提案办理时限为60天,区妇儿办负责跟进提案的办理和答复工作。三是"列席询问"机制,促进科学决策。区内重大工程建设、公共设施改造、儿童(家长)提案办理、儿童规划编制等涉及儿童切身利益的工作会议,在条件允许的情况下,可邀请1—2名儿童及家长代表列席,会上代表可以直接针对工作提出询问或意见。

四、工作设想

习近平总书记提出了"人民城市人民建,人民城市为人民"的重要理念,赋予新时代人民城市建设的新使命。奉贤将以"独立、无边界、遇见未见"的战略视野,为儿童打造更现代、更未来的城市,更人性化、人文化、人情味的城市。一是进一步提升公共设施层级。奉贤区将围绕"人民城市"要求,秉持"儿童优先"理念,在城市规划与功能布局上回归儿童视角。奋力打造妇儿亚洲医学中心,整合多家医院资源,构建"儿联体",提高全域产科、儿科医疗服务能力;世外学校、上海中学国际部、上音幼儿园等多所学校项目启动建设,南上海体育中心即将启动,兑现办好家门口的每一所学校承诺,提升文化体育服务综合水平;深耕"美丽街区",利用"城市微空间"改造,广建儿童"点状游戏场",全方位打造覆盖全域的"儿童友好社区",构建"甜甜圈城市",让儿童生活更加便利,更加美好。二是进一步强化儿童公共服务。奉贤将立足"东方美谷"产业优势,将尖端美丽健康产业技术融入儿童全生命周期,产业发力,为儿童成长保驾护航。奉贤将充分释放数字化蕴含的巨大能量,打造最具魅力的"数字城市",铺架儿童服务网,实现"智社区、慧生活",夯实城市治理现代化基石;构建儿童安全网,精准打击侵犯儿童合法权益的违法犯罪行为,筑牢城市安全底线。奉贤将探索建立更加完备的儿童福利体系,通过完善特殊儿童早期筛查机制、医疗救助机制,困境儿童家庭监护能力评估机制、帮扶救助机制,残疾儿童康复服务机制等,让所有儿童都能感受城市温暖,享受发展成果。三是进一步做强文化育人工作。立足文化友好,将红色文化、贤美文化、江海文化、侨乡文化、农垦文化等文化基因注入儿童成长全过程,实施"文化追问",深化"美育工程",拓展"奉信、奉贤、奉献"时代内涵,从唯一到唯美,形成以文化为"底色",以友好为"颜色"的儿童德育修身教育体系。凸显家庭在儿童发展中的重要作用,完善多层次的家庭教育指导服务体系,构建多元化的社区托育保障体系,打通家庭教育和学校教育壁垒,探索学校、家庭、社会合力育人格局。

(奉贤区妇女儿童工作委员会办公室)

"家庭友好"视角下的上海新城人才吸引力研究

21世纪,一个城市所拥有的人力资源是加快区域发展和科技创新的关键,人才吸引力业已成为衡量城市竞争力和发展动能的重要指标,也是国内外理论及实践领域的关注焦点。2021年初,上海市政府公布《关于本市"十四五"加快推进新城规划建设工作的实施意见》,《上海市城市总体规划(2017—2035年)》提出"将发展嘉定、青浦、松江、奉贤、南汇等5个新城,培育成在长三角城市群中具有辐射带动作用的综合性节点城市"。新城建设目标中明确"到2035年各集聚100万人口",外来人才的引与留成为其中要义。新城建设以职住平衡为目标,即将先进制造业和现代服务业等重点产业从业者,以及拟引进的功能型机构、高能级项目、重大平台和龙头型企业的高层次人才作为引留的重点对象。只有了解这些被称为"创意阶层""创新人才"的群体的特征及需求,才能制定更有针对性的人才政策、配套公共服务、推动居住与就业空间的协调发展。根据上海市科委的调研显示,2019年科研院所、国企、公益机构中的科技工作者有52%年龄集中在31—45岁,女性比例超30%,①这正是成家育儿、家庭压力增大的关键时期,因此如何应对创新人才的家庭生活需求,为其平衡生活需求和工作需求提供支持,也应成为新城建设的重要考量。

一、关于人才吸引力的研究

21世纪,人才已成为后工业时代、全球化2.0时代的国家和城市发展新引擎,以及重要的创新要素。因此,对城市竞争力的评价从传统生产维度转向了吸引高

---

① 数据来源:《上海市科技工作者发展报告(2015—2019)》,上海科学普及出版社2020年版。

素质人群的消费维度,城市研究的重点继而转向谁是能够推动城市及地区发展的关键人群?如何才能吸引和留住这些人?美国学者理查德·佛罗里达(Richard Florida)提出了"创意阶层"概念,依据职业而非学历将计算机、生命科学、艺术、传媒、建筑工程、教育、法律、医疗等能显著促进地区劳动生产率的职业群体划分为创意核心阶层和专业阶层。该理论根据人才(Talent)、技术(Technology)、包容(Tolerance)(3T 原则)归纳了分阶段的城市发展模型:第一阶段,接受度、大学和消费者服务设施等会影响人才到哪里去;第二阶段,人才的聚集反过来影响技术发展;第三阶段,技术、人才、接受度共同影响地区收入和工资。

然而,创意人才往往又是流动性很强的群体,他们非常注重个人及家庭需求,一旦其需求无法得到满足,或者其他城市提供了更好的供给,他们将选择迁移。因此,以场景理论为代表的新城市理论开始关注哪些是能够吸引上述人才的城市场景?如何创造这些场景?除了丰富的教育资源和就业机会外,钟爱多元文化、强调自治的创新人才偏好包容性、多样性和开放性的城市社区文化,可以通过空间配套、价值引导和规则协商来促成这一创新生态的形成,而最少的规则限制、慷慨的资金支持、宽泛的分类资助以及严格的评估制度是城市政府最好的干预策略。

在更微观的层面,欧美城市提出了创新街区概念,强调对人才的生产、生活更有吸引力的创新空间生产策略,支持创新要素地理接近性和创新人才的居住消费偏好的空间支持体系。针对这些问题,研究者提出了以降低双创成本、改善空间品质和促进社会互动为目标的一系列政策建议、规划对策和实践建议。具体策略包括通过规划调整、城市设计、空间微更新等方式建设高密度的混合用途空间、开放可及的创新空间、充足的数字基础设施、丰富的创业就业机会、多元的住房供给结构、包容的公众参与平台等。①②③

国内的人才吸引力研究始于 20 世纪 90 年代,早期主要从区域经济学、就业地理学、产业集群、人口迁移等领域对人才集聚及其影响因素进行分析。城市规模、经济发展、文教事业、城市环境、人才政策、事业平台、企业环境、生活条件等成为主

---

① Brookings: Vey, J. S., Hachadorian, J., Wagner, J., Andes, S., & Storring, N. Assessing Your Innovation District: A How-To Guide, 2018.
② PPS Storring, N., &. Walker, M. Eight Placemaking Principles for Innovation Districts, 2016.
③ Niusha Esmaeilpoorarabi, et al. Conceptual Frameworks of Innovation District Place Quality: An Opinion Paper. Land Use Policy 2020(90).

要的指标和影响因子。①②③在占比不大的生活条件维度中,大多数研究聚焦环境健康与生态活力、人身安全、医疗、公共卫生等个人需求层次,少有关注家庭层面的需求。

二、家庭友好的国外实践

以上产业发展、城市发展理论虽然从人才的创新生产和消费偏好出发,论证了产业集聚、社区文化及场景空间对吸引人才的重要性,但却没有过多涉及进入家庭生活周期的中青年人才的需求,实际上城市/地区对人才的初期吸引力主要来自经济结构及个人发展机会,而后期留住人才则更需要综合考虑人才作为消费者、公民、家庭成员等其他社会角色的诉求。社会学领域的学者主要从公共资源的代际再分配、从妇女和家庭的视角、家庭友好政策等方面对育儿公共政策和项目设计提出策略。欧美及日本等大城市的实践表明,育儿友好环境与城市增加人才吸引力、提升城市竞争力之间有很强的相关性。

(一)育儿友好指标——日本流山市案例

"育儿友好"的概念首先出现在少子化、空心化严重的日本新城镇。以流山市为例,位于日本首都圈内,受千叶县管辖,市域面积为35.32平方千米,截至2021年2月常住人口20万人,84 800户(2017年人口总数为182 126人)。④作为东京市与著名的科技新城筑波之间的沿线城市,一度面临人口严重老龄化的问题。但在2000年初,该市抓住国家的生育支持政策和周边产业发展的契机,利用良好的森林生态优势,制定出"易于育儿""安心安全""环境友好""充满活力""健康长寿"等五大发展目标,重点吸引双职工父母及子女(Double Employed With Kids, DESKs)入住。针对双职工家庭"工作-育儿"之间的时间冲突问题,流山市制定了一系列育儿友好政策,倡导"大家一起育儿"的理念,联合儿童福利、母子保健、工商劳动、教育、住宅等相关部门制订推出《一起养育孩子的计划——流山市儿童、育儿支援综

---

① 高子平:《基于层次分析法的上海市人才吸引力研究》,《华东经济管理》2012年第2期。
② 王文寅、张靖琳:《城市人才吸引力评价研究》,《河南科学》2019年第4期。
③ 崔少泽、邱华昕、王苏桐:《城市人才吸引力评价模型研究——以深圳市为例》,《科研管理》2021年第7期。
④ https://www.citypopulation.de/en/japan/chiba/.

合计划》,针对"孕期—0—3岁—就学儿童"等不同时期育儿需求,配套育儿公寓、育儿支援中心、学童俱乐部、儿童接送站点等资源与服务。在物质环境方面,流山市不仅利用绿化覆盖率大的特点增加了不少儿童游憩设施,并且对公共场所的电梯、走廊、楼梯等设施认定提出了严格的保育安全标准。为解决育儿人才不足的问题,城市设置了保育师修学资金贷款制度、潜在保育师研修制度,相关育儿人才在流山市入职后将奖励30万日元,每月补助金额4万日元。

一系列的育儿友好举措使流山市的常住人口在2005—2017年增长了近3万人,其中很大比例是15岁以下的儿童,以及30—49岁的双职工家庭。[1]此外,育儿友好政策也大大助推了城市发展,城市财政大大增加,不仅获得了国家鼓励生育补助,而且随着年轻人口及产业的入驻而带来了购房、消费及企业税收等自主财政收入。另一方面,"育儿友好"显著提升了城市的内部满意度和外部知名度,据2015年城市调查六成市民对城市发展表示满意,并认可城市"适合儿童健康成长、适合育儿"的定位。而一系列城市形象品牌营销,也使流山成为了"育儿友好-家庭友好-全民友好"的网红城市。

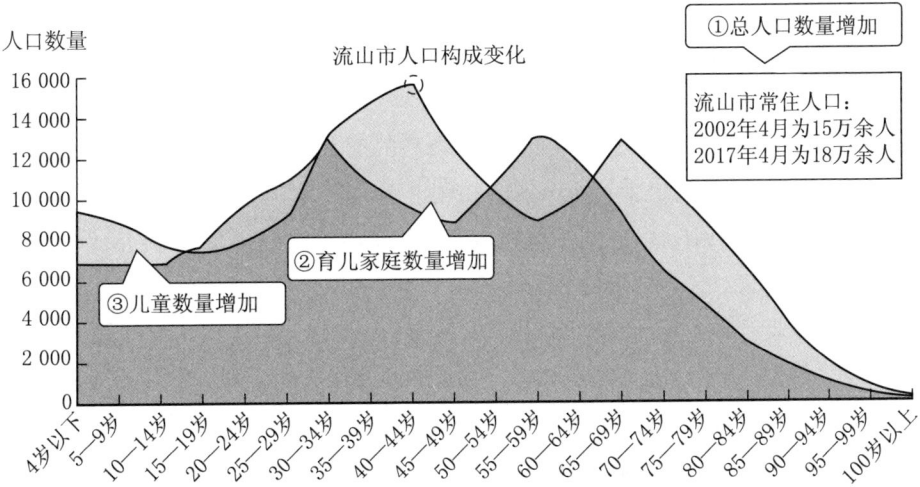

图1　流山市2002—2017年各年龄段人口数量变化(来源:流山市《住民基本台账人口》)

---

① 沈瑶、刘赛、云华杰、赵苗萱、郭应龙:《"育儿友好"视角下城市竞争力提升启示——以日本流山市为例》,《城市发展研究》2020年第4期。

（二）家庭友好指标——美国的第三方评估案例

与少子化社会鼓励生育的"育儿友好"概念不同,美国一些城市所倡导的"家庭友好"概念更强调工作空间、社区及其他公共场所对有孩子家庭的友好。"家庭友好"概念提出的起因是由于以往政策导向和社会关注大多集中在孩子、刚毕业的年轻人和老年人,有孩子的家庭在很大程度上被忽视了,因此一些倡导平等、包容发展的社会组织通过为社区规划提供技术支持、为政府机构和民选官员提供咨询服务等方式提出了"家庭友好"的倡议。如"美国精明增长"组织（Smart Growth America, SGA）提出的家庭友好指标,从教育育儿、公共空间、交通设施和住房供给等四方面提出了实现家庭友好的操作性建议。①

第一在教育育儿维度,指标主要针对公立教育系统,不仅涉及学校可及性、教育质量、资金资源、社区融入性,也提出了儿童友好的空间设计和区校合作的建议,方便孩子通过学校参与社区,学校也要为社区居民和组织提供活动和议事的空间,并在父母参与活动的同时提供孩子培育及托儿服务。第二,在公共空间维度,指标主要倡导城市/社区为所有年龄段的儿童、青少年、青年和成年人创造场所,增加可用绿地和道路绿化,为青少年而不是幼儿提供音乐和游戏等活动的广场,让他们自己参与规划设计过程。第三,在交通设施方面,美国汽车为导向的交通设施是家庭不友好的,需要增加慢行交通设施,为步行、骑行提供安全愉快的街道体验,为婴儿车推行提供无障碍设计;学校周边的交通安全尤为重要,要保障孩子们自己可以通过步行、自行车或公交方式上下学;鼓励社区内的非主干街道限时成为社区活动的公共空间。第四,住房供给。城市要增加住房供应和供给种类,并在公寓楼、合作住房、庭院住宅、集中社区之间创建适合家庭的半私人或公共空间,为孩子们提供游憩空间,也可以让父母们分担监护责任。

另一家全美排名和评论网站利基网（Niche.com）作为全国权威的置业、创业及求学参考咨询网站,通过搜集各种政府及市场数据,从多维度进行城市吸引力评估,其中"家庭友好"的评估选择了多项对家庭生活较为重要的关键因素,包括学校质量、安全、可负担性和家庭设施。2021年,伊利诺伊州的纳珀维尔（Naperville）被评为全美最家庭友好的城市,该市常住人口14.8万人,公立学校质量、房屋自有率都很高,城市有很多餐馆、咖啡馆和公园,吸引了许多家庭和年轻的专业人士

---

① https://smartgrowthamerica.org/building-a-family-friendly-city.

居住。①

表 1 美国 Niche 网站对家庭友好的评估指标及数据来源

指　标	指标内容	数据来源	指标权重
公立学校	该地区幼儿园到高中的平均得分,按每校学生数加权	多个来源	20%
高等教育的人口占比	拥有本科及以上学历的人口比重	美国人口普查	12.5%
生活成本	消费价格指数、可负担住房可及性	多个来源	10%
犯罪及安全	地区暴力和财产犯罪率	多个来源	10%
住房	房价、房产税、居住成本等	多个来源	10%
家庭友好设施	公园、图书馆、文化活动及其他家庭友好设施	多个来源	7.5%
满意度评分	对地区主观感受的 5 度评分	自行采集	5%
多样性	族裔、代际及经济活动的多样性	多个来源	5%
户外活动	气候、空气质量,公园及游憩设施的可及性	多个来源	5%
有孩家庭占比	有 18 岁以下孩子的占比	美国人口普查	5%
步行友好度	步道和自行车道的占比、邻近性和密度	多个来源	5%
贫困儿童	过去 12 个月在贫困线以下的 18 岁以下儿童数量	美国人口普查	2.5%
17 岁及以下常住人口	17 岁及以下人口占比	美国人口普查	2.5%

(三)儿童友好指标——联合国

相较育儿友好、家庭友好,联合国儿基会所提出的"儿童友好"理念从儿童主体权益出发,以"儿童最大利益、普惠公平、儿童参与、共建共享"为原则,推动制度友好、空间友好、服务友好、文化友好的社区及城市建设。按照联合国定义,"儿童友好城市"是指致力于实现《儿童权利公约》规定的儿童权利(无歧视);在涉及儿童事宜中以儿童最大利益为出发点;确保儿童生命权、生存权和发展权;尊重儿童意见的城市、城镇、社区或任何地方政府体系。在这些城市或社区,儿童的心声、需求、优先事项和权利是当地公共政策、程序、决策不可或缺的一部分。CFCI 的最终目

---

① https://www.niche.com/places-to-live/naperville-dupage-il/.

标是提高地方施政体系的儿童权利保障能力,确保儿童和青年享有城市可持续发展的各项成果。现在,儿童友好型城市倡议已深入全球 40 个国家,惠及 3 000 万儿童。①基于儿童权利的行动倡议有利于城市创造更多全龄友好的绿色、健康生活空间,通过所有儿童的权益保障、普惠服务和主动参与,改善系统性不平等及资源分配不均的问题。这些倡议对于重视儿童教育和发展的家庭都是重要的择居因素。

从国外的既有实践来看,不论日本的育儿友好还是美国的家庭友好,联合国的儿童友好倡议,虽关注主体各有侧重,但都指向了对城市有孩家庭的重视。对于需要通过高素质人才、中青年人口导入来获取发展动力的新城,更是要从目标导入人口的普遍及特殊需求出发,配套优秀的学校、包容的公共空间、多样的交通选择和可负担住房供给,吸引并留住人才及其家庭,不能因为对家庭需求的供给不足而流失一大批年富力强的骨干人才和高质量劳动力。从另一种意义上说,一座对有孩家庭友好的城市本质上也是适合所有人栖身的宜居之城。

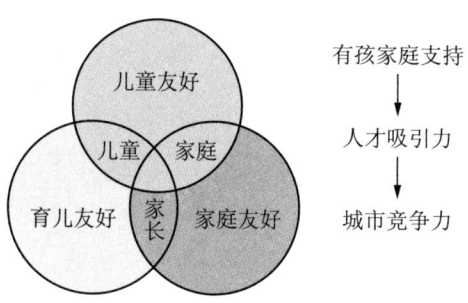

图 2　育儿友好、家庭友好、儿童友好之间的关系,及其对人才吸引力的影响

三、家庭友好对国内新城人才吸引力的影响

虽然美日等发达城市和地区已开始实践家庭友好、育儿友好的概念,但如何从城市层面实现家庭友好、育儿友好目标,增加城市或地区的人才吸引力,从而提升城市竞争力的研究尚处于空白阶段。尤其是承担着经济发展、区域服务、人口疏解等重要作用的新城,人口结构以中青年和外来人口居多,这类人进入婚育年龄,生活需求即从个人层次转向家庭层次,育儿、教育、医疗、落户等需求将集

---

① https://www.unicef.cn/reports/cfci-child-and-youth-participation。

中爆发。

（一）家庭友好对新城建设的重要性

随着城市发展逻辑由"产带人"转向"人带产"，新城建设由粗放型扩张转向高质量发展，城市的目标导入及服务对象发展了很大的改变，有孩中产家庭成了职住平衡的综合型节点新城的重点导入目标人口。具体而言，家庭友好对新城建设的重要性体现在以下几方面：

第一，新城发展新阶段的功能性需求。50 年以来的新城建设大致经历了三阶段，第一阶段借鉴苏联经验大规模进行工业卫星城建设；第二阶段改革开放初期，借鉴西方开发区模式城市"摊大饼"式扩张，房地产郊区化发展，形成了很多"睡城"；第三阶段开始倡导多中心模式，之前的功能型新城转向了职住平衡、产城融合、辐射区域的综合性副中心。这个阶段转变对新城提出了功能复合、设施完善、需求配套的生活服务要求。

第二，新城人口的结构性需求。不同于逐步老龄化的中心城区，承担着人口疏解、经济发展功能的新城人口结构以中青年为主，尤其以 19—40 岁的高校学生、行业人才和产业工人居多。随着新城发展驱动力由低价供地招商引资，转向通过宜居生活品质吸纳聚集人才，从而吸引创新产业及企业，人才需求导向的"抢人大战"愈演愈烈，育儿友好、家庭友好正是进入婚育阶段的新城人口的突出需求。

第三，新城人才的提升性需求。新城的目标导入人口普遍为高学历、高素质人才，以及大量中高收入的家庭，这类家庭普遍更为重视子女养育，2019 年的调查显示 55% 的新中产家庭在子女教育上的支出比例在 10%—30%，超过三成的家庭预计会继续提高子女教育支出，居住地周边的教育资源供给成为这类家庭择居的重要影响因素。

（二）上海五大新城的"家庭友好"建设现状及问题

上海新城发展近 20 年来，随着产业结构、公共服务、交通出行不断优化，人口规模增长明显。据统计，五大新城总人口已从启动建设初期的 90 万人增至 2019 年的 240 余万人。虽然人口有明显增加，但仍普遍存在人口流动快、人才流失大、城区活力不足等问题，其中结婚生子后搬离新城的情况不在少数。笔者于 2021 年 5 月—8 月间走访了五大新城的职能部门、企事业单位、园区及社区，并在嘉定新城重点调研了人才需求，结合近年的各类问卷数据，将上海新城的"家庭友好"现状归纳如下：

第一，人才吸引力增大，但安家率不高。在五大新城居住到中心城工作的比例为9.2%，在中心城居住到新城工作的比例为4.7%。①目前，新城以低居住成本吸引人，中心城以更好的育儿环境等吸引人，高层次人才更偏向在中心城居住。不论是生活在新城、工作在市区的"睡城"模式和工作在新城、生活在市区的"园区"模式，这两种职住分离的类型都会增加通勤压力、挤压父母的育儿时间，不是家庭友好。随着民生配套和人才政策的不断完善，新城对于应届大学生、刚入职场的年轻人的吸引力逐渐增大。但年轻人一旦结婚、进入家庭生活阶段，就会因落户政策等制度因素而受到购房、子女入学等各方面限制。虽然2021年初印发的《关于本市"十四五"加快推进新城规划建设工作的实施意见》提出了不少落户新政，如在新城重点产业的用人单位和教育、卫生等事业单位工作满一定年限并承诺落户后继续在新城工作2年以上的人才，经新城所在区推荐后，"居转户"年限由7年缩短为5年；对上海市居住证持证人在新城工作并居住的，予以专项加分等。由于出台时间短，目前政策效果尚未显现，新城的人才流动频繁，"候鸟型"人才多于"安家型"人才。

第二，育儿教育资源数量增加，质量有待提高。对标国外育儿友好、家庭友好的指标，学校资源是最先前瞻性配置的，各新城的幼儿园、中小学数量都有明显增加，在数量上较好回应了人口和教育需求增长趋势。但从2020年进行的上海市民15分钟生活圈满意度调查②来看，新城所在区的受访者对学校的教师素质、升学比例、生源质量等方面的满意度仍不高。根据在松江新城的调查，对于新城基础设施总体满意度影响最大的因素是幼儿园建设。③2021年出台的《"十四五"新城公共服务专项方案》提出，在教育领域，将根据新城人口变化趋势，前瞻性规划配置教育资源，不断扩大优质教育供给，每个新城至少拥有1所高职以上高等教育机构或校区，打造由市实验性示范性高中领衔、覆盖义务教育学校的示范性学区集团。除了教育资源外，育儿资源也是吸引有孩家庭、提升生育率的关键因素，调查显示婴幼儿托管点和儿童托管点设置及高水平服务的供给在新城地区仍有很大缺口。

第三，住区规划逐渐完善，但缺少家庭友好的社区营建。五大新城人口从90

---

① 王波、朱春节：《上海五大新城职住空间分析》，https://sghexport.shobserver.com/html/baijiahao/2021/05/14/433252.html。
② 2020年11月澎湃问卷《上海15分钟社区生活圈市民满意度调查》，https://www.thepaper.cn/newsDetail_forward_10198314。
③ 魏旭红、张婷麟、孙斌栋：《大都市郊区新城的空城化与破解策略——以上海松江为例》，《上海城市管理》，2011年。

万人到240万人,到2035年末规划人口500万人,有大量的新增住区建设需求。虽然通过新城规划,住宅空间布局逐渐优化,多元化的住房供给体系正在形成,但迁居型住区的社区建设却有所滞后。新城已有相当一部分外来人口,让已进入新城的外来人口融入本地社会,实现长期定居,将是新城经济和社会发展的重要保障。①反思动迁安置社区、农民安置社区因治理缺位、适应不良而导致的再边缘化、再贫困化问题,新城住区的新上海人的融入问题、家庭多样化的需求问题也需要前置性的纳入社区治理目标。

由此可见,新城发展进入新阶段,无论从区域功能需求、人口结构需求还是人才特殊需求的角度,建设支持家庭育儿需求、儿童发展需求的城区都是提升地区人才吸引力的关键。

四、关于家庭友好型新城建设的对策建议

上海"十四五"规划纲要中确定了综合交通、产业发展、空间品质、公共服务、环境品质和新基建等"新城发力"重点领域,都指向了将新城建设为中青年人才入沪就业、生活的首选地,在长三角有引领示范作用的高能级节点城市的目标。2021年3月印发的《上海市新城规划建设导则》②从宜居、宜业、韧性、智能、文化等维度提出了新城建设建议。其中虽然涉及国际社会倡导的全龄友好包容型城市建设,按不同人群划分提出了公共服务配套清单,但对以家庭为单位、育儿为导向的服务体系建设仍重视不足。

(一)打造新城职住平衡的家庭友好工作空间

新城建设中的家庭友好服务空间不只是儿童需求视角下的教育、医疗、文化游憩设施的配给,更是对于双职家庭家长的全方位的育儿支持。有孩双职家庭的主要责任是生育、养育和教育,虽然有着较高受教育水平的中产家庭有着较高的教育投资意愿,但家长也普遍受制于育儿和工作之间的时间冲突。因此家庭友好的工作空间在重视产业发展和人才招引的新城尤为重要。目前新城存在的生活在新

---

① 沈洁、罗翔:《郊区新城的社会空间融合:进展综述与研究框架》,《城市发展研究》2015年第10期。
② 沪新城规建办〔2021〕1号《上海市新城规划建设导则》。

城、工作在市区的"睡城"模式和工作在新城、生活在市区的"园区"模式,这两种职住分离的类型都会增加通勤压力、挤压父母的育儿时间。因此需要在规划及政策制定中引导产城融合、就近就业。尤其是女性友好的邻近型就业机会,在笔者的走访调研中,很多企事业单位、科研院所的女性人才都表达了就近就业、照顾家庭的强烈意愿,更多承担家庭育儿职责的一方的择业选择会更多影响家庭的择居选择,而人才是否居家定居是新城人才吸引力的重要体现。

对于已经在新城就业的人口而言,高质量的家庭友好空间不仅在居住空间配套,还在于工作空间、育儿服务空间的协同。尤其是工作空间的家庭友好,新城目标导入的高学历、高技术人才往往有高强度工作和家庭育儿职责难平衡的问题,更需要在工作场所周边配置可及性很高的育儿设施及服务,需要将原先单一功能的产业空间规划转变为复合功能的职住综合街区,建立托底型、基本型及提升型的分层育儿服务供给体系。除了就近就业外,新城、园区和企业也应给予双职家庭更灵活的工作地点及时间选择、工作园区内的哺乳/幼托/晚托服务。此外,在新城应大力增加女性就业机会,既可以增加新城本地就业人口的安家率,也大大提高了家庭育儿友好水平。以科研人才家庭为例,面对科研工作者育儿照料和科研工作时间冲突大的突出矛盾,国家层面出台了面对女性科研人才的鼓励性政策。[①]同时,发挥用人单位的主体积极性也至关重要,如位于上海嘉定区的中国科学院上海光学精密机械所,作为全国八家国家科研科普基地之一,积极响应刚刚出台的"双减"政策,提供优秀校外资源供给,开展科普体验等活动,助力孩子全面成长。通过开设职工子女寒暑托班和晚托班,为员工子女提供看护、课业辅导、科普教育、用餐等服务,有效解决科技人员加班多,子女寒暑假期以及工作日晚间无人照顾的后顾之忧,这类育儿友好的工作场所也将成为吸引人才前来安居乐业的重要因素。

(二) 规划建设以育儿为中心的全龄友好公共空间

在大城市中育儿面临很多困难,一般核心家庭很难单独完成,多数是代际合作靠大家庭的力量来完成。有研究表明,在北京,大约70%的儿童是由隔代祖父母抚养,上海为50%—60%,广州为50%,全国有将近一半的儿童接受的是隔代抚养和教育。[②]育儿从小家庭扩展到大家庭,需要多个家庭成员的合作,这是城市家庭育

---

① 2021年7月,科技部会同全国妇联等12家部门印发《支持女性科技人才在科技创新中发挥更大作用的若干措施》,进一步激发女性科技人才创新活力,推动女性科技人才在创新驱动发展、实现高水平科技自立自强、建设世界科技强国中发挥更大作用。

② 吴航:《家庭教育学基础》,华中师范大学出版社2010年版,第69页。

儿的现状。在上海新城中新上海人占比很大,随着新城建设,将吸引更多的新上海人。新上海人在育儿上依靠大家庭比上海本地人面临更多的困难。首先,需要为育儿的老人安排友好的空间。老人从外地过来,需要为老人提供一定的居住空间及合适的社区空间。若老人无法安身、安心,无法参与育儿。其次,需要帮助育儿的老人融入社区。育儿不仅在家庭,还要在社区,若老人无法融入当地社区,也很难带领儿童融入社区。再次,需要帮助育儿的老人融入新城。老人要能熟悉新城的儿童资源,才能带领儿童使用。因此,新城的社区空间、城市空间不仅应是儿童友好的,也应是老龄友好的;不仅要有地方特色,还要有统一标准,才能充分支撑儿童的生育、养育、教育。

在空间营造上,以步行、骑行、公共交通等3个网络来健全以育儿为中心的家庭友好城市空间,提高儿童在城市的自由可及性,在每一个层次的可及性上提供足够多、足够好的儿童友好公益空间,供儿童自主选择。一是日常的步行网络。儿童步行15分钟内能够接触到大自然、运动场地、儿童游憩空间、学校、地段医院、社区图书馆、社区文化馆等。自然是最好的老师,儿童步行可接触的大自然需要有足够的规模、丰富的植被、多样的花鸟,还要足够的安全,儿童可在家长的陪伴下自由地玩耍。相比市区,新城在此方面有潜力和机会做得更好。二是骑行网络。对于12岁以上的儿童来说,骑行是自由出行的一种方式。在新城中构建自行车骑行通道,可以为家庭成员亲子骑行,低碳出行提供平台。骑行的活动半径扩大到2千米—3千米,极大地提高了儿童自主活动的范围,有利于儿童了解社区、参与社区活动,成为城市的一员。三是公交网络。儿童步行、骑行的空间范围十分有限,公交网络可以大大拓展儿童的活动范围,也方便老人带领儿童出行。公共交通网络应有合适的线路规划,使儿童能够方便地借助于公共交通到达街道图书馆、城市博物馆等街道、城市层面的儿童友好设施。

(三)建立多元协同的家庭友好治理网络

新城的家庭友好体系建设,除了完善政府主导完善家庭友好的公共服务、引导用人单位发挥人才家庭支持的主体作用外,更需要建立多元协同的治理网络,实现自上而下的政府引导和自下而上的社会自治的双向互动,通过搭建"政府-企业-社会"之间的伙伴关系网络,动员全社会的力量,整合多方资源,形成支持合力。其中,尤其要发挥妇联等群团组织、社会组织、社会企业的积极作用,协调好行政管理、市场利益和社会创新之间的关系,发挥公益等社会形式在第三次分配、优化公共服务配置中的作用,建立需求表达渠道,为多样化的家庭需求、育儿需求和儿童发展需求提供更精准、更便利的设施和服务。在治理理念的倡导下,家庭中的父母和儿童不仅是被服务的对象,也是积极的参与者和建设者。

以儿童友好城市柏林为例,第三方组织"德国儿童友好社区协会"作为儿童友好型社区建设方案的制定和管理者,常常邀请孩子和家长一同参与社区规划方案的制定,并将这些意见反馈给专业规划师和设计师,使社区规划及设施设计方案能精准回应不同社区的家庭生活需求,并增加了家庭友好设施的多样性和丰富度。一方面,鼓励和保障儿童的主体参与权,站在儿童角度审视城市发展,不仅体现出了对儿童成长需求的重视,也将为城市带来更多活力和创新力。另一方面,家长的主体参与,家庭友好和儿童友好不是为了"解放"家长,使其缺位于子女教育,其核心目标之一仍是提高父母家长的陪伴质量,让孩子与家人有更为紧密和正确的联系,让家长以更为松弛的状态面对孩子。新城聚集了很多高素质家长群体,引导他们积极参与到学校、社区及其他儿童友好空间的营建中,不仅能提高育儿质量,也能增强这些新来者的社区认同感,助力新城留住人才、用好人才。

中共中央、国务院近日发布《关于优化生育政策促进人口长期均衡发展的决定》,提出实施三孩生育政策及配套支持措施,回应新时期人口结构变化及高质量发展需求。针对家庭生活需求的社会依赖性强的特征,要破解"不愿生""生不起""养不起"难题,不仅要加强工作场所、公共空间及生活社区的家庭友好配套,更要建立"政府-企业-社会"之间的多元伙伴关系,构建育儿友好型社会治理体系。上海五大新城作为长三角地区未来城市及可持续发展的示范样板,更需建立完善生育、养育、教育三大服务体系创新试点,在提供就业岗位、发展机会和宜居环境的基础上,提供全家庭生命周期的支持,提升地区对人才的持续吸引力及长期居住黏度,尤其要为以育儿需求为择居择业导向的高素质双职家庭提供差异化、高质量的家庭友好的空间设施和精准服务。

(钟晓华　张　俊)

城市更新中的儿童友好公共空间构建

——杨浦滨江儿童友好示范区创建实录

1996年,联合国第二次人居环境会议决议中首次提出"儿童友好型城市"概念,正式建议在城市或街区规划中纳入儿童群体的需求,在空间层面融入儿童友好概念,需要把握儿童友好公共空间构建基本要素,在城市更新过程中不断创新儿童友好空间配置标准。《中国儿童发展纲要(2011—2020年)》《上海市妇女儿童发展"十四五"规划》提出,全面提升儿童福利服务能级,构建适度普惠型儿童福利体系,把儿童友好理念纳入城市规划和社会治理之中。《上海市"一江一河"发展"十四五"规划》要求深入践行"人民城市"重要理念,力求以人为本强化滨水地区功能品质,也对优化滨江沿岸空间格局提出了更高的要求。2021年4月,上海市杨浦区妇女儿童工作委员会正式发布的《上海杨浦滨江生活秀带儿童友好公共空间示范区建设实施方案》指出,要将"儿童友好"概念有机融入区"十四五"规划的整体推进中,把儿童友好公共空间的七大要素:可达性、安全性、舒适性、多功能性、趣味性、历史人文、商业带动等整体纳入滨江沿岸的物理空间和人文空间的规划设计中。杨浦滨江作为城市更新发展的典范区域,必然要牢牢把握儿童友好型城市更新的历史性机遇。

2021年8月25日,上海市第十五届人大常委会第三十四次会议表决通过《上海市城市更新条例》(下称《更新条例》),作为上海首部关于城市更新的地方性法规,《更新条例》始终贯穿"人民城市人民建,人民城市为人民"的重要理念。在儿童友好背景下,城市更新从全新角度科学规划,凸显出城市界面的儿童友好性。

在公众参与方面,《更新条例》中提出了大量关于人民参与城市更新、城市建设条款规定。而从儿童视角出发,城市更新的公众参与机制就会更加注重儿童的知情权、参与权、表达权和监督权等权利保障,符合城市更新的"民生优先、共建共享"原则。

在加强基础建设、优化区域布局等方面,从儿童视角出发,城市更新中对物理空间中的自然、娱乐、安全、保护方面会在多个维度上做出更考量儿童和社区家庭生活的改造和更新,从而提高超大城市的服务水平。

上海是中国近代工业的发祥地,而杨浦滨江又是上海近代工业最重要的发源地之一,这里曾经林立着一座座被称为中国近代工业之"最"的建筑群,最早的机器造纸厂、最早的机器棉纺织厂、最早的陆上水厂、最早的煤气供热工厂、远东最大的火力发电厂、最早的外商纱厂、最多船坞的修船厂、最早的民营船厂等。

杨浦滨江是留下明珠般工业文明遗产的百年工业起源地,中国的近代工业从这里起步,新中国成立后,更是引领着中国工业的繁荣辉煌;这里有着支撑上海成为近代远东最先进城市的百年市政,现代化水厂、警署、发电站、煤气厂等公共城市设施的发展,从诞生之日起就以服务民生为使命;这里诞生了一所所规模巨大、设备齐全的百年学府,在历史的河流中留下了海派文化的经典和文脉;这里造就了一篇篇百年工运史诗,向上海的近代史中注入了无法忘却的红色血液。

上海滨江遗存的"工业锈带"曾经闪烁着中国近代工业史中最炫目耀眼的时代光芒,这里被联合国教科文组织专家称为"世界仅存的最大滨江工业带",它是一段党史、一段新中国史、一段改革开放史,更是一段社会主义发展史。

上海市的城市更新一直坚持的是"留改拆"并举、以保留保护为主的原则,在杨浦区对滨江区域10多年来的深思熟虑统筹推进的规划研究设计中,对滨江区域历史风貌的保护和传承极其看重,注重滨江公共空间的文旅要素和生活场景的有机结合。

2019年习近平总书记在考察杨浦滨江时提出了"人民城市人民建,人民城市为人民"的重要城市发展理念,习近平总书记充分肯定杨浦大刀阔斧打造"工业锈带"转变为"生活秀带"的重大举措。作为"人民城市"重要理念的首发地,杨浦滨江在城市更新的开发和管理过程中时刻秉承着以人民为中心的发展思想。依照《杨浦滨江全力争创人民城市建设示范区三年行动计划(2020—2022年)》的部署要求,杨浦滨江全力争创人民城市建设示范区,以积极践行"人民城市"重要理念。

杨浦滨江有着百年工运历史,拥有上海中心城区最长的滨江岸线,在这种得天独厚的生态环境和地利人和的全市最大规模工业遗存转化地的条件下,杨浦滨江在城市更新节奏中融入儿童友好公共空间元素的考量成为了对标国际现代化城市建设的必由之路,更符合行动计划中打造高品质公共开放空间的总体目标和主要任务要求。

《上海杨浦滨江生活秀带儿童友好公共空间示范区建设实施方案》中规划了杨浦滨江儿童友好公共空间示范区建设的阶段性目标,从以"空间友好"作为首要前提的硬基础建设,到以"服务友好"为目标的软实力提升,再到以可推广、可复制的儿童友好空间建设典型为规范的辐射效应全面凸显,着力完成把杨浦滨江建设成上海市创建儿童友好型城市示范性、引领性、发展性的标杆区域的总体目标。

一、杨浦滨江儿童友好示范区的政策友好构建

(一)国家、上海市关于"儿童友好型城市"的相关政策

作为拥有2.9亿少年儿童人口的世界大国,国务院从20世纪90年代以来颁布了多条中国儿童保护与发展的法律法规。基于需要考虑儿童特殊的身心需求,又提出了《中国儿童发展纲要(2021—2030年)》。此外,为响应"儿童友好型城市倡议",政府还颁布了《中国"儿童友好型城市"的创建目标与策略措施》《中国儿童友好示范社区建设》等文件,为创建儿童友好型城市提供了方向指引和行动指南。

在国家的顶层设计指引之下,上海把"儿童友好型城市建设"纳入了城市发展中。《上海市妇女儿童发展"十四五"规划》提出要将上海打造成为"儿童友好型城市",并从儿童健康、儿童教育、儿童福利、儿童安全、成长环境五个方面发布了策略措施。2019年,在市妇儿工委办公室牵头下,市妇联、市民政局、团市委等单位共同研究制定并下发《关于上海市开展儿童友好社区创建试点工作的指导意见》。重点优化配置、整合统筹社区内儿童活动场所和服务项目,依托全市各街镇、居村资源,以儿童服务中心和儿童之家为阵地,通过加强管理、整合资源和优化服务,以嵌入式、菜单式、分龄式服务为儿童打造一个环境友好、设施齐全、服务完善的15分钟社区生活圈。全市84个街镇积极申报创建,经评估合格后被授予儿童友好社区创建示范点,适合不同年龄段儿童成长阶段特征的室内外活动空间得到拓展。

2021年是上海市妇女儿童发展"十四五"规划的启动年,儿童优先发展领域包括"儿童健康、儿童教育、儿童安全、儿童福利、家庭教育、成长环境"。在规划的同

时，市妇女儿童工作委员会将动员多形式、多途径向社会宣传"儿童优先"原则，使尊重儿童、关爱儿童的意识深入人心，营造全社会保护儿童合法权益、关心未成年人身心健康的氛围。在下阶段，将政策进行落实，在城市规划、社区建设过程中体现性别平等意识和儿童利益最大化原则，将对妇女、儿童和家庭特殊需求的考量融入城市规划的整体思路中。

（二）杨浦滨江儿童友好示范区相关政策

为响应联合国《儿童权利公约》《儿童友好型城市规划手册》中的推进儿童友好型城市建设工作，为儿童提供更加安全、自在、可自由游戏的活动场所和空间，杨浦滨江生活秀带儿童友好公共空间示范区的建设也是《杨浦滨江全力争创人民城市建设示范区三年行动计划(2020—2022年)》和杨浦区"十四五"规划中的重点项目之一。同时，杨浦滨江公共空间城市更新也是《上海"一江一河"沿岸地区建设规划(2018—2035)》中黄浦江沿岸地区建设的关键一环。

2021年，杨浦滨江所属辖区的平凉、大桥、定海街道也积极申报第二批上海儿童友好社区示范点创建工作，共同努力打造杨浦区儿童友好城区"社区＋滨江"创建模式。

二、杨浦滨江儿童友好示范区的空间友好构建

《上海杨浦滨江生活秀带儿童友好公共空间示范区建设实施方案》的阶段性目标中指出，在2021—2022年不断筑牢杨浦滨江儿童友好公共空间示范区建设的根本基础，在杨浦滨江的历史背景和发展现状下，基础空间建设的儿童友好化需要融合城市更新基本原则做好整体构建。

杨浦滨江儿童友好公共空间围绕杨浦滨江已贯通开放的5.5千米岸线，西从杨树浦路秦皇岛路"百草园"起东至杨树浦路腾越路止，以安浦路宽甸路上的"绿之丘"为分界，西段为"生态童梦带"（主要服务0—6岁儿童）、东段为"青春筑梦带"（主要服务6—18岁儿童），全程辐射平凉、大桥、定海3个街道。

以寻找探索杨浦百年工业遗迹的形式，为孩子们打造集童趣活动、科学普及、主题教育等为一体的综合公共空间，帮助孩子感受"工业杨浦"到"知识杨浦"的魅力蜕变，激发孩子热爱自然、敢于探究的天性，为孩子确定人生目标助力，实现杨浦区儿童友好创建"社区＋滨江"的工作规划。

(一) 以保留保护为主的整体设计

为更好落实习近平总书记"像对待老人一样尊重和善待城市中的老建筑,保留城市历史文化记忆,让人们记得住历史、记得住乡愁"重要指示,杨浦滨江确立了"以工业传承为核心"的设计理念,实现工业遗存的"再利用"、路径线索的"新整合"、原生景观的"重修复"、城市更新的"催化剂"。希望既把工业历史保护好,又使得现实与传统交相辉映,让每一个来到杨浦滨江的孩子都能够阅读这座城市的建筑,感受这座城市的肌理,感悟这座城市特有的历史文化风貌。

杨浦滨江区域中的基础设施包括道路设计、儿童公共空间、生态绿化等在内的完整的设施系统整体设计,需要考虑杨浦滨江的百年工业历史的回忆,"有形"的历史文物建筑、工业遗存以保护和保留为主,"无形"的红色记忆则也需要融入公共空间的整体设计元素中去,在此基础上,将儿童友好概念纳入设计考量。

1. 杨浦滨江电站辅机厂"共生构架"空间

"共生构架"曾是上海锅炉厂的一处老厂房,因规划道路通过而需要被拆除;设计利用道路斜切角度,对原结构采取一半拆除、一半保留的结构加固策略,所形成的特殊形态和几何关系,结合新旧门窗洞口,打开屋顶,引入阳光和绿化,加入亲子沙坑、景观造坡,使墙里墙外形成一体,既保留了老锅炉厂的空间样貌,又转化成了供市民休憩活动的开放场所,实为建筑与景观、历史与城市的共生构架。

在这个城市开放空间里,通过乐高积木壁画搭建活动,吸引儿童参与壁画的设计与搭建,儿童的壁画作品形成空间的一部分构成会被作为保留,增加了空间的儿童趣味性和互动性。在活动结束后,能为空间增添儿童友好的特性,吸引儿童的交流和互动。

2. "工业杨浦"到"知识杨浦",以杨浦百年工业遗迹的形式打造综合公共空间

利用杨浦滨江原来的工业遗迹,进行升级改造,为孩子打造"儿童+技能"的主题教育场所,帮助孩子感受"工业杨浦"到"知识杨浦"的美丽蜕变。

上海制皂厂前身为中国肥皂公司,1923年由英国联合利华公司创建。1924年制皂厂在杨树浦地区破土动工,并于第二年正式投产。工厂初期出产祥茂牌洗衣皂和粗甘油,肥皂年产量4 183吨,为远东最大制皂厂,是中国制皂工业化机器大生产的先驱。2019年,上海制皂厂的生产辅助区与环保科更新成为皂梦空间、肥皂剧场。

设计将水池之间的原始场地垫高到7米标高,作为登高眺望的观江平台。同时，对建筑采取了楼层减量，加盖屋顶等改造措施，以满足新功能的使用要求。建筑下部通过钢管通道将不同的水池串联互通，形成一系列的明暗转换，高低错落，内外翻转的空间。地下空间的紧凑感与登高望江的开阔感形成强烈的对比。由此创造出地上与地下两条不同的浏览体验路径。功能主题与肥皂结合，通过亲子参与互动的方式，回望历史与品牌，学习制皂工艺，将这组工业遗产转化为集新生活方式与浸入体验为核心的主题博物馆。让走进来的孩子了解肥皂的历史变迁，感受百年品牌传承的文化魅力。工业遗产的保护不仅仅是空间的留存还有技术的传承。

3. 工业遗产保护带的博物馆群落的布局打造

在维持建筑整体风貌的基础上，杨浦滨江岸线还着力打造博物馆群落。已经建成的上海自来水科技馆、中国救捞陈列馆和正在建设中的世界技能博物馆、涵芬楼文化中心等，都提升了建筑的可阅读性，留存了珍贵的城市记忆，成为城市有机更新的示范区域。博物馆群的打造为6—18岁青少年的科普教育提供优厚的土壤。

（二）以绿色宜居为主的生态优化

杨浦滨江是上海中心城区中最长的滨江岸线，具有全上海最优质的城市自然禀赋。其中南段滨江长5.5千米，坐拥上海中心城区最宽阔的朝南滨江观景面，绿地面积约20万平方米。中北段则拥有上海中心城区唯一的森林公园——共青森林公园、黄浦江内唯一的封闭式内陆岛——复兴岛等优质生态资源。

杨浦滨江始终坚持可持续发展方向，绝不以牺牲生态环境为代价换取城市发展。前瞻性地采用景观生态学设计原理，充分吸纳并落实"海绵城市"设计理念，以有限介入的姿态、低冲击开发的模式，实现水土涵养和生态修复，建立多层次的绿化系统，构筑人与自然和谐共存的城市生态基地，打造原真的、复合的、生态的公共空间。上海市绿化市容局鸟类生态专家考察后，发现在杨浦滨江栖息的鸟类有20—30种，其中很多是中心城区非常少见的。

在生态的绿化结构上，把绿化配置与水土涵养相结合，尽量采用当地物种，做到色彩搭配，春华秋实，实现对土地的生态养护；在浅滩生态系统修复上，在水岸交界处保护淤泥和水生植物，为生态系统交汇地带的动植物以生存的空间，充分发挥浅滩生态系统对城市微气候的调节作用。

同时，杨浦滨江在公共空间结合工业遗存因地制宜建设"雨水花园"。利用现有低洼地势，落实"海绵城市"设计理念，设计了三处雨水花园，合理控制雨水径流，调节城市水文微气候，创建低碳低能耗、充满野趣的综合环境。

杨浦滨江上的生态童梦带利用杨浦滨江的生态资源，以杨浦滨江既有的建筑空间、自然地景为蓝本，打造为儿童提供科普、艺术相关的项目。通过自然的科普体验区，让孩子与自然为伴，通过游戏让孩子发现对自然的控制力、想象力和创造力。

三、杨浦滨江儿童友好示范区的服务友好构建

2023—2024年，杨浦滨江儿童友好公共空间示范区将进入以"服务友好"为内容的显著提升软实力的阶段。届时会通过前沿规划引领、重大项目引入、系列活动开展、家校良好互动，充分保障儿童基本权益。在规划、设计、决策时，儿童也将会参与其中，发表他们自己的建议，以此提升杨浦滨江的"服务友好"质量。在规划、设计的前期，会向社区儿童、家长、学校进行调查和访谈，确定服务策略方向，实现儿童和家庭的间接参与。同时，在决策层面，借助于儿童议事会平台实现社区儿童有关儿童事务的自主发言权、决策权，促进儿童自主决策和管理，针对不同年龄段儿童的需求，将儿童友好公共空间示范区打造成为儿童向往之地、乐活之地、成长之地。

2021年8月，杨浦区妇联在区妇女儿童活动中心开启了"两会一厅"儿童友好品牌项目。儿童议事厅独创以研学为主"一期四会"制，即一期儿童议事厅四次会议，其中包括职位选举、实地调研、各委办局指导、表决提案等议程。通过阶段性的社会实践，为孩子营造议事氛围，教授学习方法，团队共议提案，让孩子自主发挥，保留"原汁原味"的儿童友好氛围。

本次的两个议题分别是：

1. 如何提升杨浦滨江商业体中的儿童友好型消费业态。
2. 如何提升杨浦滨江公园城市中的儿童友好公共空间建设。

议员们不仅收获了调研技巧，也在热烈讨论之后，思考碰撞出很多创新的火花，学会了自己思考问题和勇敢表达自己的观点，并将所学运用到实际生活中对城市建筑的观察中去。

2021年，杨浦妇儿委与杨浦滨江联合发布了杨浦滨江"儿童＋"特色项目服务清单(见表1)。

表 1　杨浦滨江"儿童+"特色项目服务清单

名　　称	地　　点	实施内容
儿童+技能	船坞博物馆	设置儿童模型拼接体验区,记录造船工艺,增加互动性;设置儿童友好服务站(含临时托管(1—6岁)、应急救护站、儿童卫生间、饮水点)
		每月定期以儿童开放日的形式,免费向儿童开放
	上海自来水科技馆	每月定期以儿童开放日的形式,免费向儿童开放
	皂梦空间	针对儿童再设计;结合现有场地空间,增设儿童尺度游乐设施,如泡泡池等;设置儿童手工创作区,体验手工皂制作等
		每月定期以儿童开放日的形式,免费向儿童开放,提供儿童体验活动
	杨树浦电厂遗迹公园	设置儿童电学知识互动空间和儿童知识类密室逃脱空间;设置儿童友好服务站[含临时托管(1—6岁)、应急救护站、儿童卫生间、饮水点]
儿童+艺术	毛麻仓库	设置儿童艺术体验空间、儿童卫生间
		不定期开展摄影、绘画、创意设计等主题活动,举办艺术展、摄影展,如"童心看滨江"等
	郎朗音乐世界	以儿童开放日的形式,提供分时免费课程,定期开展儿童音乐会
儿童+科普	百草园	邀请相关专家定期做青少年的植物科普
	雨水花园	邀请滨江建设者,与儿童一起互动性地讲述海绵城市的设计与建设
	银杏林	开展植物互动体验科普活动
	共生构架与生态水塘	定期邀请专家开展野外生存技能科普
	候鸟观察区	鸟类知识科普,让孩子自主观察野生鸟类迁徙的习性
儿童+体育	跑步者驿站	定期开展儿童体育互动活动
	沙滩排球场、篮球场	结合原有场地,通过时间段管理,设施儿童使用时间,定期举办活动
儿童+游乐	东方渔人码头	沙坑游乐设施
	卡其乐园	设置座椅,遮阴等游憩设施,结合场地合理布局;增设更多适合不同年龄段儿童使用的游乐设施

四、杨浦滨江儿童友好示范区的未来创建

杨浦滨江地区作为杨浦二级以下旧里中最为集中的区域，2011—2019年已累计完成旧改3.7万余户。旧改带来了大量的需要推倒重建的社区场地空间，在布局打造中，重整重塑将作为主要的工作目标。

杨浦滨江在建立儿童友好型城市空间布局策略上，聚焦滨江区、街区和社区3个圈层。从服务空间、公共空间、机动性活动路径、自然空间、社区规划等多个方面落实点、线、面。

在共同营建儿童友好型空间导则和建设标准指导下，旨在为社区提供丰富多样的、安全完善的社区配套、邻里策略、公共空间、舒适环境，共享整合社区服务空间。也会在明确各类公共空间的儿童友好要素及评价体系的要求下，制定合理安全的出行路径和社区网络，帮助儿童独立行走，引导儿童前往活动，组织儿童集体交流等。

2020年6月29日，中国共产党上海市杨浦区第十届委员会第十次全体会议上审议通过了《中共上海市杨浦区委关于贯彻落实十一届市委九次全会精神践行人民城市重要理念争做人民城市建设标杆的决定》和《杨浦滨江全力争创人民城市建设示范区三年行动计划（2020—2022年）》，明确提出把滨江作为杨浦新一轮发展的重点区域、践行人民城市重要理念的核心区域，明确提出践行人民城市重要理念、争做人民城市建设标杆的一系列目标和任务，明确提出把人民城市重要理念作为全区"十四五"和未来发展的指导思想。

在此背景下，杨浦滨江儿童友好示范区的构建充分考虑了与杨浦滨江带与腹地内3个街道公共空间与公共服务设施的关系，以儿童友好的视角，对标国际儿童友好城市建设标准，加强对建筑公共服务功能、建筑风貌、多类公共空间、安全路径、景观环境、空间材质等主要内容的研究与引导。

作为人民城市重要理念的首发地，杨浦滨江将积极践行人民城市重要理念，在城市的更新迭代中融入儿童友好的理念，不断强化人文关怀、营造文化生态，从孩子的视角出发，打造儿童友好创建的高地、城市更新的典范。

（葛静虹）

城市软实力提升中的儿童友好社区建设

——以徐汇区儿童友好社区建设为例

城市软实力,是指建立在城市文化、政府服务、居民素质、形象传播等非物质要素之上的城市社会凝聚力、文化感召力、科教支持力、参与协调力等各种力量的总和,是城市社会经济和谐、健康、跨越式发展的有力支持。

上海市委十一届十一次全会审议通过的《中共上海市委关于厚植城市精神彰显城市品格全面提升上海城市软实力的意见》在"着力构建现代治理体系,展现城市软实力的善治效能"中提到"做实社区综合管理服务体系,做强家门口服务功能,做优共治自治平台,激活基层社区每一个细胞单元,让人人有序参与治理的生动实践处处可见。"

社区是社会治理的基本单元,儿童作为社区的一分子,参与基层社会治理有利于发挥良好家庭家教家风在基层社会治理中的重要作用。社区也是承载儿童日常游戏与社会化活动的重要空间,是构建儿童友好社区的重要功能性空间,因此建设儿童友好社区,从儿童参与基层社会治理,进而推动儿童有序参与城市治理是现实可行的推进方向,将有助于促进营造"人人参与软实力建设"的浓厚氛围,形成"人人都是软实力"的生动局面。

一、儿童友好社区建设的来源

儿童友好,是指承认儿童的权利主体地位,尊重儿童的感受;关注儿童周围环境应有利于儿童的福祉,重视儿童与成人、儿童与家庭、儿童与儿童之间的交流与反馈。

1989年,《联合国儿童权利公约》规定了儿童具有生存权、受保护权、发展权、参与权等四大基本权利。该公约将儿童作为独立个体看待,认为儿童是家庭和社会的一分子,拥有符合其年龄及发展阶段的权利和义务。以这种方式承认儿童权利无疑是坚定地守护所有儿童的权利。

1996年,联合国人居署制订了"国际儿童友好城市方案(CFCI)",在联合国第二届人类居住大会上首次提出"儿童友好型城市"概念。目前全球有870多个城市和社区获得联合国儿童基金会授予的"儿童友好型"城市认证。

我国"儿童友好型"城市建设的起步较晚,和西方发达国家比起来,我国的城市面积、规模及人口体量都要大很多,而且我国正处在不断发展的"城市化"进程中,难度是显著的。特别是像上海这样的超大型城市,人口、面积、经济体量及流动规模更是绝无仅有。

《中国儿童发展纲要(2011—2020)》的指导思想中明确规定"坚持儿童优先原则,保障儿童生存、发展、受保护和参与的权利,提升儿童福利水平,提高儿童整体素质,促进儿童健康、全面发展",并将"儿童优先原则"设定为五个必须坚持的工作原则之一,同时提出建设儿童友好型社区。

2021年,《中华人民共和国国民经济和社会发展第十四个五年规划和二〇三五年远景目标纲要》第十三篇"提升国民素质促进人的全面发展"中第四十五章"实施积极应对人口老龄化国家战略"提到儿童友好城市建设,即开展100个儿童友好城市示范,加强校外活动场所,社区儿童之家建设等公共空间适儿化改造,完善儿童公共服务设施。

儿童友好社区建设,是上海加快建设卓越的全球城市和具有世界影响力的社会主义现代化国际大都市的具体行动,是国际超大型城市治理经验的有益探索,也是深化社会治理创新,提升城市软实力,"让人民有更多获得感"的重要实践。

2019年上海市妇女儿童工作委员会等四部门出台《关于上海市开展儿童友好社区创建试点工作的指导意见》,提出:创建儿童友好社区,是为推动高质量发展、创造高品质生活,推进城市精细化管理和社会化服务,解决"老小旧远"等老百姓迫切需求,提升儿童福利服务能级,构建适度普惠型儿童福利体系的有效抓手。明确以儿童服务中心为平台,发挥业务指导、服务连接、信息管理和功能辐射的作用,与社区内儿童友好站点形成"一中心多站点"的网络布局。在试点工作基础上,总结形成本市儿童友好社区建设标准。

2021年,上海市妇女儿童工作委员会下发《关于进一步做好上海市儿童友好社区创建工作的通知》,进一步提出:结合全球著名体育城市、"五个新城"、乡村振兴、美丽街区、美丽家园、旧住房更新改造、"一江一河"两岸公共空间提升、新时代文明实践中心等建设项目,均衡布局儿童友好社区"一中心多站点"服务网络,强化儿童服务中心枢纽平台功能建设,完善公共空间和公共服务设施的适儿化改造,建好、管好、用好阵地和人员,确保可持续化的运营管理。到2025年,目标实现上海市儿童友好社区服务网络全覆盖。

二、徐汇区开展儿童友好社区建设的背景

徐汇区具有多个繁华的商业中心,拥有优质的教学资源,汇聚徐汇滨江、漕河泾开发区和多家科研院所的科创活跃地带,既拥有海派文化底蕴,又具备丰富的现代工艺、文化、旅游、生态资源,可谓浓缩了上海近代发展史和浓厚人情味,是东西文化交融、传统经典与现代时尚交相辉映的上海中心城区。徐汇区积极对标上海2035年远景目标,坚持区域高质量发展、高品质生活、高水平治理。儿童有序参与基层社会治理是实现高品质生活的题中应有之义,与打造"卓越徐汇、典范城区"的发展目标深度契合,既符合优化基层社会治理体系的需要,同时也有助于儿童的社会化发展。

《徐汇区国民经济和社会发展第十四个五年规划和二○三五年远景目标纲要》提出建设儿童友好型城区目标。近几年,徐汇区妇女儿童工作委员会按照上海市妇女儿童工作委员会下发的文件精神,积极探索,努力创新,稳步推进儿童友好社区建设工作。

(一)调研先行,顶层设计推进建设工作

2018年,徐汇区妇女儿童工作委员会将创建"儿童友好型小区"纳入实施妇女儿童发展"十三五"规划示范区先行先试项目中,编制《徐汇区儿童友好型小区创建指南》(试行)。到2019年底,已建成52个儿童友好型小区,为后续儿童友好社区创建打下坚实基础。

2019—2020年,徐汇区妇女儿童工作委员会办公室与上海市妇女儿童发展研究中心(原上海市科学育儿基地)合作,先后开展《以"儿童获得感"为导向,推进徐汇区儿童友好型社区建设》和《社区治理中的儿童参与机制研究——以徐汇区儿童志愿服务为例》为主题的课题研究,为徐汇区开展儿童友好社区建设工作提供了有力的数据支撑和借鉴意义。

通过调研,我们发现儿童友好社区建设有以下问题困难:

一是在社区层面"儿童友好"的顶层设计相对缺乏;

二是社区儿童保护系统性、制度性有待完善;

三是儿童活动场所的空间布局不够均衡;

四是儿童活动场所的功能性有待进一步凸显,户外活动场所缺失;

五是社区缺乏专业儿童工作力量;

六是"儿童参与"机制化平台有所欠缺。

另外,基层还是存在着社区发展上的不平衡,对"儿童优先"和"儿童利益最大化"的认识存在着概念不清晰等问题。

通过调研分析,徐汇区妇女儿童工作委员会办公室走访相关委办局征询意见,与基层探讨儿童友好社区创建可行性路径。于 2020 年,根据市级相关文件精神,结合区情社情,正式下发《徐汇区关于开展儿童友好社区创建试点工作的实施方案》。2021 年,又依照《上海市儿童友好社区建设标准(试行)》,对《实施方案》做了更详细的阐述和建设标准目标分解表,在顶层设计中明确职责分工,分步分级分类推进儿童友好社区建设,为儿童友好型城区建设提供基础性、制度化保障。

(二)加强指导,编制手册指引规范建设

为进一步规范、深化和拓展儿童友好社区建设工作,徐汇区妇女儿童工作委员会办公室编制了《徐汇区儿童友好社区建设工作指导手册》,面向各成员单位、街镇、居民区等发放,加强系统性指导、规范性落实和计划性推进。

该指导手册共分为 8 个部分,除了总论与政策文本部分以外,还设有组织架构、制度保障、空间改造、专业服务、儿童保护和儿童地图等 6 个部分,详细说明儿童友好社区建设在各项领域、各个环节、各类措施中的质量要求。其中,还根据徐汇区域特点和社区建设实际情况,提高了部分标准水平,提出多种可操作性、可复制推广的建设举措,高质量地建设标准化儿童友好社区,高水平地打造各具特色的儿童友好社区。

三、儿童友好社区建设主要举措——以徐汇为例

徐汇区第七次全国人口普查主要数据显示,全区常住人口为 1 113 078 人。其中,0—14 岁人口为 109 016 人,占 9.8%,与 2010 年第六次全国人口普查相比,该

比重提高 2.5 个百分点。此外，家庭户 414 874 户，家庭户人口为 977 841 人。平均每个家庭户的人口为 2.36 人，比 2010 年第六次全国人口普查的 2.52 人减少 0.16 人。

中共徐汇区第十届委员会第十次全体会议指出，精神品格是软实力的内核所在，软要素是软实力的重要载体，推动发展是提升软实力的目标取向。要聚焦"精神、创新、人居、文化、治理"核心要素，着力激活软要素、提升软实力，全面展现城区的繁华街景、治理图景、生活风景，让徐汇令人向往、引人自豪、催人奋进。

近年来，徐汇区以儿童友好社区建设为抓手，在组织架构、人员配备、经费投入、资源整合、儿童参与等方面完善儿童友好制度建设，保障"政策友好"第一维度；在社区规划、氛围营造、社区环境改造、社区微更新中增添儿童友好元素，保障"空间友好"第二维度；在儿童社会福利、儿童教育服务、儿童友好宣传中提供不同年龄段儿童和有特殊需求儿童的个性化服务，保障"服务友好"第三维度。对儿童而言，"政策友好"是"隐身的在场"，这并不体现在儿童直接的感受和体验表达中，但却是其他两个维度重要的基础性保障。从实践经验来看，党建引领下的社区共治，更加凸显"政策友好"的重要性。因此，以组织架构、人员、经费、资源等为基本结构的"制度保障"，是推进社区儿童友好一系列软实力行动的基础。

（一）"政策友好"一以贯之

徐汇区充分发挥妇女儿童工作委员会的平台优势，自 2018 年提出创建儿童友好型小区起，形成由妇女儿童工作委员会牵头主导，各相关职能部门有序分工的工作网络，将建设工作的具体项目纳入相关成员单位年度目标责任，强化工作执行力。各街镇在党工委、办事处领导下成立儿童友好社区建设领导小组，分解任务，落实责任，确保工作有序开展。

完备的制度建设是确保儿童权益的先决条件，也是建设儿童友好社区的重要基础。为了推进儿童友好社区建设，徐汇区还不断完善工作例会制度、社区联动机制、资源整合机制、学习交流制度等机制体系建设。

2020 年，徐汇区级妇女儿童活动中心建设完成。社区建设资金纳入财政预算，各创建街镇获批专项 60 万元创建经费，为阵地建设、设备设施、运行管理、服务项目、人员培训等提供保障。此外，坚持实施分类保障：目前按照上海市散居孤儿和困境儿童基本生活保障制度，对散居孤儿和监护困境儿童发放基本生活费每人每月 1 900 元；最低生活保障家庭中的未成年人除享受上海市最低生活保障外，叠加补助困境儿童文化福利补贴每人每月 100 元；对遭遇突发性、紧迫性、临时性的基本生活存在困难的家庭中儿童,实施临时救助,并适当提高对儿童的救助力度。

徐汇区还加强专兼职工作者和儿童工作志愿者队伍建设。2020年共有210名专兼职工作者和676名儿童工作志愿者负责日常管理和服务工作,在儿童友好社区建设中发挥积极作用。

(二)"空间友好"融合共享

在前期调研中发现,儿童认为社区的"空间友好"是最重要的,主要体现在安全性(不仅包括社区的治安状况,也包括更适合儿童人际互动的社会文化)、便利性(生活出行便利、从居住点到儿童活动场所的物理距离便利)、功能性(以儿童视角建设儿童活动场所,符合不同儿童的基本需求和特点)。

为此,徐汇区结合新时代文明实践中心、社区文化活动中心、党群服务中心的"三中心"融合建设,以及邻里汇、邻里小汇、社区绿地公园等改建项目,依照儿童活动场地设置标准,包括场地面积、开放时间、空间布局、儿童元素等,以区妇女儿童活动中心为平台,与各街镇儿童服务站点形成"一中心多站点"的空间网络布局。至今已改造6个200—1 000平方米(含室内外)的儿童服务中心(分中心)、22个50—200平方米(含室内外)儿童之家;2021年计划改造完成9个儿童服务中心(分中心)、52个儿童之家,为18周岁以下不同年龄段儿童打造环境友好、设施齐全、服务完善的室内外活动阵地。

值得一提的是,徐汇区在市级指标要求上,将母婴设施建设、儿童专用马桶、儿童扶手等纳入基础建设标准,从儿童视角出发,以儿童的特点、儿童的感受、儿童可能面临的风险等进行综合考虑,同时以儿童易接受、易理解、易应对的方式进行设置,更好地贯彻儿童友好性与儿童安全性的要求。此外,同步绘制儿童友好电子地图,提供儿童服务活动阵地定位和服务信息,已发布13大类257个点位信息,还将逐步开发"智慧儿童友好"线上服务功能,织起线上线下联动服务网络。

(三)"服务友好"精准支持

社区是居民居住生活的家园,也是儿童的栖息之地。儿童是社区服务的重要对象,为儿童营造一个安全祥和、平等互助、服务完善的社区环境,是社区建设的重要工作内容。

我们在前期调研中发现,儿童认为"服务支持"中最重要的是"遇到困难能在社区获得支持和帮助",主要体现在:一是精准性,社区根据不同儿童的需求提供精准化的基本服务;二是易得性,儿童能便利地得到服务资源,并不因其家庭、身份、性别、年龄的不同而被区别对待。在服务的形式和内容上,注重儿童的深度体验和成长性需求。

精准服务支持的基础在于前期对儿童需求的准确把握和对区域资源整合的协调能力。徐汇区妇女儿童工作委员会充分挖掘相关职能部门的资源优势,吸引专业社会力量,向基层配送儿童服务资源和专业儿童友好社区建设指导。例如:服务全区困境儿童的文化福利补贴项目"童乐汇",集中了教育、文旅、体育、科委、共青团等活动经费和服务项目;区卫健委通过"向日葵亲子小屋"项目,宣传家庭科学育儿常识;区体育局结合"六六夜生活节",向各街镇赠送体育器械大礼包,促进儿童健康成长;上海东方社会工作事务所、上海豆豆公益发展中心、上海明汇儿童发展中心、斜土爱创益公益发展中心等儿童专业服务的社会组织承接儿童友好社区建设指导、基层亲子阅读、儿童保护、社区环保夏令营等服务项目,满足不同年龄段儿童和家庭的服务需求。

徐汇区坚持儿童利益最大化原则,大力倡导儿童参与、儿童议事等以儿童为主体的服务支持,还基于儿童需求评估结果,提供针对性的儿童服务内容。例如:在妇女儿童发展"十四五"规划编制中,征询儿童意见;在社区代表大会中邀请儿童代表列席,听取建议并充分考虑吸收;在儿童活动阵地改建中,调研儿童需求,适当地由儿童共同参与设计建设;由儿童自愿组成自治议事小组,行使议事权利,开展针对儿童友好社区建设议题的议事活动;创建各类"小小志"儿童志愿者队伍,活跃在大街小巷,力所能及地参与美丽家园建设、文化科普讲解、社区管理体验等公益活动,让儿童主动了解所居住的社区本土文化及其背后的故事,增强儿童对社区的归属感。

四、徐汇区儿童友好社区建设及社区治理的创新发展

近几年,徐汇区通过大力宣传普及儿童友好理念,各街镇在社区治理中融入了儿童友好元素,探索出一个个儿童参与的创新模式,让社区生活更加多姿多彩。此外,通过儿童友好社区建设,街镇资源盘活了,工作思路拓宽了,社区大家庭"组团式"服务,社区小家庭"团购式"点单,社区小主人也有更多机会参与力所能及的公益实践活动。

例如,徐汇区湖南街道地处衡复历史文化风貌保护区核心区域,具有红色文

化、传统文化和海派文化特色,拥有各级文物保护单位123处、优秀历史建筑118处、名人故居200余处,人文资源荟萃,历史底蕴深厚。如何利用好辖区丰富的人文资源,让城市回归儿童？湖南街道结合社区儿童年龄特点,设计多样化人文行走路线,开展了"小克勒带你逛马路"系列活动。每位小志愿者(小克勒)在老志愿者(老克勒)辅导下,通过一年训练与实践,成为一名合格的小讲师,带领市民和游客阅读建筑、品味人文,成为湖南社区人文和历史的传承者、传播者。值得一提的是,小志愿者(小克勒)还自主设计了活动评价表,通过反馈意见不断提升学习能力。2020年疫情期间,高中生们还主动参与策划拍摄,以网络直播形式,不间断地向市民和游客推送"穿越历史的音乐艺术之旅""人文在湖南·梧桐美食客"线上行走课程。这充分锻炼每个人的意志力和配合力、团结心和责任心,让儿童身体力行参与儿童友好社区建设,体现"我的社区我做主",有助于提升社区共同体意识。

再比如,徐汇区长桥街道辖区内有32个居民区,32家教育单位。区域特色鲜明,4.88万户居民以及2.5万名在校学生(2020年数据)是街道社区治理和服务的重点。在创建儿童友好社区过程中,街道着眼于家庭、学校、社区联动理念,结合"积极推动将家庭教育纳入基本公共服务体系"工作要求,推出了"清和家庭教育智慧源"项目,力求打造家庭、学校、社区联动的教育工作体系。首先,街道牵头成立了"社区教育校际联盟",将社区近30所学校的资源融合成一个大的教育共同体平台。其次,社区与学校充分合作,打通壁垒,借助于学校教师、心理老师等人才优势,组织"长桥社区家庭教育指导沙龙""家庭教育指导论坛"等丰富活动,提升社区家庭教育指导能力;探索区域化党建和居民区党建有效融合,通过"社区教育校际联盟"所属居校支委的平台和引入社会力量,实现供需精准对接,让家庭教育授课形式和内容更贴合社区家庭的需求;除了组织活动以外,"社区教育校际联盟"还邀请专家亲临一线,针对最棘手的案例开展家庭教育指导,化解家庭教育症结,有效缓和亲子关系……"清和家庭教育智慧源"项目使长桥家庭教育水平跃上一个台阶,平均每年有6 000多户家庭通过该项目得到家庭教育指导,受益人达3万多人。

"希望多一点开放的体育场地""希望多开展一些儿童科创活动""希望滨江附近多增设一些儿童游玩、休憩的设施""希望龙腾大道的绿灯时间再长一些,儿童过马路时间太过仓促"……听童声、汇童言,是儿童友好社区建设中主要表现之一,也是体现"开放、创新、包容"的城市品格对儿童这一重要群体的传承与进步。城市精神与城市品格,是城市发展生生不息的力量源泉。未来的儿童友好社区建设,将坚持以儿童为本,从一米视角看社会发展,激发儿童关注社区、参与社区、服务社区的主动性和创造性,提高儿童和家庭的获得感、幸福感和归属感,真正体现"激活基层社区每一个细胞单元,让人人有序参与治理的生动实践处处可见"。

(徐汇区妇女儿童工作委员会办公室)

15分钟社区生活圈之儿童友好建设

——以上海市 A 区为例

如何构建适宜儿童成长生活的城市空间是每一个城市发展进程中需要关注和思考的问题。蒂姆·吉尔在研究世界各地儿童友好型城市的规划理念中发现,变革的关键催化剂是市政府。①当市政府将儿童生活、玩耍和成长的可持续性、公平、健康定为城市规划的基本理念,就会从新的视角去构建城市愿景,考虑城市规划、交通政策、经济发展与城市居民健康、环境和社区发展之间的关系,发展高品质生态的城市空间,创造包容、可持续发展的城市。

人民日益增长的对美好生活的向往使得家长对居住环境、生活质量和儿童成长的环境等有着更高的要求。而新冠疫情在全球暴发,郊区空间的升值、发展完整的社区、社区的宜居便捷也再次成为人们的关切。"15分钟城市"的概念引起关注,思考如何优化城市规划,使人们可以在15分钟步行或骑车的环境中,实现工作、购物、学习和玩耍的日常和文化需求。《上海市城市总体规划(2017—2035年)》中提出要打造15分钟社区生活圈,"更好回应群众期盼,全力做好公园城市建设大文章,为提升城市软实力增强城市吸引力作贡献,②"建设更富魅力的幸福人文之城。

一、上海的15分钟社区生活圈规划

2016年上海市规土局印发《上海市15分钟社区生活圈规划导则(试行)》,以打

---

① Tim Gill.(2017). Building Cities Fit for Children: Case Studies of Child-Friendly Urban Planning and Design in Europe and Canada.

② 谈燕:《让城市处处有公园　公园处处是美景》,《解放日报》2021年6月25日。

造"15分钟社区生活圈"为目标,从居住、就业、出行、服务休闲的社区空间环境以及养老、医疗、教育、商业、交通、文体等社区公共服务设施等社区层面指导上海社区建设,以提升居民的生活品质和幸福指数。导则研制过程中,通过实证调查分析了上海不同年龄群体居民的社区生活特征和未来需求,提出了公共服务设施圈层布局的建议。

该导则是依据规划人口进行的底线配置,统一的配置标准以及指导原则与上海不同区域的城市社区化进程、多样化社区样态以及不同社区居民需求之间必然或多或少存在矛盾,但其提倡的以人为本的规划思路,意味着社区创建或改造的过程中,可以从社区居民需求的角度来优化和调整,从而为提高社区生活的幸福指数提供了可能性。

二、儿童友好社区创建的必要性

儿童友好社区是在"儿童友好型城市"理念的基础上,以社区为依托,鼓励社区建设的发展准则以保护和促进儿童发展为宗旨,营造整体环境有利于儿童身心健康发展的社区。上海儿童友好社区创建工作是在上海市妇女儿童工作委员会的领导支持下,将"儿童友好"写进上海市妇女儿童发展"十三五"规划,全面探讨如何构建儿童友好型城市。上海的儿童友好社区建设从制度、文化、空间营造、服务以及人员管理等多个层面,提出了社区中如何完善儿童服务载体,提升儿童服务能级,真正营造儿童友好的社区环境和社区文化。

儿童友好社区创建与15分钟社区生活圈有着关联又有着各自的侧重点。15分钟社区生活圈考虑的是社区中所有人群的需求与福祉,更偏向社区建设的硬件环境与社区服务设施的总体规划、单元规划以及建设整改项目,聚焦居民日常"衣食住行"的基础环境营造。而儿童友好社区创建更聚焦儿童这一群体的需求与福祉,除了对社区生活圈中的硬件环境营造有着特殊的要求,还更强调友好的人文环境、社会文化的营造,有硬指标也有软性指标,对社区建设提出了更高、更难的要求。儿童友好型城市建设的提倡者和工作者认为以儿童为核心营造的城市环境适宜社区的每一个人,将儿童置于城市规划的核心,既可突出城市所面临的主要挑战,也能找到最有希望的解决方案。因为儿童友好社区要求社会环境更安全干净、更包容开放、更具弹性和活力、更具可持续性和竞争力。

三、上海市 A 区 15 分钟生活圈中的儿童友好建设现状

15 分钟社区生活圈的规划导则中,儿童作为社区的重要群体和弱势群体,其生活成长所需等受到了重点关注,并按年龄阶段、出行特点等对社区服务内容与设施进行了介绍,主要涉及的领域有各类学校或机构、游乐场、公园等健身空间等。2019 年,上海市 A 区针对 4 200 位 0—6 岁和 2 700 位 7—18 岁儿童的家长开展调查,了解其 15 分钟社区生活圈中的儿童家庭友好设施建设及需求,以期为城区规划建设提供儿童家庭的建议。

(一) 15 分钟教育服务圈构建有基础,多元化的教育发展资源是家庭的希冀

上海市 A 区范围内,义务教育的资源相对普及,家长表示 15 分钟步行的距离范围内,51.8%—75.3%的社区中有初中、小学和幼儿园,其中小学和幼儿园的比例最高,均在七成以上;高中较少,就近的比例在 20.7%。仅 5.4%的家长表示需要花费更长时间才能抵校就学。家长对便利就近入托入学的需求主要受儿童年龄影响,0—3 岁的家庭需求最高(50.7%),3—6 岁的家庭需求约 36.5%,而学龄期的儿童家庭中,需求仅为 18.7%。这说明了义务教育资源的均衡发展有着良好的基础,提高义务教育的优质和公平是发展重点。从儿童友好视角出发,结合 0—6 岁儿童的出行特点,学龄前儿童就近便利的教育需求以及 0—3 岁儿童家庭的托育服务需求的满足是目前 15 分钟教育服务圈中的短板。

父母对儿童的教育预期较高,对多元化教育发展资源的需求呼声最高且相对一致(47%)。儿童家长对目前的教育资源总体评价较好,也较为肯定,平均分在 7.12(10 分制)。"影子教育""择校热"等,都是家长希望孩子获得优质教育资源。九成的家长希望孩子学历能够达到大学本科及以上。对儿童的高学历的期望不存在儿童年龄层的差异,并与家长的受教育程度呈显著正相关(相关系数在 0.1—0.14,$p=0.000$)。因为高学历的预期,家长对孩子学业表现的焦虑水平也呈现递增趋势。0—6 岁儿童家长表述对儿童学习表现感觉"比较焦虑"和"非常焦虑"的比例为 27.7%和 2.7%,7—18 岁家长则分别是 38.5%和 8.1%。因此,教育系统旨在推进的优质教育资源均衡配置既是儿童家庭期待的,多元化的教育发展资源更是实现每个儿童个体发展的关键。

（二）亟待普及并提高社区卫生服务体系中的儿童专科服务

相对于其他社区公共服务,公共卫生服务机构的布局属于广覆盖,与义务教育资源相近,以15分钟社区生活圈抽样统计,卫生服务站/中心的普及率达到75%,医院/诊所达到43%;但服务体系中的儿童专科服务覆盖率偏低,仅8.8%的儿童家庭表示社区附近有儿童专科。在对社区公共服务的需求上,16.3%—22.9%的家庭提出了就近便利的就医资源需求,年龄越小的家庭需求比例越高。2018年A区已有12家社区医院开设了儿科门诊,6家开设了雾化室,已经在一定程度上缓解并便利了儿童家庭,但对低龄段婴幼儿的服务暂未覆盖。需进一步加大儿科保健服务的培养力度和队伍建设,提供更为普及、全龄覆盖的儿童公共卫生服务。

（三）儿童托管、青春期辅导及心理健康咨询服务是需求热点

普适性的社会公共服务诸如文化服务、就医服务等较为完善,但以儿童为服务对象的公共服务体系相对欠缺,还不够完善,家庭对低幼儿童托育服务、对学龄期儿童课后托管服务、青春期辅导以及心理健康咨询服务的需求比较显著。15分钟社区生活圈的范畴中,28.3%的被调查家庭表示附近有托育服务,5%的家庭表示社区中有健康心理咨询点。可在现有的公共服务体系中,增添儿童视角的针对性服务;针对儿童家庭所急所需,提供精准化、差异化、多元化的社区服务,实现社区治理更接地气,更富人性化。

普惠性公共服务与困境儿童福利服务需平衡兼顾。针对困境儿童及其家庭的

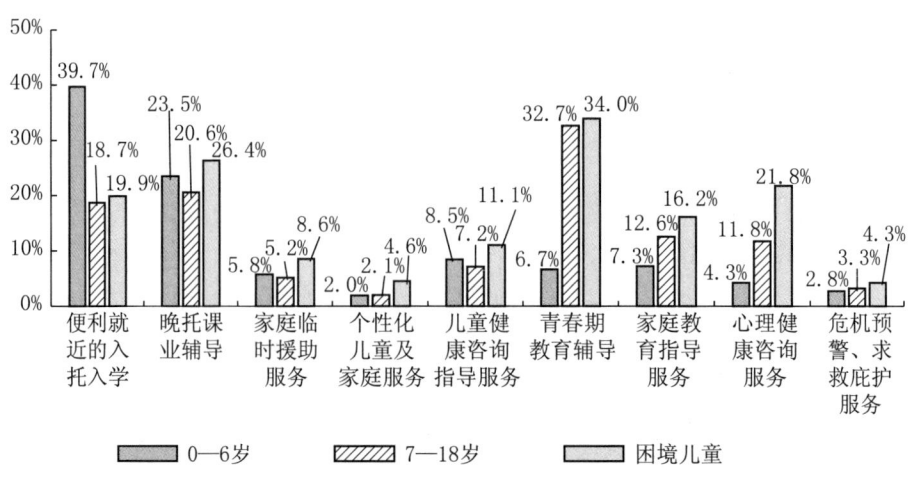

图1　不同儿童群体家庭对社区服务的需求比较

社区服务需求比例虽然不高,如个性化的儿童家庭服务(针对如残障儿童康复、流动、单亲等)、危机预警与求救庇护服务、家庭的临时援助服务等。但为困境儿童及家庭提供个性化的关爱服务,是维护困境儿童合法平等权益的保障所需,也是维护社会和谐稳定、全面建成小康社会攻坚战中亟待妥善解决的重要环节。在社区资源有限,普惠性公共服务需求旺盛的情况下,需要做到兼顾和平衡,融合和公平,嵌套与整合,让困境儿童及其家庭获得精准化、个性化、无差异化(无歧视化)的福利服务。

(四)安全环境让家长安心放心,儿童自由移动环境待升级

对不同领域的评价中,家长对儿童安全领域的评价总体偏高,尤其对社区安全的满意度最高,说明A区社会各界重视儿童安全的风险防控工作,把保障城市儿童安全放在优先发展的位置。其中,处于相对薄弱的领域是儿童网络安全,学龄期儿童对手机或网络沉迷的发生率在5.9%—12.5%。随着儿童数字化成长呈低龄化倾向,网络环境、网络隐私安全等问题除了法制完善、技术保障之余,更需要加强家庭教育指导,提高儿童媒介素养及安全意识。

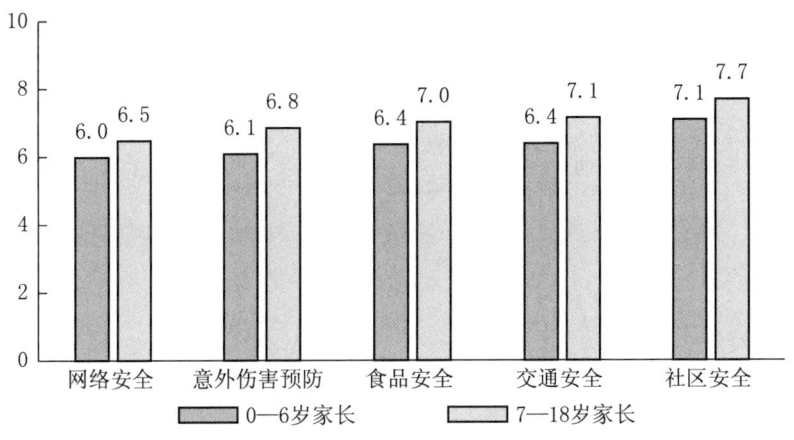

图2 家长对不同儿童安全领域的评价

"城市,让生活更美好"的城市规划中,希望营造更有序、更安全、更干净的人民城市。儿童友好城市的建设中也强调儿童生活空间的可达性、安全性和趣味性。儿童安全防护理念需要再升级,营造对儿童更为友好的安全环境。15分钟社区生活圈的现有儿童安全措施调查中,安全的公共交通比较普遍(65.1%),儿童安全步行或自行车的空间比例45.7%,而"告知儿童风险危险的警示标识"比较缺少

(28.3%),"儿童独立、安全行动的公共空间"比例也不高,为25.7%。儿童的安全环境不应是为了儿童安全把儿童圈着保护起来,而是应该营造安全的环境让儿童自由的成长。

（五）多元融合15分钟社区生活圈日趋完善,社区建设宜纳入更多儿童友好视角

随着城市建设,A区社区基本公共服务发展均等化,基本配套齐全。水、电、气、通信、园林绿化等公共服务安全高效,学校、便民市场、运动场地、文化活动中心、社区服务中心、医疗服务机构等配套逐渐完善,构建多元融合的15分钟社区生活圈具备良好的软硬件基础。A区社区公共服务逐渐在完善和全覆盖推进中,为实现儿童友好城区建设,宜将儿童视角嵌入社区服务规划、社区服务治理体系中,可在已有的公共服务设施或服务内容中考虑儿童及其家庭的需求,如儿童图书室、儿科门诊的设置,图书馆内增加亲子阅读指导服务,公园/居民绿地/空地等增添不同年龄段的儿童活动设施等;对儿童及其家庭亟须的支援服务纳入社区公共服务,例如家庭教育指导服务、儿童托管服务、青春期教育、心理咨询服务等。

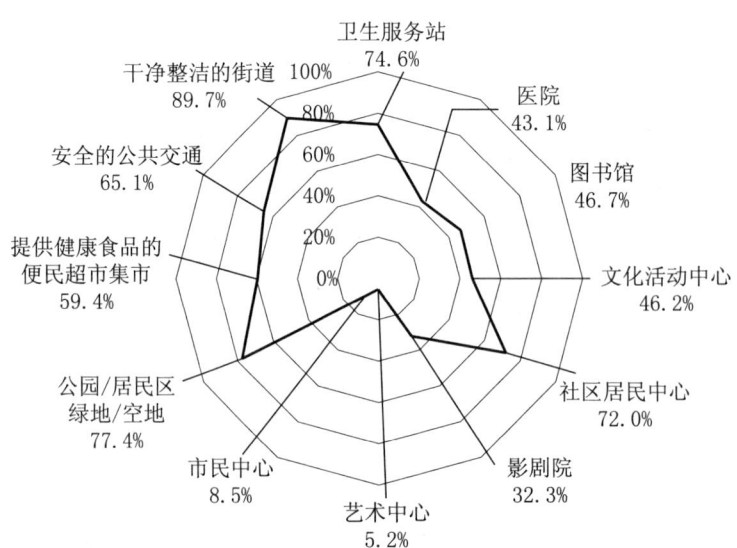

图3　15分钟社区生活圈的社区公共服务设施

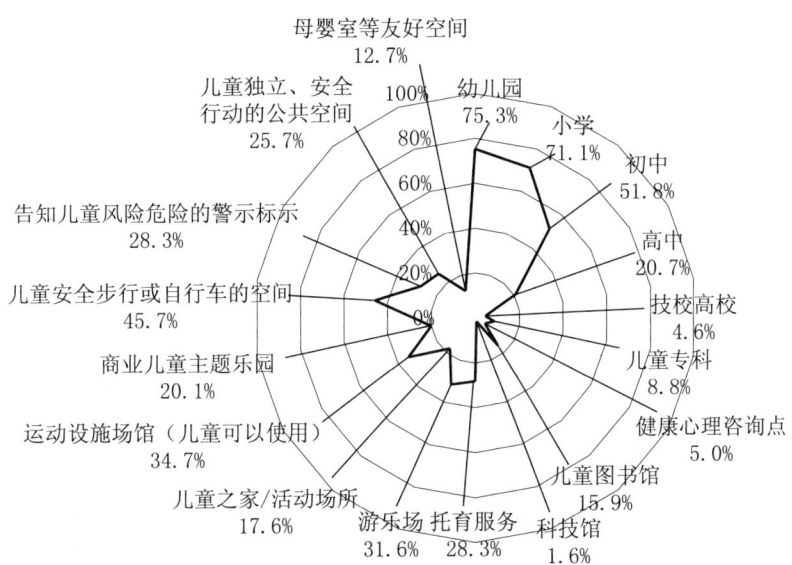

图4 15分钟社区生活圈的儿童相关服务设施

（六）儿童对环境的儿童友好评价总体良好，需积极营造儿童友好的社区氛围

"安全与保护""家庭生活"和"教育资源"三方面评价相对较高；"娱乐休闲"和"健康和社会服务""参与感与公民权利"维度评价较低。娱乐休闲维度具体表现为，儿童期待更多的自由游戏、休息、玩耍的时间和空间；期待适宜儿童的活动场馆、亲子儿童的设施服务、针对不同年龄段儿童的游乐设施等。健康社会服务方面，儿童更期待社区环境的优化，包括空气质量、卫生环境、儿童图书馆等服务，希望可以独自上学放学，体会爸爸妈妈小时候在田野里奔跑，独自约见同学伙伴一起玩耍的喜悦。参与感与公民权利方面，儿童期望社区中营造尊重、鼓励、支持及积极聆听的支持性环境，让儿童参与到社区规划或社区活动中。

从家长对儿童友好城区建设的重要性排序中，仍可以看到成人视角的痕迹。家长普遍希望政府和社会提供更完善的、更有利于儿童成长的政策支持、生活空间和社区服务，对儿童参与机制环境的重要性相对不被重视。"'儿童友好城市'的核心是要形成一个完善的、儿童友好的城市空间，并融入城市中所有儿童的日常生活，使其随时随地可以方便、安全的玩耍和学习。"儿童参与的相关客观环境和人文环境的创设对儿童成长尤为重要，应积极宣传和营造儿童参与的友好环境，拓宽和深化儿童社会参与的领域与层次,如提供更多科技活动、社会实践资源、儿童社区教育活动等,组织和引导儿童力所能及的参与社区建设和治理,真正让城市成为儿童的城市。

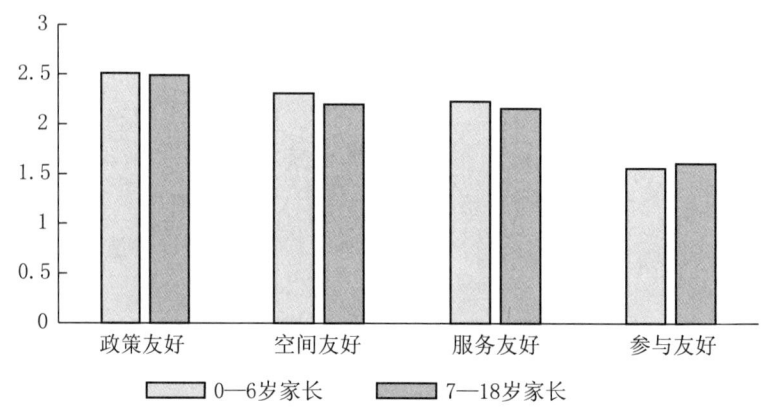

图5　家长对儿童友好城区建设的重要性排序

四、讨论与建议

提高儿童和家庭的福祉,是可持续城市生活质量的关键。15分钟"宜居、宜业、宜游、宜学、宜养"的社区生活圈,旨在提升居民生活质量,实现幼有善育、学有优教、劳有厚得、病有良医、老有颐养、住有宜居、弱有众扶的全体人民的美好生活的愿望。能够吸引家庭定居、促进儿童发展的城市才是有未来的、可持续发展的城市。

(一)儿童友好视角嵌入社区服务治理与社区氛围营造

"如果我们建设一个让儿童和青年茁壮成长的城市,本质上就是在为每个人建设一个包容、可持续的城市。"[①]儿童,不仅在我国家庭建设中居于重要位置,也是城市的未来。儿童的健康成长是家庭、城市、社会,乃至国家可持续发展的关键。人口密集以及城市化挤压现象的日趋严重,对儿童而言,城市的危险性比上两代更加严重。在城市发展过程中,汽车的通行保障优先于人,停车位的问题解决成为重点,社区缺乏凝聚力、空间日益压缩。在大多数城市规划和设计过程中,缺乏针

---

① City of Toronto. Growing Up: Planning for Children in New Vertical Communities Urban Design Guidelines, 2020, p.4.

不同年龄段的儿童规划。游乐场数量的减少也导致儿童严重的心理健康问题。儿童活动的隔离和过度约束导致了儿童的社会性发展受到影响,也增加了家庭教养的压力。学业仍为家长关注的重点,儿童身心健康发展重点在家庭教育。儿童安全、场所的可达性、公益性较少等更是制约着儿童外出活动。

教育固然重要,但接触大自然、玩耍和参与社区社会交往活动等对儿童的健康成长也很重要。社区规划中应创建满足儿童需要的硬件环境,更多自由玩耍的空间,更多探索的社区生态、人文环境;地方政府应宣传有利于儿童健康福祉、全面发展的培养理念,提供更多基于亲子互动理念的社区活动,鼓励儿童参与社区、参与社会;社区邻里间提倡互帮互助,营造亲儿童、尊年长的社会氛围,营造热爱生命、热爱生活的安全、健康社区。

(二)提升社区规划建设中儿童友好环境的配置提质

15分钟社区生活圈的导则中对幼儿、儿童等不同年龄层的群体提出了基本的公共服务设施配置,如公园、幼托机构等,尚缺乏公共区域内针对不同年龄的活动场地或设施的配置指南或规划原则。上海儿童课余时间大多居家、去图书馆或公园、小区附近等,对离家最近的小区户外空间的满意率最低,仅为9%。53.5%的家长"不放心儿童独自外出",[1]父母对住区周边道路的连通性、出行交通可达性、小区的邻里关系评价较高;但交通量、设施可达性、路边停车和行车速度等环境现状评价较差。[2]

分析现有的社区公园现状,其功能作用及使用满意度不尽如人意,对儿童的友好度不高。儿童活动空间规模偏小,可达性较差,儿童活动空间类型单一,要素基本以植物和道路场地两类,景观性和趣味性不高,没有明显的功能分区,活动设施只有组合滑梯、沙坑、木马、攀爬架等四类。[3]社区公园(街道公园)中的活动空间的构成和游憩设施配置较为雷同,活动空间以场地为主,如健康步道、广场、户外健身器械区等;反馈最强烈的是游憩设施欠缺,设施数量太少和种类单一,[4]

---

[1] 数据来源:上海市妇女儿童工作委员会委托课题《上海市未成年人校外活动场所利用情况及需求调查研究报告》,2016年,未发表。

[2] 刘堃、高原、李茹佳等:《建成环境对儿童独立活动性的影响综述及研究趋势探索》,《上海城市规划》2020年第3期。

[3] 孔晓莉、汤晓敏:《上海社区公园儿童活动区特征研究》,《上海交通大学学报(农业科学版)》2016年第1期。

[4] 骆天庆、傅玮芸:《人口老龄化背景下的社区公园活动空间和游憩设施配置——上海实例研究》,《风景园林》2016年第4期。

使用人群对现有设施供给的满意度不太高。这些都是社区规划中需要思考的问题。

就寸金寸土的社区公园或社区公共空间,在确保"量"的基础上,更应注重"质"的内容,遵循上位规划的整体思路,结合儿童的发展特点及需求,合理规划绿地中的适于儿童或老年人的游憩设施。小空间需要精细化规划,以人为本,改变游憩设施、布局类似无特色的现状,减少"有需求少供应、有供应无养护、有养护无更新"等服务滞后的问题。①儿童活动空间应选对地点,越靠近社区中心越好;确保入口处和标识的清晰且有吸引力;仔细考虑儿童空间与公共空间的界限;提供适合儿童和成人的休息座位和社交空间;设计便于管理和维护的设施设备;所用材料可持续循环使用;允许儿童改变和创新发展;最大化游戏功能支持和包容性。这些儿童友好的原则需要融合在社区公共区域的规划建设中,提高环境设置的自然、趣味、开放、共享。

(三)公共空间统筹规划鼓励儿童参与,实现功能区域共享互助

鼓励多代共享的社区活动场地与绿化空间的设计,打造宜居、宜业、宜学、宜游的社区生活圈和覆盖全年龄段的公共服务设施保障。社区规划或改建部门、设计师等对空间局促的城区进行公共空间改造时,需要通过空间合理布局、功能复合利用,改善空间不足问题,满足宜静宜动的多样化活动需求,实现功能区域共享互补。

有研究者指出中国在"儿童友好型城市倡议"20余年后,相关城市设计中贯彻儿童理念的实践探索依然缓慢,主要是儿童的真实需求并未反映在儿童活动空间的设计方案中,而城市规划者或景观设计师等缺乏从文化和社会层面去思考整个城市系统对儿童发展的影响。②社区空间规划、社区治理过程中,应该鼓励儿童参与、听取儿童居民的意见建议,深化社区公共空间,拓展社区服务项目,激发儿童及其家庭对社区的归属感、获得感和幸福感。例如某小区通过"亲子乐园"微信群,鼓励儿童及家庭积极参与社区治理,在小区凉亭改造项目中,激发儿童家庭的自治能力,让儿童参与社区改造、参与社区公益活动等,引导居民自我服务、自我管理。③

---

① 董楠楠、伊娃、杨佳希等:《基于儿童友好型社区的环境体系构建》,《城市建筑》2017年第29期。
② 黄伊伟:《儿童友好型城市建设背景下景观设计师的职责和角色转变》,《景观设计学》2020年第2期。
③ 上海嘉定:《从"1"到"1+N",嘉定这个社区这样打造社区治理"新格局"》,https://sghexport.shobserver.com/html/baijiahao/2021/08/10/508275.html。

（四）投资可持续交通系统实现公共空间的安全可达

影响儿童独立活动性的城市建成环境因素中,户外公共空间、交通环境和社区邻里环境是影响最为显著的三个方面。①影响儿童是否需要陪伴出行的最大组成环境要素是儿童独自玩耍环境的安全性。②

儿童的独立行动应该作为衡量道路安全和生活质量的指标。《儿童友好型城市规划》③中,要求合理设计和规划户外环境,确保儿童享有玩耍的场所;构建对所有社区成员安全的环境,保障儿童可以自由和自主选择出行方式,如步行、骑自行车等。在15分钟生活圈设计规划中,为低龄儿童、老年人、残疾人等各类群体提供安全的环境,应设计考虑提供不同开放空间中的安全、连贯的动线循环,可通过设置步行专用路段、指定交叉口设置安全等待空间、车辆慢行/让行警示标志、清晰易读引人注目的路线标识、舒适的步行空间等。也可加强社区道路安排培训,帮助儿童及其家庭识别危险与障碍,共同探讨如何实现社区内道路安全和可持续性的儿童自由流动。社区或社会组织等可以发起行动来挑战和促进社区居民改变对儿童自由移动和游戏的态度和行为,定期开展亲子活动或儿童独立游戏时间段,临时重新分配或限制道路交通等,让儿童拥有更大的独立性,促进儿童社会交际,使得社区住房、街道等对儿童更友好,邻里等相互帮助监督儿童活动,促进社区凝聚力和归属感。当"儿童可以安全地独自乘坐交通工具或者独自穿过公园回家,那么这个城市环境大概对成人也是安全的"。④

（何彩平）

---

① 刘堃、高原、李茹佳等:《建成环境对儿童独立活动性的影响综述及研究趋势探索》,《上海城市规划》2020年第3期。

② 简单、朱玮:《儿童上学积极出行行为研究——以上海市为例》,《中国城市规划学会、东莞市人民政府·持续发展理性规划——2017中国城市规划年会论文集》(05 城市规划新技术应用),中国城市规划学会、东莞市人民政府:中国城市规划学会,2017年,第12页。

③ UNICEF:《儿童友好型城市规划手册:为孩子营造美好城市》,UNICEF 2019年第7期。

④ 董楠楠、伊娃、杨佳希等:《基于儿童友好型社区的环境体系构建》,《城市建筑》2017年第29期。

图书在版编目(CIP)数据

品质生活与儿童发展 / 王剑璋,李骏主编;顾秀娟,程福财,何芳副主编.—上海:上海社会科学院出版社,2023
 ISBN 978-7-5520-4068-5

Ⅰ.①品… Ⅱ.①王… ②李… ③顾… ④程… ⑤何… Ⅲ.①少年儿童—工作概况—中国 Ⅳ.①D432.5

中国国家版本馆CIP数据核字(2023)第054001号

品质生活与儿童发展

主　　编:	王剑璋　李　骏
副 主 编:	顾秀娟　程福财　何　芳
出 品 人:	佘　凌
责任编辑:	董汉玲
封面设计:	裘幼华
出版发行:	上海社会科学院出版社
	上海顺昌路622号　邮编200025
	电话总机021-63315947　销售热线021-53063735
	http://www.sassp.cn　E-mail:sassp@sassp.cn
照　　排:	南京理工出版信息技术有限公司
印　　刷:	上海颛辉印刷厂有限公司
开　　本:	720毫米×1000毫米　1/16
印　　张:	17
插　　页:	2
字　　数:	305千
版　　次:	2023年4月第1版　2023年4月第1次印刷

ISBN 978-7-5520-4068-5/D·679　　　　　　　　　定价:85.00元

版权所有　翻印必究